"十三五"国家重点出版物出版规划项目
智慧物流：现代物流与供应链管理丛书

物流学导论

郑 凯 田 源 主编
汝宜红 主审

机械工业出版社

本书是普通高等教育物流管理专业的基础教材,在物流管理专业系列教材中处于先导地位。本书在借鉴并吸收国内外物流学的基本理论和研究成果的基础上,密切结合我国物流业发展与物流管理专业教学实际,从基本理论入手,注重理论性与实用性相结合,全面论述了物流学的基本理论与基本内容,为后续课程的学习打下基础。

本书内容共分 10 章,前 6 章为基础理论,包括物流概念、物流发展、物流要素、物流系统、物流企业和物流产业;后 4 章为综合专题,包括铁路物流、国际物流、电商物流和循环物流。

本书可供普通高等教育物流管理专业的学生使用,也可作为非物流管理专业的本科生、研究生的基础教材,还可用作企业物流管理人员的参考书或培训教材。

图书在版编目（CIP）数据

物流学导论/郑凯,田源主编. —北京:机械工业出版社,2021.12
（智慧物流:现代物流与供应链管理丛书）
"十三五"国家重点出版物出版规划项目
ISBN 978-7-111-47438-8

Ⅰ.①物… Ⅱ.①郑…②田… Ⅲ.①物流管理-高等学校-教材 Ⅳ.①F252.1

中国版本图书馆 CIP 数据核字（2021）第 278666 号

机械工业出版社（北京市百万庄大街 22 号 邮政编码 100037）
策划编辑：常爱艳　　　　　责任编辑：常爱艳　马新娟
责任校对：张亚楠　刘雅娜　封面设计：鞠　杨
责任印制：郜　敏
三河市国英印务有限公司印刷
2022 年 3 月第 1 版第 1 次印刷
184mm×260mm・12.5 印张・198 千字
标准书号：ISBN 978-7-111-47438-8
定价：39.80 元

电话服务　　　　　　　　　网络服务
客服电话：010-88361066　　机　工　官　网：www.cmpbook.com
　　　　　010-88379833　　机　工　官　博：weibo.com/cmp1952
　　　　　010-68326294　　金　书　网：www.golden-book.com
封底无防伪标均为盗版　机工教育服务网：www.cmpedu.com

前　言

随着我国改革开放后的经济腾飞，物流业已经成为国民经济基础性、战略性、先导性产业。现阶段，我国正处在由物流大国向物流强国转型发展的关键时期，物流专业人才数量不足仍然是制约我国物流高质量发展的瓶颈问题。因此，培养大批不同层次的物流专业人才，是我国高等教育物流管理专业的当务之急。为此，编写和出版理论与实践相结合、高质量的高等教育物流管理专业教材是培养物流人才的必要条件。

本书是普通高等教育物流管理专业的基础教材，在物流管理专业系列教材中处于先导地位。本书在借鉴并吸收国内外物流学的基本理论和研究成果的基础上，密切结合我国物流业发展与物流管理专业教学实际，从基本概念与基本理论入手，注重理论性与实用性相结合，全面论述了物流学的基本概念、基本理论与基本方法，为后续课程的学习打下基础。本书内容共分10章，包括物流概念、物流发展、物流要素、物流系统、物流企业、物流产业等理论章节，以及铁路物流、国际物流、电商物流、循环物流等综合专题章节。本书可供普通高等教育物流管理专业的学生使用，也可用作非物流管理专业的本科生、研究生的基础教材，还可用作企业物流管理人员的参考书或培训教材。

本书由郑凯、田源担任主编，汝宜红担任主审。其中，第一章、第二章、第四章、第六章、第十章由郑凯组织编写，第三章、第五章、第七章、第八章、第九章以及各章案例由田源组织编写。刘毅撰写了第四章第二节部分内容，卞文良撰写了第四章第三节部分内容，李伊松撰写了第六章第四节和第七章第二节部分内容，梅赞宾撰写了第八章第三节部分内容，朱煜撰写了第十章第二节、第三节的部分内容。书稿撰写过程中，参考并引用了相关专家的观点和文献等，在此一并表示感谢。

我们为选择本书作为授课教材的教师提供免费教学电子课件（PPT）、教学大纲、课后习题答案，请联系出版社索取（www.cmpedu.com）。

物流学的理论与方法仍在发展之中，有待不断充实与完善。由于编者水平有限，书中难免存在不足之处，欢迎广大专家和读者批评指正。

编　者

目　　录

前言
第一章　物流概念 ……………………………………………………………… 1
　　第一节　供应链上的"物流" …………………………………………………… 1
　　第二节　物流概念的演变 ……………………………………………………… 11
　　第三节　物流管理 ……………………………………………………………… 16
　　第四节　物流分类 ……………………………………………………………… 18
　　思考与练习 ……………………………………………………………………… 20
第二章　物流发展 ……………………………………………………………… 21
　　第一节　我国物流发展 ………………………………………………………… 21
　　第二节　国外物流发展 ………………………………………………………… 31
　　第三节　物流发展的一般过程 ………………………………………………… 38
　　思考与练习 ……………………………………………………………………… 40
第三章　物流要素 ……………………………………………………………… 41
　　第一节　包装 …………………………………………………………………… 41
　　第二节　运输 …………………………………………………………………… 46
　　第三节　储存 …………………………………………………………………… 52
　　第四节　装卸搬运 ……………………………………………………………… 57
　　第五节　流通加工 ……………………………………………………………… 59
　　第六节　配送 …………………………………………………………………… 62
　　第七节　物流信息 ……………………………………………………………… 68
　　思考与练习 ……………………………………………………………………… 73
第四章　物流系统 ……………………………………………………………… 74
　　第一节　物流系统概述 ………………………………………………………… 74
　　第二节　物流组织网络 ………………………………………………………… 78
　　第三节　物流信息网络 ………………………………………………………… 84
　　第四节　物流基础设施网络 …………………………………………………… 85
　　思考与练习 ……………………………………………………………………… 88
第五章　物流企业 ……………………………………………………………… 89
　　第一节　第三方物流 …………………………………………………………… 89
　　第二节　物流企业类型 ………………………………………………………… 90
　　第三节　物流企业运作 ………………………………………………………… 94

思考与练习 ·· 107
第六章　物流产业 ·· 108
　　第一节　物流产业界定 ·· 108
　　第二节　物流产业统计指标体系 ··· 111
　　第三节　物流产业经济特征 ··· 118
　　第四节　物流产业政策 ·· 122
　　思考与练习 ·· 126
第七章　铁路物流 ·· 127
　　第一节　铁路供应链 ·· 127
　　第二节　铁路物资管理 ·· 128
　　第三节　铁路货物运输服务 ··· 134
　　思考与练习 ·· 140
第八章　国际物流 ·· 141
　　第一节　国际供应链 ·· 141
　　第二节　国际物流的类型与特点 ··· 145
　　第三节　中国物流"走出去" ··· 147
　　思考与练习 ·· 155
第九章　电商物流 ·· 156
　　第一节　电子商务与物流 ··· 156
　　第二节　电商物流系统 ·· 159
　　第三节　电商物流新形态 ··· 161
　　思考与练习 ·· 165
第十章　循环物流 ·· 166
　　第一节　循环经济与物流 ··· 166
　　第二节　循环物流系统 ·· 171
　　第三节　构建循环物流系统 ··· 177
　　思考与练习 ·· 191
参考文献 ·· 192

第一章 物流概念

第一节 供应链上的"物流"

一、供应链

自然生态系统中,各种生物通过食用与被食用的关系形成了彼此联系的食物链(见图1-1)。与之相似,社会经济系统中,各个企业通过交易关系也形成了网链结构,称为供应链(Supply Chain),如图1-2所示。

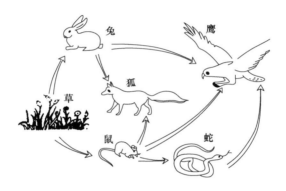

图1-1 食物链

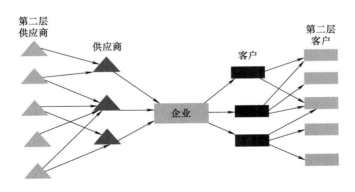

图1-2 供应链

名词术语

> 供应链：生产及流通过程中，围绕核心企业的核心产品或服务，由所涉及的原材料供应商、制造商、分销商、零售商直到最终用户等形成的网链结构。
> ——《物流术语》（GB/T 18354—2021）
>
> 供应链：生产及流通过程中，围绕核心企业，将所涉及的原材料供应商、制造商、分销商、零售商直到最终用户等成员通过上游和或下游成员链接所形成的网链结构。
> ——《供应链管理 第2部分：SCM术语》（GB/T 26337.2—2011）

结合供应链的定义可以看出，供应链具有以下特点：

1）供应链上存在不同的经济主体（企业），如消费者、零售商、批发商、制造商及原材料供应商。

2）供应链是企业之间（有时也包括企业内各部门之间）带有"交易"性质的供需往来关系。

3）供应链具有特定的功能，如为顾客（最终用户）提供某类产品或服务。

4）供应链上一般有一个核心企业（可以是制造企业，也可以是批发零售企业），有起点和终点⊖。

5）供应链上主要存在着商流、物流、信息流和资金流四种活动过程方式，简称"四流"⊜（见图1-3）。

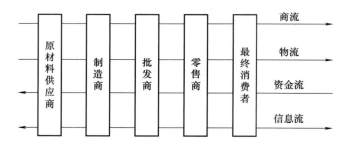

图1-3 供应链上的"四流"

注：商流是指商品所有权的转移过程，所有权具体包括占有权、使用权、收益权和处置权；物流是指商品实体的转移过程；信息流是指市场行情、技术支持、售后服务、交易单证、政策法规等信息的收集、传递、处理、储存、检索、分析等；资金流是指信用证、汇票、现金等通过银行在各个交易方之间的流动。

二、供应链管理

顾名思义，供应链管理（Supply Chain Management，SCM）是以供应链为对象的管理活动。"供应链管理"的概念产生于20世纪80年代，逐步发展成一种新的管理模式。

⊖ 也有一类供应链，呈现首尾闭合结构，称为闭环供应链。
⊜ 有学者认为，供应链上还有知识、业务、人力资源、价值等的传递和流动。

第一章 物流概念

在供应链管理模式下,供应链由"自发"变为"自觉",从原材料到最终产成品的各个企业形成分工协作的有机整体。在这个意义上,"供应链"是"供应链管理"的产物,也可以称为"现代供应链"[1]。

名词术语

> 供应链管理:从供应链整体目标出发,对供应链中采购、生产、销售各环节的商流、物流、信息流及资金流进行统一计划、组织、协调、控制的活动和过程。
> ——《物流术语》(GB/T 18354—2021)
>
> 供应链管理:利用信息技术全面规划供应链中的商流、物流、资金流及信息流等,并进行计划、组织、协调与控制的各种活动和过程。
> ——《供应链管理 第2部分:SCM术语》(GB/T 26337.2—2011)

从定义上看,供应链管理的内容涵盖了商流、物流、信息流和资金流四种活动,可以称为"四流合一"。那么,"四流"之中,哪一"流"最重要呢?

要回答这一问题,就要看"四流"中哪一"流"的活动最复杂、管理最困难,最耗费人力、物力和财力,最不可替代。其实,这一活动就是"物流"。在人类历史的很长一段时间内,商流、信息流、资金流都需要借助于某种物品(如合同、书信、钱币等)的"物流"过程才能实现。到了电子信息技术飞速发展的今天,商流、信息流、资金流都可以借助"电子化""虚拟化"的途径(如电子订单、电子邮件、在线支付等)来实现,然而"物流"过程却不能"电子化"或"虚拟化",这无疑加大了物流过程的管理难度,成为供应链管理实践中的"痛点"。美国马里兰大学的马丁·德森纳教授(Martin Dresner)于2017年在华讲学时指出,21世纪,供应链管理面临的物流挑战和50年前几乎一模一样,这些问题从未得到解决。

案例分析

北汽福田的供应链物流管理[2]

1. 背景分析

北汽福田汽车股份有限公司(简称福田汽车)成立于1996年8月28日,是一家跨地区、跨行业、跨所有制的国有控股上市公司,总部位于北京市昌平区。福田汽车以北京为管理中心,在北京、天津、山东、河北、湖南、湖北、辽宁、广东8个省市拥有16个整车和零部件事业部,研发分支机构分布在日本、德国、中国台湾地区等地,是中国商用车规模最大、品种最齐全的汽车生产制造企业之一。2006年,福田汽车以139.68亿元的品牌价值在汽车行业排名第四,同时在"中国500最具价值品牌"榜单中居第42位,是中国汽车行业自主品牌和自主创新的中坚力量。

随着中国物流业的对外开放,以及外资物流企业的强势涌入,国际竞争日益加

---

[1] 不同的学者对于"现代供应链"的理解不尽相同,有兴趣的读者可以自行查阅其他理解。
[2] 资料来源:根据《汽车企业供应链物流能力研究》(宁磊,武汉理工大学,2007年)改编。

剧,为中国汽车企业供应链物流的发展既提供了机遇,也带来了挑战。福田汽车是一家跨地区、跨行业、跨所有制的新型公司,其经营领域为与"行""住"相关的汽车、农业装备、建设、金融四大产业。福田汽车以前对销售物流资源缺乏整合,忽略了对供应链的物流管理,导致各生产事业部各自为政,现有资源得不到充分利用,物流成本居高不下,尤其是在商品车的储运方面,严重牵制了营销部门的精力,在一定程度上影响了福田汽车产品的竞争力。此外,福田汽车产业生产部分布于北京、山东、湖南等几个省市,致使公司物流资源分散,给商品车的销售物流带来较大影响。

2. 解决方案

为改变销售物流这一滞后状况,福田汽车采取了一系列措施来加强其自身的供应链物流管理,具体如下:

(1) 结合发展大背景,提出发展新思路

福田汽车提出"链合创新、按需创新"的发展思路。"链合创新"的思想是联合上游企业共同进行研发,生产出符合市场需要的产品。汽车供应链涉及社会经济生活的多个方面,涵盖了制造业、运输业、邮政业、仓储业、会展业、装配业、流通加工业、电子通信业等多个产业,任何一个企业都不可能孤立存在,只有上下游同心协力,打造一个完整的生态链,才能取得较大突破。"按需创新"思想是链合上下游企业,从上游的生产研发,到下游的客户,以"价值"为链合重点,为客户创造价值。

(2) 整合公司内部资源

福田汽车以公司商品汽车的仓储和运输为切入点,充分利用整合公司内部现有的物流网络资源,逐步拓展供应、生产、回收等全方位的物流服务,并以北京、山东、长沙、广东、湖北各生产事业部为基地,以分布全国的合作厂商为支撑,以1600余辆物流配送车辆为载体,在广东、上海、重庆、湖北等地建立了办事处,通过为企业提供安全可靠、准时快捷的优质服务,形成了华北、华东、华南三个主要区域,初步具备了功能集成化、反应快速化、服务系列化、作业规范化、目标系统化、手段网络化、经营市场化、信息电子化等特征的汽车企业的供应链物流。

(3) 整合公司外部资源

为了整合外部物流资源,福田汽车把各生产事业部的运输任务分配给众多运输单位承运,逐步淘汰了部分服务质量不到位的运输单位和个人,着重培养了拥有50辆以上性能良好运输车辆的运输大户,并对有意购买福田欧曼重卡的用户提供全方位的咨询服务,建议他们使用欧曼重卡承运福田汽车的其他车型,大大提高了福田汽车的品牌知名度。

(4) 构建供应链物流网络

福田汽车计划在全国货源及运力资源较为丰富的城市建立四个卫星办事处,构筑覆盖面积较为广泛的福田汽车供应链物流大网络。在业务拓展的过程中,各卫星办事处先后进入福田汽车在当地的生产企业及配套企业,组织运输价格合理的货源,为各区域到该办事处所在城市或地区的运输车辆及时提供服务,以提高福田汽车的知名度。

第一章　物流概念

> 思考：
> （1）结合福田汽车的管理实践，你认为供应链物流管理应包括哪些内容？
> （2）你认为福田汽车的管理实践能否体现"物流是'四流'中最重要的活动"这一观点？
> （3）通过媒体、书籍等渠道，深入了解福田汽车的供应链管理实践，分析对其他企业的借鉴意义。

三、什么是"物流"

前面对"物流"的解释是一种通俗说法。鉴于"物流"对供应链管理的重要性，需要对"物流"的概念进行更加准确、严谨地阐释。《物流术语》（GB/T 18354—2021）中给出了"物流"的定义，本书在此基础上，结合各种现实语境中提及"物流"的角度，尝试从"物流活动—物流系统—物流企业—物流产业"四个层次解读"什么是物流"这个问题，以期建立一个立体化的概念框架。

名词术语

> 物流（Logistics）：根据实际需要，将运输、储存、装卸、搬运、包装、流通加工、配送、信息处理等基本功能实施有机结合，使物品从供应地向接收地进行实体流动的过程。
>
> ——《物流术语》（GB/T 18354—2021）

（一）物流活动

"物流"的本质是一种社会经济活动，这种活动的目的是完成物品"实体"从供应地向接收地的转移。为了完成"物流"活动，需要将运输、储存、装卸、搬运、包装、流通加工、配送、信息处理等具体的活动环节按照实际需要组合起来（这些环节也称为功能要素）。

在很长一段时间内，社会经济处于简单的商品生产阶段，物流、商流、资金流、信息流这"四流"是交织在一起的。"一手交钱、一手交货"，发生一次交易，商品所有权易手一次，商品实体同时发生一次转移。物流和商流如影随形，方向相同、路径相同，这种方式被称为"商物合流"（图1-4a）。实际上，商流和物流具有不同的社会经济属性。马克思主义政治经济学认为，商流偏重经济关系、分配关系、权属关系，属于生产关系范畴；物流偏重工程、装备、设施及技术，属于生产力范畴。因此，随着商品生产和商品经济的发展，以及生产、交通运输、仓储保管技术的进步，尤其是第二次世界大战之后，商流和物流日益呈现出按照各自规律和渠道独立运动的态势，称为"商物分流"（或"商物分离"），如图1-4b所示。"商物分流"是社会分工进一步细化和更加专业化的必然结果，"物流"成为一种相对独立的社会经济活动，是商品经济发展到市场经济的必然产物。

物流学导论

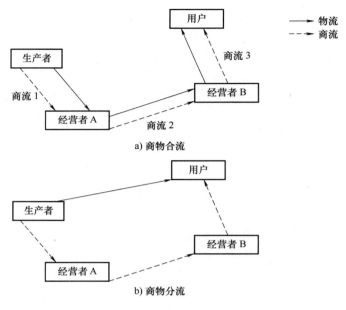

图 1-4　商物合流与分流示意图

思考题：
1. 图 1-4 中展示的"商物分流"是"多次商流、一次物流"的情形，例如期货贸易。那么，是否有"一次商流、多次物流"的情形呢？
2. 供应链管理的"四流合一"与"商物分流"是否存在矛盾呢？

（二）物流系统

完成物流活动，需要将运输、储存、包装、装卸搬运等功能要素根据实际需要实施"有机"结合。"有机"意味着这些功能要素按照一定的时间顺序和空间分布，形成相互联系、相互影响的"整体"，这个"整体"就是"物流系统"。物流活动借由物流系统来完成，物流系统是物流活动的载体。

物流系统处于社会经济环境之中，是社会经济系统的子系统。物流系统同外部环境之间存在"输入-输出"关系，如图 1-5 所示。环境对物流系统输入人、财、物、信息等生产力要素，具体表现为从事物流活动的人员、作为物流活动对象的"物品"以及包装设备、装卸搬运机械、运输工具、仓储设施和软硬件设备等物流设施设备。物流系统的"输出"是发生实体转移的物品（以及附着其上的信息），其本质是为客户提供的"物流服务"，以及由此产生的社会经济效益和外部成本（如环境污染等）。

系统科学认为，"系统"最本质的属性是"整体性"，系统不是要素的简单叠加，而是能够"涌现"出要素自身不具备或不能实现的结构特征和功能特征。认识和学习"物流"，也要把握住物流系统的"整体性"特征，不能将物流活动和运输、仓储、配送等物流要素简单地画等号。

第一章 物流概念

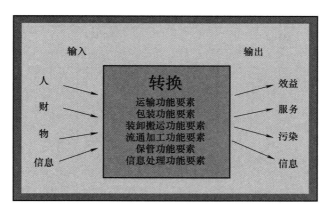

图 1-5 物流系统示意图

（三）物流企业

企业是现代经济的微观组成单元。在实际的经济系统中，物流系统可以是"自营"的，是制造企业或批发零售企业的一个部门，即企业物流；也可以是"社会化"的，成为一个专门提供物流服务的企业，即物流企业。在社会经济系统中，企业物流与物流企业同时存在，但是随着商物分流，物流企业已经成为物流系统最主要的存在形式。

在供应链上，物流企业往往扮演的是商品的卖方与买方之外的"第三方"角色，也被称为"第三方物流"。一般情况下，由商品的卖方购买物流服务，但是物流服务的优劣程度是由买方进行评价的，在这个意义上，物流企业同时为两类客户提供服务，起着桥梁和纽带的作用。

名词术语

> 物流企业：从事物流基本功能范围内的物流业务设计及系统运作，具有与自身业务相适应的信息管理系统，实行独立核算、独立承担民事责任的经济组织。
> 第三方物流：由独立于物流服务供需双方之外且以物流服务为主营业务的组织提供物流服务的模式。
>
> ——《物流术语》（GB/T 18354—2021）

（四）物流产业

当物流企业发展到一定数量和规模后，就形成了物流产业（又称物流行业、物流业）。物流产业可以看作物流企业的宏观集合，是国民经济运行的组成部分之一。

物流产业是社会分工的产物。在 GB/T 4754—2017/XG1—2019《国民经济行业分类》国家标准第 1 号修改单中，物流产业被看作融合运输、仓储、货代、信息等产业的复合型服务业（见表1-1）。随着社会分工的不断细化，物流产业的内涵和外延也在不断变化，多式联运、供应链管理服务、冷链物流、电商快递、外卖送餐等新兴物流业态也在不断涌现。

物流学导论

表 1-1 我国的物流产业构成①

行业大类	行业中类	行业小类	行业名称	行业大类	行业中类	行业小类	行业名称
53			铁路运输业	57			管道运输业
	532	5320	铁路货物运输	58			多式联运和运输代理业
	533		铁路运输辅助活动		581	5810	多式联运
		5332	货运火车站（场）		582		运输代理业
		5339	其他铁路运输辅助活动			5821	货物运输代理
54			道路运输业			5829	其他运输代理业
	543		道路货物运输	59			装卸搬运和仓储业
	544		道路运输辅助活动		591	5910	装卸搬运
		5449	其他道路运输辅助活动		599	5990	其他仓储业
55			水上运输业	60			邮政业
	552		水上货物运输		601	6010	邮政基本服务
		5521	远洋货物运输		602	6020	快递服务
		5522	沿海货物运输	72			商务服务业
		5523	内河货物运输		729		其他商务服务业
	553		水上运输辅助活动			7293	办公服务
		5532	货运港口	51			批发业①
		5539	其他水上运输辅助活动	52			零售业①
56			航空运输业				
	561		航空客货运输				
		5612	航空货物运输				
	563		航空运输辅助活动				
		5639	其他航空运输辅助活动				

① 表示仅包括该行业中物流相关活动部分。

"物流活动—物流系统—物流企业—物流产业"四个层次形成了一个立体化的物流概念框架（见图 1-6）。"物流活动"揭示了物流的客观实在性；"物流系统"是物流活动的实现形式；"物流企业"是物流系统的社会化；"物流产业"是物流企业的宏观集合，是国民经济的组成部分。

案例分析

商物分流——雅芳物流改革必经之路②

雅芳（中国）有限公司（以下简称雅芳中国）在经历了 10 年的以分公司仓库为中

---

① 资料来源：国家统计局。

② 资料来源：根据《雅芳的供应链变革》（罗炎，知识经济，2005 年第 8 期）改编。

第一章 物流概念

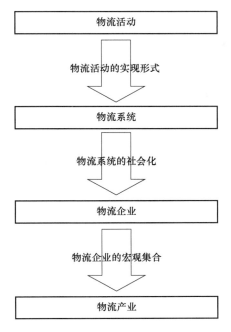

图 1-6 物流概念框架

心的物流运作模式后，于2001年年初开始了物流系统的重新整合，将商流与物流分离，并进行配套变革。2003年雅芳中国的营运成本比2002年年初降低了2个百分点，库存水平下降，供货周期由原来的5~10天降低为2~3天。这个简单的数字，对于竞争白热化、利润微薄而制造成本和销售成本又难以压缩的日化行业来说并不简单。

1. 背景分析

雅芳是全美500强企业之一，已有100多年的历史，是世界上最大的美容化妆品公司之一。雅芳中国于1990年成立，总部位于广州，经营护肤品、化妆品、个人护理品、香水、流行饰品、内衣、健康食品等。21世纪初，雅芳中国在大中城市设有74个分公司，拥有5000家雅芳产品专卖店，1600多个专柜及多个零售网点，并已开通网上购物服务。2002年，雅芳中国的销售额是12亿元，2003年达24亿元。

2001年之前，雅芳中国的物流运作是商物合一的。除总部工厂仓库外，74个分公司各有一个仓库，物流运作模式为"工厂仓库—各分公司仓库—经销商自提"，即雅芳中国通过长途陆运或空运的方式，将货物从广州工厂仓库运到全国74个分公司的仓库，由经销商自己到所属区域的各个分公司提取货物，然后在专卖店或专柜向顾客出售。然而，随着销售额的不断增长，这一模式的弊端也日益显现出来。一方面，随着销售品种、销售额的增加，库存居高不下，库存周转天数越来越多，而分散在各地的74个仓库需要投入大量的人力来从事仓储、打单等工作；另一方面，物流不畅导致经销商满意度低，流失率高。从1999年到2002年年初，雅芳中国的经销商流失率高达20%。处在"十字路口"的雅芳中国意识到必须要对物流进行重新整合，只有构建高效的供应链体系才能有效支撑业务，实现提高顾客满意度、降低成本的目标。

物流学导论

2. 解决方案

经过近一年的考察和研究，雅芳中国从战略高度出发，创立了一套"直达配送"的物流解决方案。其实质是商流与物流的分离，即取消74个大大小小的分公司仓库，成立区域物流中心，经销商的订货直接由总部安排区域物流中心向其配送。雅芳中国还重新进行了物流网络的规划，并借助网络系统来支撑。

（1）物流网络重新规划

在物流环节方面，雅芳中国取消了原来在各分公司仓库，在广州、北京、上海、重庆、武汉、郑州、沈阳、西安、乌鲁木齐九个城市设立区域物流中心，雅芳生产线上的货物按实际需求均从广州运输并存放到9个区域服务中心，每个区域服务中心覆盖了相邻省市的产品配送。同时，雅芳中国还将仓储、运输等物流服务外包，通过与四家国内第三方物流公司（中国邮政物流、大通国际运输有限公司、共速达和心盟物流有限公司）建立战略伙伴关系，将雅芳产品直接配送至专卖店。物流运作方式改为"总部工厂—区域物流中心—经销商"。雅芳中国生产出的货物由工厂运送到各区域物流中心，订货方式转变为经销商在网上向总部订货，总部将订货信息处理后传给区域物流中心，区域物流中心根据订货信息拣货、包装，并由第三方物流在48小时内进行"门到门"的送货服务。

在将物流外包到物流公司后，雅芳中国开始专注于企业产品的生产和销售方面的业务，各分公司也从过去烦琐的事务中摆脱出来，专注于市场开拓，一年间产品销售量平均提高了45%，北京地区达到70%，市场份额不断扩大。

（2）组织结构变化

物流模式转变后，以前74个分公司共有600名员工负责收费、仓库、管理、打单等营运工作，现在分公司只专注于市场开发和销售业务，营运工作由九个区域物流中心负责，原有负责物流工作的员工组织结构发生变化，不再属于分公司，而是划归区域物流中心管理，员工数量也锐减至182人。

（3）流程再造

雅芳中国对物流运营流程进行了再造，客户订货流程、内部管理流程、运输配送流程等均发生了很大的变化。在客户订货上，由原来的分公司处理转为总部统一处理，下订单的方式转为网上订货；仓储运输被剥离出来，由第三方物流负责，自己则专注于研发和销售。

（4）网络系统支撑

雅芳中国自行开发了一套基于互联网的经销商关系管理系统（简称DRM系统）和综合信息系统（简称CIA系统）等来支撑业务管理和"直达配送"物流模式。经销商能利用互联网和DRM系统随时获取产品、知识、价格、促销等信息，并通过网络下单、付款，足不出户完成全套订货流程。更为重要的是，雅芳总部可以通过信息系统及时了解市场信息，掌握客户库存，做出及时的预测和执行指令，保证物流服务的时效性和准确性，能够有效控制库存成本和运输成本。

雅芳中国通过商物分流的改革，把公司所生产的商品集中起来。利用互联网技术，雅芳中国能够清楚地了解各地分销商的需求量；通过外包，让其他的物流公司进行配送。这样既减少了公司的人力成本，又减少了库存量和管理费。此外，外包也能保证送达的质量和速度，在根本上保证了商品的供给关系。

第一章 物流概念

> **思考：**
> （1）雅芳中国为什么要实施"商物分流"的运作模式？
> （2）雅芳中国是如何实现"商物分流"的？这为企业带来了哪些优势？

第二节 物流概念的演变

恩格斯曾经指出，历史从哪里开始，思想进程也应当从哪里开始。马克思主义哲学强调逻辑与历史的统一，要求在科学研究中辩证地处理历史方法和逻辑方法的相互关系。上一节对"物流"概念的讨论采用的是逻辑演绎的方法，本节则采用历史分析的方法来探讨人们对物流概念的认识发展过程。

一、"物流"的来源

（一）汉语的"流通"

在古代汉语中，并没有"物流"一词，与之最相近的词是"流通"。"流通"在汉语中的使用范围很广泛，空气、河水、物资、货币、人员、文化、思想的流转与传播，都可以称为"流通"。先秦时期，荀子提出"通流财物粟米，无有滞留，使相归移……"，即需要"通流"，不"滞留"，财物粟米才能发挥作用。辛亥革命前，孙中山先生在赴京给李鸿章的上书中提出"人能尽其才，地能尽其利，物能尽其用，货能畅其流"；郑观应在《盛世危言》中提出"造铁路，设电线，薄税敛，保商务，使物畅其流"。这种"货畅其流"的思想，已经呈现了"物流"的雏形。

五四运动时期，马克思主义开始在中国传播。李大钊、陈溥贤等在介绍、传播《资本论》时，最初是使用日文译本进行转译的，将"流通"从日语中译回，作为描述社会再生产过程的一个经济学术语。随着《资本论》的翻译不断深入和完善，流通被定义为"以货币为媒介的商品交换行为"。

新中国成立后，著名经济学家孙冶方先生指出"社会主义社会也有流通"，并将生产资料的流通简称为"物资流通"。1978年，由国家计划委员会、财政部、国家物资总局等人员组成的"中国物资工作者考察团"出访日本，研究、学习日本生产资料的交换与流通方式，了解"物资流通合理化"，"物流"的概念正式进入我国。

> **思考题：**"物流"是否可以看作"物资流通"的简称？二者有哪些区别？

（二）日语的"实物流通"

20世纪50年代中期，日本在经济恢复时期十分重视西方技术。1956年，日本生产性技术本部向美国派出了"流通技术考察团"，对美国的工厂运输状况，包括搬运设备、搬运方法、库存物资的堆垛方式、与厂内运输有关的工厂总体布置以及搬运技术的概况等，在日本国内进行了详细介绍，对日本的搬运机械化和组织现代化的发展起到了极大的推动作用。日本于20世纪60年代正式使用了"物流"这一概念，将其解释为"物的流通"或"实物流通"的简称。

(三) 英语的 "Physical Distribution"

美国对物流的认识可追溯到 20 世纪初。1901 年，约翰·F. 格鲁威尔（John F. Crowell）在美国政府报告《农产品流通产业委员会报告》中第一次论述了对农产品流通产生影响的各种因素和费用，其中包括物流因素。1915 年，阿奇·萧在《市场流通中的若干问题》（*Some Problems in a Market Distribution*）一书中提出"物流是与创造需求不同的一个问题"，并提到"物资经过时间和空间的转移，会产生附加价值"，"物资的时间和空间的转移"后来被称作实物流通，是指商品销售过程中的物流。

1935 年，美国营销协会给出了物流的定义："物流（Physical Distribution）是包含于销售之中的物质资料和服务从生产地到消费地流动过程中伴随的种种活动。"这是从有利于商品销售的愿望出发，探讨如何进行"物资的配给"和怎样加强对"物资分布过程"的管理。

二、从 Physical Distribution 到 Logistics

第二次世界大战期间，美国根据军事上的需要，对军火的运输、补给、存储等进行全面管理，并将运筹学用于军需管理，率先采用了"后勤管理"（Logistics Management）一词。战后"Logistics"的概念被引入到流通领域，形成了新含义"商业后勤"（Business Logistics），并逐步取代了 Physical Distribution。

1961 年，第一本物流管理教科书出版，物流范围不再限于流通领域，而是扩大到生产和消费等经济领域。1963 年，美国物流管理协会成立，从管理的角度给出了物流管理的定义："物流管理是为了计划、执行和控制原材料、在制品库存及制成品从起源地到消费地的有效率的两种或多种活动的集成。"这些活动包括顾客服务、需求预测、运输、库存控制、物料搬运、订货处理、零件及服务支持、工厂及仓库选址、采购、包装、退货处理、废弃物回收等。20 世纪 70 年代，学术界和企业界日益认识到物流管理能够带来巨大的经济效益。"现代管理学之父"彼得·德鲁克把物流的潜力比喻为"一块经济界的黑暗大陆""一块未被开垦的处女地"。

1985 年，美国物流管理协会将 Physical Distribution 更换为 Logistics，即 Council of Logistics Management（CLM），并对 Logistics 进行了重新定义："物流是对货物、服务及相关信息从起源地到消费地的有效率、有效益的流动和储存进行计划、协调和控制，以满足顾客要求的过程"。美国物流定义的变化见表 1-2。

表 1-2 美国物流定义的变化

范　围	Physical Distribution	Logistics
概念的由来	1915 年阿奇·萧出版的著作《市场流通中的若干问题》	一般认为，该概念在第二次世界大战期间得以广泛使用
最先使用的领域	流通领域	军事领域
目前使用的领域	流通领域	整个供应链（包含生产、流通、消费、军事等各个领域）

第一章 物流概念

（续）

范围	Physical Distribution	Logistics
概念的外延	包含在 Logistics 中	包含 Physical Distribution
概念的内涵	物流管理是为了计划、执行和控制原材料、在制品库存及制成品从起源地到消费地的有效率的流动而进行的两种或多种活动的集成。这些活动可能包括但不限于：顾客服务、需求预测、交通、库存控制、物料搬运、订货处理、零件及服务支持、工厂及仓库选址、采购、包装、退货处理、废弃物回收、运输、仓储管理	物流是对货物、服务及相关信息从起源地到消费地的有效率、有效益的流动和储存进行计划、执行和控制，以满足顾客要求的过程。该过程包括进向、去向、内部和外部的移动，以及以环境保护为目的的物料回收
美国物流管理协会使用的名词	从 1963 年成立到 1985 年上半年使用 Physical Distribution，1985 年下半年开始用 Logistics 取代 Physical Distribution	

Logistics 和 Physical Distribution 不仅使用的领域不同，概念的内涵不同，所指的物流范围也有很大区别，如图 1-7 所示。Logistics 是包括生产领域、流通领域和消费领域的实物流动，是物质资料从供应地经过生产和销售到最终消费的整个过程的一切物流活动，是广义上的物流；Physical Distribution 是商品销售过程中的物流活动，是指商品被生产出来以后，经过销售进入最终消费的物流活动，是狭义上的物流。

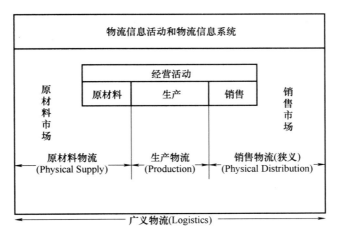

图 1-7 Logistics 与 Physical Distribution 的区别

三、从 Logistics 到 SCM

Logistics 实现了企业内部物流的一体化，但由于没有跳出本企业的范围，没有与相关联的上下游企业结成合作伙伴关系，没有共享信息资源，导致需求放大等，从而使物流效率低下，物流成本无法得到真正控制。20 世纪 80 年代末 90 年代初，随着市场经济的快速发展，欧美和日本等国家和地区运输管制放松，信息技术日新月异，质量理念不断创新，合作伙伴和战略联盟等的新型市场组织形式的发展推动了物流的发展，使物流

物流学导论

管理发展到供应链管理的新阶段。美国密歇根州立大学唐纳德和戴维教授在专著《物流管理——供应链过程的一体化》中指出，供应链关系是物流作业中最复杂和最缺乏了解的领域。实践中，物流服务联盟趋于把精力集中在取得供应链竞争能力或使服务供应商的效率更高上。

1998年，美国物流管理协会对物流的定义进行了补充："物流管理是供应链的一部分，其专注于物品、服务及相关信息，从起始点到消费地的有效流通及储存的计划、执行与控管（即管理），以满足顾客的要求"。2005年，美国物流管理协会正式更名为"供应链管理协会（CSCMP）"。2007年CSCMP指出："物流管理是供应链管理的一部分，以满足客户需求为目的，对货物、服务和相关信息在产出地和消费地之间的有效、高效的正向和反向流动与存储进行计划、执行和控制。"

正是由于从物流管理（Logistics）到供应链管理（SCM）是一脉相承的发展过程，才更加凸显了物流管理在供应链管理中的重要地位。国际供应链理事会（SCC）发布的供应链运作参考模型（Supply Chain Operations Reference，SCOR）中，供应链管理所关注的五个关键流程——计划（Plan）、采购（Source）、生产（Make）、配送（Deliver）和退货（Return），都是和商品的实体转移过程（即物流过程）密切相关的（见图1-8）。

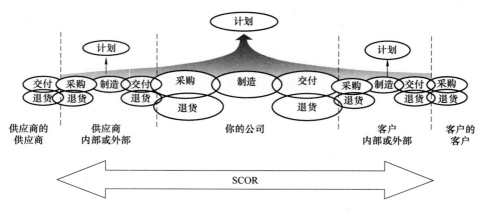

图1-8　供应链运作参考模型

四、物的流动论

"物流"概念在我国的演变过程，既是向发达国家学习的过程，也是植根于传统智慧，以马克思主义为指导的自主创新过程。尤其是改革开放以来，一大批学者投身到物流、供应链等概念的传播、普及及研究中。中国工程院院士徐寿波于1985年提出了"物的流动论"，于1987年组织编写了我国第一本物流著作《物流学及其应用》，于21世纪初又进一步提出了"大物流论"。徐寿波院士提出的物流概念与物流学说，坚持了马克思主义的理论与观点，代表着我国物流理论研究的创新前沿。

徐寿波院士立足商品实物形态来研究、考察整个国民经济的生产、流通和消费过程，将"物流"简明扼要地定义为"物的流动"。这个概念与日本、美国的物流概念均

第一章 物流概念

有所不同,具体见表1-3。

> 徐寿波(1931.10.5—),浙江绍兴人,北京交通大学教授、博士生导师,1955年毕业于南京工学院动力系,1960年毕业于苏联科学院能源研究所,获技术科学副博士学位,中国综合能源工程学主要开拓者和奠基人,我国技术经济学的主要创始人和奠基人,我国综合物流工程学研究的开拓者。2001年当选中国工程院院士;2006年被中国物流学会授予"首届中国(十大)有突出贡献物流专家"称号;2007年被中国物流与采购联合会授予"中国物流改革开放30年突出贡献人物"荣誉称号。

美国的物流概念,由Physical Distribution到Logistics,再到SCM,从企业内部的、分散的、个别功能的物流管理到跨企业或行业物流集成管理,是管理范围的不断扩大,本质上是"物流管理"思想。日本的物流发展与美国有所不同,20世纪60年代,日本经济腾飞,当时交通运输瓶颈制约突出,城市化发展受制于国土条件,日本的物流概念则超越企业行为,更强调流通过程的社会化、标准化与系统化。而徐寿波院士提出的"物的流动论",坚持了物流活动的"客观实在性",突破了"物流就是物流管理"的局限,从而能够以更加广阔的时空视角对物流活动进行考察与研究。同时,"物的流动论"将物品自身性质作为物流的固有属性,物流的性质由物的性质决定,"有什么样的物,就有什么样的流",研究设计物流要以物为基础,要以研究了解物的性质为基础。"物的流动论"深刻体现了辩证唯物主义的立场与观点,在马克思主义哲学与物流科学之间建立了理论联系通道,具有重要的理论价值。同时,对于我国这样产业门类齐全、区域差异明显的大国而言,物流发展更加需要对接需求、因地制宜,"物的流动论"也更具实践指导意义。

表1-3 中国物流概念与日本、美国物流概念的比较[一]

国别	美国	美国	日本	美国	中国
物流概念 (英文名词)	军事后勤论 (Logistics)	实体配送论 (Physical Distribution)	物的流通论 (Physical Distribution)	供应链管理论 (SCM)	物流论 [MF(Material Flow)]
最早出现时间	1905年	1915年	1965年	1982年	1985年
概念最早属性	属于军事现象	属于经济现象	属于经济现象	属于经济现象	属于自然、经济和社会现象
概念具体内涵	军事物资、人员和装备的调动	商品实体配送	物质资料从供给者向需要者的物理性移动	商品流通过程中所有链条企业的物流整合	宏观物品流动和微观物质流动的总称

[一] 徐寿波院士认为,中国的"物流"概念与西方不同,直接套用Physical Distribution或Logistics都不合适,他给出了一个新的英文——Material Flow(MF)。本书考虑到物流概念演变的历史惯性,仍然采用Logistics作为"物流"的英文。

（续）

国别	美国	美国	日本	美国	中国
概念行为性质	早先是有目的的军事后勤管理行为，现在是整个供应链管理行为的一部分	有目的的经济管理行为	有目的的经济行为	有目的的、跨企业系统的整体经济管理行为	包括有目的的和无目的自然、经济和社会行为
概念使用领域	军事领域和整个供应链	流通领域	流通领域	整个供应链系统领域	自然界、经济界、社会界各个领域
具有代表性的作者	Chauncey B. Baker	阿奇·萧	阿保荣司、高桥辉男	Keith R. Oliver Michael D. Webber	徐寿波

第三节 物流管理

在物流概念的演变过程中，"物流"与"物流管理"（Logistics）的概念曾一度混用。因此，本节专门对物流管理的基本概念进行介绍。

名词术语

> 物流管理：为达到既定的目标，从物流全过程出发，对相关物流活动进行的计划、组织、协调与控制。
>
> ——《物流术语》（GB/T 18354—2021）

一、物流管理的目标

物流管理往往包括两个方面的目标：
1）客户服务目标：达到用户所满意的服务水平。
2）物流成本目标：尽可能低的成本。

这两个目标之间存在一定程度的"冲突"与"对立"。物流管理就是要根据实际情况，在客户服务与物流成本两个目标之间进行调整与权衡。

客户服务目标可以具体细化为若干个"正确"，即正确的商品、正确的数量、正确的品质、正确的时间、正确的地点、正确的交付对象等。物流管理就是要通过计划、组织、协调与控制等职能，保证物流活动过程，能够实现这些"正确"的目标。

物流成本目标根据物流管理情境的不同，可以有不同的表现形式：
1）单项物流成本最低，如运输成本、仓储成本、配送成本等。
2）企业物流总成本（Total Logistics Cost）最低。
3）供应链物流总成本（Supply Chain Logistics Cost）最低。

除了客户服务与物流成本之外，物流管理实践中往往还需要面临其他目标，如增加就业、安全环保、节能减排、反恐处突等，物流管理问题的复杂性与挑战度也

第一章　物流概念

随之增加。

二、物流管理的范围

物流管理的范围，即物流活动的全过程，具体包括：

1）运输管理。其主要内容包括运输方式及服务的选择、运输路线的选择、车辆调度与组织等。

2）储存管理。其主要内容包括原料、半成品和成品的储存策略，以及储存统计、养护等。

3）装卸搬运管理。其主要内容包括装卸搬运系统的设计、设备规划与配置和作业组织等。

4）包装管理。其主要内容包括包装容器和包装材料的选择与研究，包装技术与方法的改进，以及包装系列化、标准化、自动化等。

5）流通加工管理。其主要内容包括加工场所的选定、加工机械的配置、加工技术与方法的研究和改进、加工作业流程的制定与优化。

6）配送管理。其主要内容包括配送中心选址及优化布局、配送机械的合理配置与调度、配送作业流程的制定与优化。

7）物流信息管理。这主要是指对反映物流活动内容的信息，反映物流要求的信息，反映物流作用的信息和反映物流特点的信息所进行的收集、处理、存储和传输等。

除了以上内容外，一些企业还将客户关系管理、订单管理、合同管理、资产管理、供应商评价、采购管理、维修保养、废旧物资回收、废弃物处理等也纳入了物流管理的范围。

三、物流管理的对象

物流管理的对象主要包括：

1）人的管理。人是物流系统和物流活动中最活跃的因素。对人的管理包括物流从业人员的选拔与录用、物流专业人才的培训与提高、物流教育和物流人才培养规划与措施的制定等。

2）物的管理。"物"指的是物流活动的劳动对象，即物质资料的实体，是物流活动的客体。实践中，汽车、家电等工业企业习惯将最终产品之外的，在生产领域流转的材料统称"物料"；能源、通信、铁路等资产密集型企业，习惯将生产运营过程中所需的各种物质资料统称"物资"；物流企业则习惯将经营对象称为"货物"。

3）财的管理。"财"主要是指物流管理中有关降低物流成本、提高经济效益等方面的内容，它是物流管理的出发点，也是物流管理的归宿。主要内容有物流成本的计算与控制、物流经济效益指标体系的建立、资金的筹措与运用、提高物流经济效益等。

4）设备管理。设备管理是指物流管理中与设备管理有关的各项内容。这主要包括各种物流设备的选型与优化配置，各种设备的合理使用和更新改造，以及各种设备的研制、开发与引进等。

5）方法管理。方法管理的主要内容包括各种物流技术的研究、推广普及，物流科学研究工作的组织与开展，新技术的推广普及，以及现代管理方法的应用等。

6）信息管理。信息是物流系统的神经中枢，只有做到有效地处理并及时传输物流信息，才能对系统内部的人、财、物、设备和方法五个要素进行有效的管理。

四、物流管理的原则

物流管理的原则是由物流活动的性质及其规律所决定的。物流管理必须遵循以下原则：

1. 注重社会经济效益的原则

提高物流经济效益既是物流管理的重要目的之一，也是物流管理的一个重要原则。这个原则要求整个物流系统的各环节、各部门都要充分考虑降低物流成本，以获取整个物流过程的最佳经济效益。在寻求最佳经济效益时，要正确处理微观经济效益与宏观经济效益的关系，微观经济效益应当服从宏观经济效益和社会效益。物流管理必须着眼于整个物流活动，全面分析影响经济效益的因素、条件及相互之间的关系，从中找出获得最佳社会经济效益的途径。

2. 坚持用户至上、质量第一的原则

作为联结生产和消费的纽带，物流活动的目的在于使物品流动与生产和消费过程相适应，做到物畅其流。只有这样，才能有利于生产的发展，并在生产发展的基础上满足人民日益增长的美好生活需要。物流管理应该把为用户服务、使用户满意作为一条重要原则和目标。这条原则要求物流管理突出服务，扩大服务范围，提高服务质量，赢得信誉，增强竞争能力，增强物流企业的生命力。

3. 坚持社会化、现代化与合理化的原则

物流社会化要求物流活动应该打破地区、部门限制，面向社会服务，加强横向经济联合。物流现代化要求随着科学技术的不断发展，更新和引进先进物流设备、物流设施等；不断改进物流技术，学习先进的技术和管理经验；对从业人员定期培训，更新知识。通过物流的社会化和现代化，谋求全社会整体的物流合理化，提高综合经济效益。

4. 贯彻经济、行政、法律和教育方法相结合的原则

物流管理是一项极其复杂的系统工程，既涉及生产力范畴，又涉及生产关系范畴，同时与上层建筑有着密切的联系。这就要求物流管理要综合运用经济方法、行政方法、法律方法和教育方法。

第四节　物　流　分　类

一、物流分类的原则

物流分类的目的是科学地划分不同的物流类型，明确物流的外延。在物流研究与实践过程中，针对不同类型的物流活动，采取不同的运作方式、管理方法等；针对相同类型的物流活动，可以进行类比分析、规模整合等。因此，物流分类应坚持科学、实用的原则。

1）要有目的性，分类是为了思路清晰，便于研究物流问题。
2）要研究物流属性，根据物流属性进行分类。

3）要反映各种分类之间的内在规律与联系。

二、常见的物流分类

1）从物流活动对象（即物质资料）的角度看，物质资料分为自然资源、能源、原料、材料、机电产品、日用工业品、日用农产品、医药物品、文化物品、可回收利用废旧物品、不可回收利用垃圾和其他特殊物品12大类。每一大类还可再分若干种类，最后可细分到每一种物资。对应12大类物资，就有12大类物流，以及再细分的物流活动。

2）从物流活动在企业中的地位角度看，物流可以分为供应物流、生产物流、销售物流、逆向物流和废弃物物流。

供应物流是指为生产企业提供原材料、零部件或其他物品时所发生的物流活动。

生产物流是指生产企业内部进行的涉及原材料、在制品、半成品、产成品等的物流活动。

销售物流是企业在销售商品过程中所发生的物流活动。

逆向物流（反向物流）是指为恢复物品价值、循环利用或合理处置，对原材料、零部件、在制品及产成品从供应链下游节点向上游节点反向流动，或按特定的渠道或方式归集到指定地点所进行的物流活动。

废弃物物流是指将经济活动或人们生活中失去原有使用价值的物品，根据实际需要进行收集、分类、加工、包装、搬运、储存等，并分送到专门处理场所时所形成的物品实体流动。

3）从物流活动执行者的角度看，物流可以分为企业自营物流和第三方物流。

企业自营物流是指企业自身经营物流业务，建设全资或控股物流子公司，完成企业物流配送业务，即企业自己建立一套物流体系。

第三方物流是指由供方与需方以外的物流企业提供物流服务的业务模式。随着社会经济的发展和社会分工的不断深化，第三方物流得到迅猛发展，日益成为重要的物流模式。

4）从物流活动地域范围的角度看，物流可以分为国际物流和国内物流。

国际物流是指不同国家（地区）之间的物流。

国内物流可以分为区域物流和城乡物流。前者又可以细分为行政区域物流和经济区域物流；后者又可以细分为城镇物流和乡村物流。

5）从物流活动发生主体的角度看，物流可以分为工业企业物流、商业企业物流（包括批发企业物流、零售企业物流等）、非营利组织物流（包括医院、社会团体、学校、军队等单位物流）及废品回收企业物流等。

6）从物流活动所属产业的角度看，物流可以分为第一产业物流（农业物流）、第二产业物流（工业物流和建筑业物流）、第三产业物流（商业物流、服务业物流及军事物流等）等，也可以根据各产业中的具体业态对物流活动做进一步的划分，如钢铁业物流、建材业物流、连锁业物流、餐饮业物流等。隶属于不同产业的物流活动，在物品、载体、流量、流向与流程上有各自的特点，相互之间差异很大，对物流服务的需求也各不相同。

物流学导论

7）从物流活动实施特点的角度看，物流可以分为一般物流和特殊物流（或特种物流）两大类。

一般物流是具有共同点的一般性的物流活动。

特殊物流是物流活动合理化与精细化的产物，是在专门范围、专门领域及行业的物流活动。特殊物流往往需要特殊的物流工具、特殊的作业方法与特殊管理方式。根据不同的范围，特殊物流可以进一步细分，如军事物流、应急物流、危险品物流、冷链物流、地下物流等。

思考与练习

1. 查阅其他国家的"物流"定义并进行比较。
2. 研究物流分类有何意义？
3. 物流管理对于企业管理有何意义？

第二章 物流发展

从"大物流论"的观点看,物流作为一种社会经济活动,早在"物流"这样一个名词出现之前就已经存在了。自从有人类社会以来,就有物流活动存在。这是社会发展必不可少的一个生存条件,是不以人的意志和自然现象为转移的客观规律,物流发展过程可以简单概括为"物流随人类社会的产生而产生,随商品经济的发展而发展"。

第一节 我国物流发展

一、古代物流发展

史前时期,我国就有原始的、低级的物流活动,起初全靠手提、头顶、肩扛、背负、撬引完成,后来又以马、牛驮运。随着农业、畜牧业和手工业生产的发展,剩余产品增多,交换频繁,炎帝"以日中为市,致天下之民,聚天下之货……",黄帝开山辟路、拓宽道路,发明舟车,物流的雏形已经呈现。

夏商时期,推动物流发展的主要原因:一是征战;二是治水;三是贡赋;四是迁都;五是商品交换。安阳殷墟和郑州商城遗址中有很多房基、窖穴、水井和农业生产作坊,说明商代城市已有相当规模。商朝遗址中还发现有许多海贝、朱砂等,这些必然来自沿海地区,反映了当时物流范围和物流能力。

西周时期,各项物资管理制度、仓储制度、道路、车马的规格制度开始完善。例如,道路分为五等,"径"可容牛马,"畛"可容大车,"涂"可容乘车一轨,"道"可容乘车二轨,"路"可容乘车三轨。齐国进一步完善了驿传制度,30 里置邮驿储备物资供给来往宾客,设立专门官员主持其事。

春秋战国时期,各国出于战争输送军队和给养的需要,以及距离京城较远的地区向京城运输粮食和大宗物资的需要,开始挖掘运河。公元前 486 年,吴王夫差在扬州修建了沟通长江和淮河的"邗沟",成为我国大运河最早的一段。公元前 219 年,秦始皇在兴安境内湘江与漓江之间修建"灵渠",运载粮饷,至公元前 214 年凿成。

秦汉时期,随着大一统国家的建立,物流得到进一步发展。秦统一度量衡,"书同文、车同轨",修建了北起九原郡(今内蒙古自治区包头市九原区),南抵秦都咸阳附近,全长 700 多 km 的"秦直道",直到隋唐时期它仍然是重要的交通干线。汉代逐步完善粮食仓储制度,并在宣帝时期正式设立"常平仓"制度,成为后世封建王朝沿用的主要仓储制度。汉代,四川民间出现了"鸡公车",系用硬木制造,长 4 尺(1 尺 ≈ 33.3cm),车架安设在独轮两侧,由一人掌扶两个车把推行，有时也可前拉后推，载人载物均可，这种独轮车就是"木牛流马"的原型，是一种既经济又适合各种地形的运输工具，经过不断更新、改造，直至今天仍在使用。

这一时期物流发展最为重要的事件是丝绸之路的开拓。西汉武帝时，张骞出使西域开辟的以长安（今西安）为起点，经甘肃、新疆，到中亚、西亚，并联结地中海各国的陆上通道，被后世称为"丝绸之路"。丝绸之路是历史上横贯亚欧大陆的贸易交通线，在历史上促进了欧亚非各国和中国的友好往来。张骞两次通西域，开辟了中外交流的新纪元。此外，海上丝绸之路也在这一时期形成。汉武帝吞灭南越国之后，两汉版图扩张到今东南亚部分地区，政府加强沿海港市管理，在今徐闻等地"置左右侯官，在县南七里，积货物于此，备其所求，与交易"。三国时期，孙吴政权黄武五年（226年）置广州（郡治今广州市），加强了南方海上贸易。东晋时期，广州成为海上丝绸之路的起点，对外贸易涉及达15个国家和地区，不仅包括东南亚诸国，而且西到印度和欧洲的大秦。丝绸是主要的输出品。输入品有珍珠、香药、象牙、犀角、玳瑁、珊瑚、翡翠、孔雀、金银宝器、犀象、吉贝（棉布）、金刚石、琉璃、珠玑、槟榔、兜鍪等。

西汉至隋唐，都城长安地理位置偏于西部，每年要从关东地区调运大批量的粮食，于是"漕运"作为一种新的运输手段登上了历史舞台。"漕运"除利用自然水系以外，更要靠运河将其连成一个水路运输网。公元587年—610年，隋朝修建了以洛阳为中心、以北京为起点和杭州为终点的全长1794km的南北大运河。大运河在漕粮运输中起到了决定性的作用，是国家实施南粮北运，解决粮食供给和国库存储的重要支撑手段。一定意义上，运河通畅与否，关系着王朝的兴衰。

唐代以后，泉州港逐渐兴起，逐渐成为海上丝绸之路的起点，海路所通的国家和地区东北至高丽、日本，南达南海诸岛，西抵印度半岛。宋代的泉州，对外贸易更加频繁，主要有三条航海路线，与50多个国家和地区有海上贸易关系，泉州港呈现"涨海声中万国商贾"的繁荣景象。

元代，太仓刘家港成为苏南地区唯一的天然良港。元政府决定太仓为漕运码头，大力建设仓储物流设施。元政府还热诚欢迎外国商人来华贸易。为了鼓励更多人出海贸易，元政府还推行"官本船"政策给予扶持，即由政府出船、出本钱给舶商出海贸易。太仓从滨海小镇迅速成为我国东南沿海的第一大港，号称"天下第一码头""六国码头"。

明代迁都北京以后，对于大运河更加依赖，南北粮食的运输几乎全靠漕运，永乐九年疏浚会通河，通航能力提高十余倍，对天津港漕粮转运的发展起到了重要的作用，当年漕运规模达到240万石。到了永乐十五年，漕运增加为509万石，超过元代海运和漕运的总量。漕运的发展和天津港转输之畅对保证北京的粮食、物资的供应创造了良好条件。由于运河畅通，天津港成为漕粮转运最繁忙的港口，漕粮转运连年不断，入京师的粮食无处可存。宣德六年（1431年），通州增置粮仓。宣德七年北京再增粮仓，天津港的转运量创最高数额，达674万石。

清朝仍建都于北京，皇室贵胄、王公大臣以及驻扎北京一带的八旗军队，每年所需漕粮有增无减，漕运为各代皇帝所重视。康熙把漕运视为"富国强兵"之大事。在实

第二章 物流发展

行海禁情况下,天津的河槽运量每年保持明代 400 余万石的数额。康熙二十三年(1684年)海禁放宽,允许船只出海,辽东粮食开始由民间输入天津贩卖。乾隆四年(1739年),河北、山东、河南大灾,辽东农业丰收,天津沿海船户从东北贩运粮食。天津港成为粮商集散、贩卖粮食之地。道光五年(1825年),清政府创行官督商运新法,于上海设立海运总局,天津置收兑局。是年,天津港共接卸苏州、松江、常州、镇江"四府"和太仓"一州"的商运漕粮 160 万石,平底沙船 1562 艘。清政府对官督商运责任明确,运费、杂费粮食所耗等方面注意照顾船商的利益,从 1825 年以后,江南地区到天津的商船络绎不绝。

二、新中国成立后物流发展

新中国成立后的物流史可简单划分为两大阶段:一是 1949 年—1978 年改革开放前计划经济体制下的物流;二是 1978 年改革开放后社会主义市场经济体制下的物流。

1. 改革开放前

从 1949 年新中国成立到 1978 年改革开放之前的这段时间,我国根据当时的国内外形势,对如何进行社会主义建设进行了积极探索,实行计划经济体制。这对刚刚取得革命胜利的贫困落后的我国而言,曾在推动社会经济发展方面起过非常重要的作用,但长期坚持不变却对我国经济发展构成了严重的束缚。在这样的大背景下,中国的物流业特别是交通运输业得以恢复并开始大规模建设,初步建立了以铁路和水运为骨干,由铁路、公路、海运、内河航运和管道构成的运输体系,对铁路运输的主要物资进行合理化运作,开展以城市为中心的物资储存与调拨,取得了明显成效,确保了经济恢复与社会主义建设,特别是抗美援朝对物流的需要。这一时期我国物流的主要特点如下:

1)高度集权。当时国家指令性计划内的物资包括 1200 多种,统一计划、统一生产、统一分配、统一安排物流。计划部门管指标,物资部门管调拨,交通部门管送达。所有企业均无权生产计划外的产品或进行物资调运和产品交易。

2)分割管理。计划经济是一种短缺经济,实行城市与农村、内贸与外贸、生活资料与生产资料分割管理。商业部负责生活资料,对外贸易部负责进出口贸易,中华全国供销合作总社负责农业生产资料和农副产品。货物运输也分别由交通、铁路、邮电、民航等部门分别管理,铁路警察各管一段。所有物资均按国家指令和地方指令分配,设一级物资储备站和二级物资储备站。分割管理是计划经济体制的一个基本特点。

3)政府定价。在社会消费品零售总额、生产资料销售总额和农产品收购总额中,政府定价的比重分别为 97%、100% 和 94.4%。运输和仓储价格也均由政府确定,价格是一种政府行为,价格与价值是分离的。

4)政企不分。物流各环节所设立的运输、仓储、装卸、包装、货代等企业均是公有制企业。

5)大而全、小而全的商业运作模式。当时我国是从小农经济社会走过来的,又借鉴了苏联的计划经济模式,无论工业还是服务业,均是大而全、小而全模式,社会化程度低,每个企业都自己设库,建车队,只要自己能干的就不会外购、

物流学导论

外包。

2. 改革开放后

1978年改革开放以来的40多年，从我国现代物流业的发展来看，物流发展可划分为三个阶段，即探索与起步阶段（1978年—2001年）、快速发展阶段（2002年—2012年）、转型升级阶段（2013年至今）。这三个阶段客观反映了我国现代物流业从学习、引进、借鉴到自主创新发展，从物流弱国到物流大国再到物流强国，从传统物流到现代物流发展的历史过程。

（1）探索与起步阶段（1978年—2001年）

1978年11月，国家物资总局组团赴日本考察，1979年又组团赴日本参加第二届国际物流会议。物流概念开始进入我国，并在党中央支持下开启了我国现代物流业探索与实践的征程。

1）从学习、借鉴、研究起步。在与日本初步交流的过程中，大家一致认为，要把对我国物流的研究组织起来。经过一段时间的筹备，1984年8月21日—25日，中国物流研究会成立大会在北京召开，选举国家计划委员会时任副主任柳随年为会长，高博为秘书长。这是中国历史上第一个全国性的物流组织，其组织成员一开始就是复合型的，包括国家计划委员会、商业部、轻工业部、物资总局、冶金部、煤炭工业部、对外经济贸易部、解放军总后勤部以及相关研究部门、高校和企业。

1988年，全国人民代表大会决定恢复设立物资部，柳随年任部长。1990年7月，中国物流研究会与成立于1980年的中国物资经济学会合并为中国物资流通学会，柳随年任会长，胡俊明任秘书长。从1984年开始，在政府支持下，在北京的几所高校开设物流本科与研究生方向。组织承办了亚太国际物流会议（1997年5月）、常州与天津物流会议，对行业物流及物流各环节进行初步探讨。

2）物流发展引起了政府部门的关注。通过学习、引进、借鉴国外物流先进理念、先进技术、先进模式，我国逐步认识到了物流的重要性。1984年提出了物资管理科学化、现代化的概念，1992年提出要试办期货市场和为企业服务的原材料配送中心，1997年提出物资业要发展代理制和配送制，建立新型工商关系，更好地为经济建设服务。1995年9月28日通过的《中共中央关于制定国民经济和社会发展"九五"计划和2010年远景目标的建议》和2000年10月11日通过的《中共中央关于制定国民经济和社会发展第十个五年计划的建议》明确提出，要积极发展配送中心，重点发展商贸流通、交通运输、市政服务等行业，推动连锁经营、物流配送、多式联运、网上销售等组织形式和服务方式发展，提高服务质量和经济效益。1999年11月，国家经济贸易委员会与世界银行在北京举办现代物流发展国际研讨会，会议指出，现代物流作为一种先进的组织方式和管理技术，是企业除降低物资消耗、提高劳动生产率之外一个非常重要的利润来源，对国民经济和社会发展具有举足轻重的作用。现代物流对优化资源配置、提高经济运行质量、促进企业改革发展、转变中国经济体制与增长方式具有非常重要的影响，现代物流业必将成为21世纪我国经济发展的重要产业和新的经济增长点，这体现了国家对物流新的认识。

3）采取实际行动，物流有了初步发展。设立于1988年的物资部成为主管物流的行政管理部门，开始切实推进物资配送行动。借鉴发达国家经验，基于大量实地调研，物资部提出了通过物资配送发展社会化大流通的设想并获得肯定，由财政部设立物资配送专项基金。同年，物资部与国家经济体制改革委员会决定开展物资流通综合改革试点，在物资部党组领导下设立城市配送领导小组。当时主要是通过物资配送来达到降低生产企业库存、加快资金周转速度、从整体上提高社会生产效益的目的。

无论成立于1994年的国内贸易部，还是成立于1998年的国家国内贸易局，均把物流配送作为工作重点。1996年，国内贸易部还草拟了《物流配送中心建设规划》。2000年10月，国家国内贸易局与联合国开发计划署联合举办现代物流与电子商务国际研讨会，物资配送作为当时我国推进物流业发展的第一个大规模行动取得了一定成效。

2001年3月1日，国家经济贸易委员会联合相关部门发布了《关于加快我国现代物流发展的若干意见》。该意见成为我国政府发出的第一个物流文件，并开始在全国范围内布局和运作。2001年11月27日召开的中央经济工作会议提出，对连锁经营、物流配送等现代营销方式要加以广泛推广。

2002年《政府工作报告》提出，对连锁经营、物流配送、代理制、电子商务等组织形式和服务方式要逐步加以实施。2003年10月14日，中国共产党第十六届中央委员会第三次全体会议通过的《中共中央关于完善社会主义市场经济体制若干问题的决定》把物流纳入全国市场，并明确指出建设现代市场体系一定要强化市场的统一性，加快全国统一市场建设，大力推进市场对内对外开放，加快要素价格市场化，发展电子商务、连锁经营、物流配送等现代流通方式，促进商品和各种要素在全国范围内自由流动和充分竞争。至此，电子商务、连锁经营、物流配送并列成为我国现代流通的三大方式，而"物流配送"则成为当时物流业的代名词。

20世纪末，上海、天津、深圳等城市开始把物流列为支柱产业或新兴产业。青岛海尔，深圳华为，天津天汽、中远、中外运、中储，上海联华，广州宝供，深圳中海，以及上海大众等一批企业开始物流的起步并取得实效。丹麦马士基、美国总统轮船公司等国际物流企业开始试探性地进入我国物流市场。

（2）快速发展阶段（2002年—2012年）

2002年我国正式加入世界贸易组织，这是我国对外开放的一个新阶段，或者说是部分沿海城市和区域开放的第二个阶段。在经济全球化的推动下，我国充分把握国际产业分工大调整的战略机遇，进一步与国际接轨，使外企和外资看到了我国改革开放的巨大红利，纷纷将一些劳动密集型和资本密集型产业转移到我国。在这样的大背景下，我国的物流业发生了以下变化：

1）政府加大推动力度。当时我国物流业的发展面临四大难关：①理念上，人们习惯于大而全、小而全的商业运作模式，物流需求释放受到影响；②物流服务商缺乏，传统运输、仓储、货代等企业不知如何转型，外资制造与流通企业进入缺乏国内物流服务商跟进；③物流人才短缺严重，根据当时的估算，到2010年管理与工程人员缺口达30万人；④体制机制约束，市场如何构造、环境如何优化、政府如何监管等一系列问题亟待解决。

在前一阶段探索与起步的基础上，政府对物流重要性的认识逐步提升，推动力度逐步加大。2001年11月10日，我国正式加入世界贸易组织之前，党中央、国务院充分认识到了分销业和物流业对外开放的重要性，考虑到物流业刚刚起步，分销业存在一些薄弱环节，在许多领域规定了三年的过渡期，以避免造成不必要的过度冲击。要适应我国加入世界贸易组织的新形势，充分利用国内外两种资源、两个市场，努力形成我国参与国际市场竞争的新优势。

只有现代流通方式才能带动现代化生产，只有大规模流通方式才能带动大规模生产。因此，要大力支持连锁经营、集中配送等现代流通方式发展，提高竞争力。

2003年下半年，全国政协经济委员会针对全国物流业组织专题调研。2004年8月，国家发展和改革委员会等部门发布了《关于促进我国现代物流业发展的意见》。2005年2月，国家发展和改革委员会牵头成立全国现代物流工作部际联席会议，协调全国物流业发展。

2006年3月14日，第十届全国人民代表大会第四次会议通过的《中华人民共和国国民经济和社会发展第十一个五年规划纲要》在第十六章"拓展生产性服务业"中专门设立了"大力发展现代物流业"一节，物流业第一次被列入五年规划，其作为国民经济一个产业的地位得以确立，这是一个历史性突破。

后来，历年《政府工作报告》均把物流业作为服务业与其他服务业并列。例如，2006年《政府工作报告》指出，要加快服务业特别是信息、金融、保险、物流、旅游与社区服务业发展；2007年《政府工作报告》强调，要发展物流、金融、信息、咨询、旅游、社区服务等现代服务业，物流业被放到了现代服务业的第一位；2009年《政府工作报告》提到了"现代物流"一词。

全球金融危机爆发后的2009年，为缓解国际金融危机对我国实体经济的冲击，我国制定了包括物流业在内的十大产业振兴规划。其中，《物流业调整和振兴规划》明确提出了十项主要任务、九大工程和九项保障措施，要求到2011年初步建立起布局合理、技术先进、节能环保、便捷高效、安全有序并具有一定国际竞争力的现代物流服务体系。文件发出后，各地各部门积极响应，在我国物流业快速发展中发挥了非常重要的推动作用，出现了物流业发展的大好局面。

2011年3月，第十一届全国人民代表大会第四次会议审议通过的《中华人民共和国国民经济和社会发展第十二个五年规划纲要》第四篇"营造环境　推动服务业大发展"的第十五章专门设置了"大力发展现代物流业"一节。2011年8月，根据各地出现的问题，国务院办公厅出台了《关于促进物流业健康发展政策措施的意见》。为营造物流业发展的良好环境，政府对市场准入、财政税务、土地使用、学历教育、标准制定、统计制度、企业评估、科技进步等进行了规定，对物流园区、城市配送、食品冷链、信息化、应急物流、多式联运、物联网等进行了专项规划。

面对严峻的全球经济形势，我国在2011年11月的亚太经合组织第十九次领导人非正式会议上明确指出，要加强全球供应链合作。在2012年9月8日的亚太经合组织第二十次领导人非正式会议上，我国再次提出了构建可靠供应链的倡议，即提高供应链的连通性和便利性，充分发挥基础设施效用，持续推进《亚太经合组织供应链联接行动计划》，化解供应链限制因素，解除货物流通与服务流通障碍；推动物流网络

第二章 物流发展

建设，精简海关程序；便利商务人员流动，从信息获取、跨境合作、能力建设等方面着手为中小物流企业提供支持。这是我国第一次在国际会议上提出要积极参与全球供应链合作。纵观全球，很多国家特别是日本、新加坡、德国等都对物流业发展采用了政府推动的办法。

2）基本形成了一支庞大的物流服务大军。这十年，物流企业由少到多、由小到大、由分散到集中，物流市场由无序逐步走向有序，物流服务水平日益提高。在其中的前三年，形成了国有、民营、外资三足鼎立的格局。

2001年，在我国即将加入世界贸易组织之际，世界著名咨询公司麦肯锡和摩根士丹利经过调查研究，分别发表了《中国物流市场白皮书》和《中国物流报告》，并得出了同样的结论：中国物流市场很大，是一个尚待开发的市场；中国物流业刚刚起步，尚处于初级阶段，加入世界贸易组织将加速这一进程；跨国公司对中国物流市场必须实行"抢滩战略"；现代物流业将在中国经济发展中发挥关键作用，其未来十年的增长率将超过20%。跨国物流公司如丹麦马士基、美国总统轮船、英国英运、荷兰天地、日本日通、联邦快递、联合包裹、德国邮政、普洛斯等，以及我国港澳台地区的和记黄埔、嘉里物流、台湾长荣和大荣等纷纷进入我国大陆地区物流市场，凭借其资产实力、先进模式、国际化视野、信息化技术和人才优势，在物流领域处于领先地位。国有物流企业体量大，占有大量物流基础设施，与需求企业存在不可分割的联系，中远、中外运、中海、中邮、中铁、中储、招商局集团等在物流界具有举足轻重的地位。民营物流企业异军突起，尽管以中小型企业为主，但具有市场适应性强、机制灵活、学习新事物快、成本相对较低等优势，如广州宝供、南方物流、天津大田，以及北京宅急送、华宇、远成、锦成等。经过十年的激烈竞争与兼并、重组、上市、跨界整合，物流各行业领军企业基本形成，如海尔、华为、上海大众等一批制造企业，顺丰、德邦、卡行天下、安能等快运物流，"三通一达"等快递物流，传化、林安、苏州工业园等园区物流，河南鲜易、上海荣庆等冷链物流，上药、九州通等医药物流，昆船、中集、北京自动化所等装备物流。在此期间还有两支队伍异军突起：①互联网企业，特别是电子商务网购平台进入物流，如阿里巴巴、京东、苏宁等；②供应链企业快速登场，以优异的业绩得到普遍好评，如怡亚通、深发展（后进入平安银行）、嘉诚等。

经过十年的发展，物流企业散、小、差的状况大有改观，在始于2004年的中国物流企业50强排名中，入围企业的主营业务收入从2004年的2亿元发展到2012年的20.3亿元，已经基本形成了包含不同所有制、不同经营规模、不同功能、不同服务模式、不同特色物流服务企业的集群。2010年—2011年进行全国第二次经济普查时，物流企业有13万多家，再加上一些表面并未冠以物流名称而实际却在从事物流运作的企业，大约有20多万家。

3）我国物流服务系统得到基本完善。物流是一项系统工程，有两层含义：①由物流基础设施、物流技术与装备、物流运作主体、物流行政管理和行业自律等部分组成；②由物流的包装、运输、搬运、装卸、仓储、货代、流通加工、配送、信息处理等众多功能构成。上述两个系统非常重要，改革开放40多年来，我国物流就是在打造这两个系统。从交通运输方面看，这十年国家对物流基础设施进行了大量投入，取

物流学导论

得了巨大进步。

此外,物流园区、交通枢纽、港口、机场、冷链基地、公共配送中心、信息平台等建设均有新的突破。随着互联网时代的到来以及中国制造业的进步,物流技术与装备也发生了巨大的变化,如运输工具中的集装箱、箱式挂车、特种运输,现代仓库尤其是配送中心的系统集成、单元化物流、自动识别系统,透明化管理与信息追溯,智能机器人,特别是互联网、物联网技术的大量应用等。物流的运作主体不仅包括第三方物流企业、第四方物流企业,而且包括许多制造企业(通过延伸发展制造服务业进军物流业)和服务企业(通过延伸发展其他产业进军物流业)。一开始主要是工业物流,这十年来农产品物流也开始受到关注,物流正在从生产性服务业向生活性服务业迈进。

物流行政管理迈进了一大步。物流业自《中华人民共和国国民经济和社会发展第十一个五年规划纲要》发布以来才确立了自身的产业地位,过去基本没有专门的部门管理,谁来管、如何管,这都需要一个摸索的过程。尽管这十年中并没有完全理顺,但应由政府负责的规划、监管、协调、教育、标准、科研等均已具备,正逐步从无序走向有序。在我国物流业发展中,行业协会特别是中国物流与采购联合会起到了不可替代的作用。中国物流与采购联合会自2001年经国务院批准成立以来,就成为我国物流业发展的助推器,通过积极参与制定规划,实施物流企业分类与评估指标体系,启动物流人才教育工程,申请批准设立全国物流科技进步奖与全国物流劳模评选,提出建立采购经理人指数并进行社会物流统计,反映行业诉求,为政府提供政策建议,开展国内外系列重大活动等,在我国物流发展史上留下了光辉的一页。

4)物流市场化程度有所提高。物流资源市场化是现代物流整合社会资源、进行多功能一体化运作的重要基础和前提,即所有企业特别是物流企业可基于等价交换从市场上获得相关资源的使用权,进而选择最合理的路线、运载工具和时间,采用最安全的措施为用户提供服务。《物流业调整和振兴规划》指出,市场化、专业化、社会化发展道路是我国物流业的必然选择,一定要充分利用市场在资源优化配置方面的作用,打破各部门各地区相互分割相互封锁的状态,公平竞争,实现物流服务的社会化和资源的市场化。目前,尚缺乏十年间我国物流业市场化程度的准确数据,估计会超过90%。对物流市场化程度的测度,主要参照三个方面的标准:①物流资源是不是通过市场交易;②物流服务价格是不是根据市场供需情况确定;③物流服务运作主体是不是自负盈亏的法人实体。从我国的实践看,除《中华人民共和国邮政法》规定的公务文件以及部分铁路、管道和航空资源外,其他资源全部通过市场进行交易;除比较重要的邮政、铁路货运、管道运输、航空货运服务项目依然执行国家规定的指导价外,其余全部实行自由定价。国家发展和改革委员会发布的数据表明,2016年已经有超过97%的商品和服务价格通过市场确定,物流服务运作主体全部实现了公司化,铁路企业则是最后一个走向市场化的。

这十年间,我国物流专业化分工加速,推动了细分市场的发展,钢材、油品、汽车、煤炭、农产品、建材、危化品等产品物流,快运、冷链、电商、应急、配送、金融、货代等功能物流,物流技术与装备物流,会展、培训、研讨会等服务物流得到充分发展。

第二章 物流发展

(3) 转型升级阶段（2013年至今）

2012年11月8日，党的十八大召开，从这时起，我国经济社会发展进入了一个新的时期。一方面，自国际金融危机爆发以来，国际形势错综复杂，世界政治、经济、军事、金融深度调整，综合国力竞争加剧；另一方面，国内经济发展不平衡、不协调、不可持续问题依然突出，动能转换缺乏应对措施，国际经济增长下行对我国造成巨大压力。改革进入深水区，"三期叠加"，矛盾重重。在这样的情况下，在这样的大背景下，我国物流业发生了哪些变化呢？

1) 我国物流业发展的主要矛盾发生了变化。改革开放初期，我国面临的主要矛盾是经济快速发展下物流需求与物流服务供给不足之间的矛盾，解决问题的关键在于发展物流企业与企业物流，而现在的主要矛盾已经演变为经济高质量高效率发展对物流的需求与物流发展不充分、不协调、不平衡、不可持续之间的矛盾。2012年，受经济下行影响，所有物流宏观指标均比上一年回落3~5个百分点，这是正常的。不过我们也要看到，2012年物流总费用占GDP的比重仍然很高，比发达国家高出1倍。2012年我国企业物流费用占比为8.6%（其中，工业为9.2%，批发零售业为7.8%），而日本2011年只有4.9%。在物流总费用中，管理费用占物流总费用的12.3%，而西方发达国家只占3%~5%。规模以上工业企业库存率（存货占销售总值比重）高达10%，比发达国家高出1倍。此外，我国物流发展环境也存在很多问题，高成本时代的到来以及高税收、乱收费、乱罚款现象的存在，导致不少物流企业难以为继。这足以说明，受经济发展方式粗放、产业结构不合理等影响，物流业同样存在发展方式粗放、结构不合理、区域与行业发展不平衡、与实体经济融合度差、创新力不足、集中度偏低、全球供应链国际竞争力不强等问题，物流业并没有真正发挥推动国民经济降本增效的作用，必须转型发展，从追求规模速度的粗放式增长转变为追求质量和效率的集约式增长，从外延扩张向内涵增值深度调整，从要素、投资驱动向创新、科技驱动转化，实现动能转换。

2) 政府继续加大推动力度。2013年，我国经济进入"三期叠加"时期，而经济的转型发展更需要物流业发挥作用。2014年9月12日，《物流业发展中长期规划（2014—2020年）》出台，物流业被确定为支撑国民经济发展的基础性和战略性产业。其中，物流业的基础性主要表现在其对国民经济发展的贡献方面；物流业的战略性主要表现在其对国民经济发展的引领和扩展方面。《物流业发展中长期规划（2014—2020年）》作为继《物流业调整和振兴规划》之后的又一个纲领性文件，要求到2020年基本建立布局合理、技术先进、便捷高效、绿色环保、安全有序的现代物流服务体系，并提出了三大发展重点、七项主要任务、十二项重点工程和九项保障措施，成为新常态下物流业发展的顶层设计。文件发布后，国家对物流业的支持力度加大，法制环境逐步改善。2015年7月，《国务院关于积极推进"互联网+"行动的指导意见》发布，"互联网+高效物流"被列入重点工程。2016年，第十二届全国人民代表大会第四次会议审查通过了《中华人民共和国国民经济和社会发展第十三个五年规划纲要》，对现代物流业的要求进一步提高。为适应电子商务特别是网络购物迅猛发展的需要，2015年10月23日，国务院印发《国务院关于促进快递业发展的若干意见》。2017年，快递业务总规模已经达到401亿件。

物流学导论

　　2017年8月17日,国务院办公厅发布《国务院办公厅关于进一步推进物流降本增效促进实体经济发展的意见》,同年10月13日发布《国务院办公厅关于积极推进供应链创新与应用的指导意见》。这表明供应链被提升到国家层面,成为我国物流业发展的新起点,标志着物流业进入新时代,将对我国社会经济发展产生不可估量的影响。2016年《政府工作报告》提出,要以信息网络等现代技术推动生产、管理与营销模式变革,通过重塑产业链、供应链和价值链,改造提升传统动能,促使其焕发新的生机和活力。

　　习近平同志非常关心物流业发展情况,曾先后专程到河南、山东等地调研,并从国际国内大局着眼看待现代物流与现代供应链问题。2013年9月和10月,习近平同志赴中亚和东南亚国家访问期间,先后提出了推动共建丝绸之路经济带和21世纪海上丝绸之路的愿景与倡议。"一带一路"倡议下的互联互通、合作共赢、打造全球经济命运共同体,必将成为构建全球供应链的全新途径。

　　2014年11月8日,习近平同志参加亚太经合组织会议时提出,要根据各国战略和规划,基于优先领域和项目,发挥比较优势,集中资源,联合推进,降低物流成本,创造需求与就业,提高综合竞争力,占据全球供应链、产业链、价值链的有利位置,打造强劲、可持续、平衡增长的亚洲发展新气象。2014年12月5日,习近平同志在中央政治局第29次集体学习时指出,一定要敢于和善于在全世界范围内配置资源。在2016年年底的中央经济工作会议上,习近平同志强调,要构建大中小企业专业化分工协作的网络体系,形成高效完整的产业供应链。在党的十九大上,习近平同志将现代供应链提升为经济发展的新动能和新的经济增长点。

　　3) 物流业稳步增长,基本保证了国民经济发展对物流业的需求。

　　① 从宏观数字看,我国社会物流总额从2013年的197.8万亿元增加到2017年的252万亿元,年均增长7.2%;社会物流总费用从2013年的10.2万亿元增加到2017年的12.1万亿元,年均增长6.2%,物流费用占GDP的比重从2013的18%逐年下降为16.6%、16%、14.9%,2017年为14.6%;全年货运总量从2013年的451亿吨增加到2017年的471亿吨。我国已经成为全球最大的物流市场,物流业总收入从2013年的3.9万亿元增加到2017年的8.8万亿元。工业企业和批发零售企业物流费用占比从2013年的8.4%略有下降,降到了2016年的8.1%(其中,工业为8.6%,批发零售业为7.4%)。物流业景气指数从2013年的53.1%上升到2017年的55.3%,发展平稳。物流业作为国民经济基础性、战略性产业的地位进一步显现,在供给侧结构性改革中的作用日益明显。

　　② 物流业发展方式由粗放到集约,上了一个新台阶。不同领域在上一个十年形成的领军企业进一步强化,并出现了一批新的领军企业,如运满满、货车帮、物润船联、中储智运等。企业兼并重组加速,如中远与中海重组、招商局集团与中外运长航重组、普洛斯股权重构等,2017年有8家在主板上市,5家在境外上市,45家在新三板上市。2017年,A级物流企业达到4938家,其中5A级企业273家。综合运输体系加速推进,空间覆盖率大大提高。物流基础设施投入从2013年的3.6万亿元增加到2017年的6.1万亿元,铁路营业里程12.7万km,其中高铁2.5万km,占世界总量的66.3%;公路总里程477.15万km,其中高速公路里程13.6万km;港口万吨级以上泊位2713个;民

第二章 物流发展

航运输机场 229 个。

③ 供应链平台企业异军突起。各产业都涌现出了一批优秀的样板企业，如海尔、华为等，形成了生产型供应链、商贸交易型供应链、服务型供应链、平台型供应链、生态型供应链五种新模式。在深圳百强企业中，入围的供应链企业由 2016 年的 9 家增加到 2017 年的 11 家。

④ 高科技成为创新驱动新动能，"互联网 + 高效物流"初见成效。运输革命、仓储革命、码头革命、管理革命一浪高过一浪，物联网、大数据、云计算、人工智能得到有效应用。

⑤ 物流业结构进一步完善。中西部物流、农村物流、国际物流、生活物流有所加强。新时期，消费进入个性化、体验式阶段，电子商务与电商物流发展迅速。我国电子商务市场交易规模从 2013 年的 9.9 万亿元迅速增加到 2017 年的 29.2 万亿元，增长了 1.95 倍。其中，网络购物交易额从 2013 年的 1.85 万亿元迅速增加到 2017 年的 7.1 万亿元，增长了 2.8 倍。电子商务的迅猛发展带动了快递业的超高速发展，快递业务量由 2013 年的 61.1 亿件增加到 2017 年的 401 亿件，超过美国，跃居世界第一位。2017 年《政府工作报告》强调，要发展物流快递，推动电子商务、物流快递等新业态快速成长，大力降低流通成本。

⑥ 物流人才红利显现。人才是我国物流业发展最重要的资源。自 2002 年开始实施中国物流人才教育工程到 2017 年年底，我国开设物流专业的本科院校达到 551 所，高职高专院校达到 965 所，中职学校达到 800 多所，在校学生超过 100 万人，累计培养本科生 50 多万人，大专生 170 多万人，中专生 30 多万人。自 2003 年以来，培训物流师超过 50 万人次。这些为新时期我国物流业的发展奠定了坚实的人才基础，为物流企业补充了大量的中高级管理人才，使人才红利得以有效释放。

第二节　国外物流发展

20 世纪 90 年代以来，随着经济和技术的迅猛发展，国际市场竞争不断加剧，企业面临的生存和发展问题更为复杂。为了获取更多的市场份额，在市场上获取一定的竞争优势，各工业发达国家的政府、企业纷纷将注意力转向"物流管理"，认为只生产出高质量的产品并不能完全满足客户的需求，只有通过有效的物流管理，使客户在其所需要的时间、地点，以其所希望的方式和数量获得产品，才能更为合理地配置社会资源。因此，人们更加清晰地认识到物流在经济发展中的重要性，将建立社会化、专业化和网络化的物流体系作为追求的目标。

一、美国

提起北美洲的物流发展，人们最先想到的是美国，包括美国的物流定义，以及美国各类物流企业提供的仓储、配送、运输、维修、货物跟踪和其他有附加值的服务。

1. 第三方物流企业典例——美国联合包裹运送服务公司

美国联合包裹运送服务公司（UPS）是一家百年老字号企业，也是美国物流的支柱企业。自 20 世纪初 UPS 在西雅图百货商店之间穿梭运送福特 T 型车和摩托车以来，这家以深棕色为代表色的公司,一直严格遵循自己成功的营业模式,并受到广泛称赞。虽然UPS日趋成熟的"棕色经营"已实现了每个工作日投递1300万件邮包的创举,但它们认为还不足以在全球化、知识化的物流业市场中竞争,必须摆脱企业传统的经营模式,向信息化的第三方物流企业发展。

早在20世纪80年代,UPS就决定创立一个强有力的信息技术系统。之后的10年间,UPS在信息技术方面投入110亿美元,配置了主机、个人计算机、笔记本计算机、无线调制解调器、蜂窝通信系统等设施设备,并招募了数千名程序工程师及技术人员。这种投入使UPS实现了与99%的美国企业和96%的美国居民之间的信息往来。UPS可向顾客和供应商提供瞬间电子接入服务,以便查阅有关包裹运输和送达过程的信息。

UPS的货运司机是公司货物跟踪系统中的关键人物。他们携带了一块电子操作板,称作DLAD,即运送信息获取装置,可同时捕捉和发送运货信息。一旦用户在DLAD上签收了包裹,信息将会在网络中传播。寄件人可以登录UPS网站了解货物情况。同时,司机行驶路线的堵车情况,或用户即时提货等信息也可发放给DLAD。除利用网络对货件运送与监控外,公司还可以开拓新的综合商务渠道,既做中间商,又当担保人。UPS通过送货件、做担保及运货后向收件人收款,成为商务社会中的一个重要节点。

1999年,UPS在电子商务领域内所取得的业绩受到全球的广泛认可。UPS提出了一系列服务强化软件,并与惠普、Oracle和WorldTalk等著名电子商务公司建立了联盟。目前,UPS已连续数年被《财富》杂志评选为邮政、包裹运送及货运领域内"全球最受推崇"的物流服务企业。

2. 零售商物流典例——沃尔玛公司

美国企业为适应经济发展和商品流通需要,除建设仓储、运输、批发等单功能物流企业外,还建设了功能齐全、诸如商品配送中心的物流企业。这些物流企业或提供社会化的物流配送服务,或作为企业集团的重要组成部分,以保障集团内部生产和流通业务的需求为服务重点。

美国沃尔玛公司是世界上最大的商业零售企业,1999年全球销售总额达到1650亿美元,在世界500强中排名第二,仅次于美国通用汽车公司。2000年,沃尔玛公司销售总额达到1913亿美元,超过了通用汽车公司。在《财富》杂志公布的2001年美国500强公司排名中,零售业巨头沃尔玛以2189.12亿美元的销售收入位居榜首。

沃尔玛在其经营生涯中一直遵循着一个非常简单的既定原则:顾客第一和保证顾客满意。沃尔玛中国有限公司商品采购及市场营销副总裁麦罗伦在访问北京期间,曾进行京城百货店和连锁超市的调查,了解市场需求和顾客消费行为。21世纪初,在美国有1800家沃尔玛商场,都是比较常规、以较低价格提供日常用品的商场,沃尔玛还开发了721个超级市场,是由规模较大的商场及附近一些小的副食店加在一起而形成的。沃尔玛可以为顾客提供一站式的消费服务(即顾客来到沃尔玛的任一商场或超级市场,几乎所有的生活必需品都可以买到)。这种连锁服务方式是沃尔玛业务增长的重要模式。

沃尔玛经营者认为,随着全球经济一体化的发展,企业竞争已不单是商品性能、价格和质量的竞争,还包括物流能力的竞争。国际零售企业的竞争力之强,在很大程度上依赖于先进的物流系统。2000年沃尔玛在物流方面的投资是1600亿美元,2002年增长

第二章 物流发展

到 1900 亿美元。为商场、超级市场提供物流服务的沃尔玛配送中心属于典型的零售商配送中心。例如，为分布于纽约州、宾夕法尼亚州等 6 个州的 100 家连锁店按时提供商品的配送中心就是沃尔玛独资建设的。在库存商品中，畅销商品和滞销商品各占 50%，库存商品期限超过 180 天为滞销商品，各连锁店的库存量为销售量的 10% 左右。

此外，在沃尔玛全球店铺内，拥有包括客户管理、配送中心管理、财务管理、商品管理、补货系统和员工管理的信息网络系统，市场应变能力极强，不仅提高了企业的管理水平，而且还能适应激烈竞争的快节奏，加快资金、商品的库存周转。

二、欧洲

1. 欧洲第三方物流市场

在欧洲，第三方物流已有近百年的历史。第三方物流早期主要提供组配、仓储、运输等服务，飞越式发展约在 20 世纪 80 年代末。此前欧洲的许多配送中心都是美国公司运作的。90 年代，第三方物流企业数量急剧增加，在欧洲物流市场中占有重要的位置。

欧洲市场的第三方物流公司基本可分为以下四类：

1）服务范围广泛的大型物流企业。这类物流企业为制造商提供包括制作不同语言的标签和包装，帮助制造商在欧洲不同市场进行销售。在这类企业中，有经营良好的欧洲物流公司，也有总部设在美国的物流公司，如 UPS 环球物流。

2）从事传统物流的欧洲公司。一些物流企业拥有少量资产，经营公路货运、仓储、报关等业务。还有些公司的业务主要是处理欧洲各国海关之间复杂的业务。

3）新兴的第三方物流公司。除大型跨国物流公司和地区性小型物流企业外，一种完全新兴的欧洲第三方物流企业发展较快。例如，欧罗凯集团——德国汉堡港主要的集装箱经营者，除在欧洲拥有仓储和配送能力以外，还为零售商和制造商提供物流服务。对这类企业来说，最普遍的一种增值服务是紧急订货的快速接运与配送，以便减低库存，为零售商增加大约 10% 的存货投资回报。

4）大型国有第三方物流企业。欧洲另一类快速增长的第三方物流企业是大型国有机构，如国家铁路公司和港务局。

从欧洲的物流发展现状可以了解到，之所以欧洲的第三方物流能够快速发展，是因为企业对于物流服务的需要，以及欧洲物流企业较高的管理水平与低成本优势。内外因综合作用推动了欧洲第三方物流的发展。

2. 德国物流

1999 年 6 月，上海市浦东新区现代物流考察团赴位于欧洲中部的德国考察，对德国的物流业发展、主要物流设施建设、物流企业经营等方面进行了较为全面的了解。本书参考该团考察报告重点进行德国的物流发展现状的分析与介绍。

（1）德国的物流业

德国的物流业是随着高速公路的快速发展和经济全球化的加快而发展起来的。公路货运在德国物流业一直占有统治地位。与铁路、内河和航空运输相比，德国的公路货运具有较快的运输速度、较强的网络能力与适应能力，以及机动灵活性等优点。在运输贵重、易损和对运输成本敏感的货物时，公路货运的优势更加明显。

70% 以上的德国企业认为，物流包括仓储、分拣、包装、配送、运输、调度和信息处理。一般来说，物流费用平均占德国工业企业总成本的11%、商业企业总成本的21%。通过有效的物流管理可以降低企业成本的6%~7%。尽管物流服务水平不断提高，但物流成本可以通过优化管理达到逐步降低的目的。因此，物流运作方案的成功因素在于：物流方案必须针对顾客需求，不仅要为客户提供高速度和低成本，而且对于各种变化既保持高度灵活性、适应性，又保持稳定性和可靠性。

在德国，衡量物流服务水平的指标有供货能力、供货时间、供货质量、供货期的可靠性等。例如，供货时间短就意味着物流成本低和市场反应快，缩短供货时间的潜力主要来自减少处理合同的时间。此外，向客户提供需要的信息也成为重要的标准之一。

（2）德国的物流设施建设

货运中心又称货物配载中心，是近期德国大力倡导、扶持发展的集约化运输组织形式。它依托一定的经济区域，以可供选择的多种运输方式、快捷的运输网络、周到的运输服务，把分散经营的众多运输企业及运输服务企业吸引到一起，各方货物经过中心进行配载，选择适宜的运输工具迅速地输送到目的地。

在德国，货运中心是现代经济发展、贸易的国际化与自由化的必然要求，培育和建设货运中心是德国加强现代物流设施建设的一项重要举措。德国建立和发展货运中心由联邦政府统一规划，由州政府负责按规划进行建设，并采取相关政策扶持其发展。

在德国，货运中心建设的着眼点首先是社会效益。因为从社会效益来看，货运中心能发挥其减少空驶、缓解道路拥挤压力的作用，从而减少交通噪声和大气污染，有利于环境保护。同时，货运中心建设也能为区域经济繁荣和发展注入新的活力，创造较多的就业机会，并且增加税收。从经济效益来看，货运中心通过提供必要的服务设施和服务条件，合理组织物资集散，也能达到资源充分利用的目的。

（3）德国的物流企业经营

不莱梅物流园区是德国兴建最早的物流园区，一期工程占地35万m^2，1985年第一家企业入住。1988年，它的使用面积达到90%，员工达700人。1989年，公铁联运中转站开始运营，面积扩大至50万m^2。1990年，园区扩建，面积达200万m^2。1994年，德国邮政在园区内建立了信件处理中心，随后铁路公司也在园区内成立了货运中心。1999年，园区再次扩建，总面积达360万m^2，员工人数上升至4800人。

2002年，德国物流园区协会调查发现，不莱梅物流园区不仅取得了显著的社会效益，而且取得了巨大的经济效益，园区投入产出比为1:6，投资1.02亿欧元，而实现的效益为6.1亿欧元，成为德国物流园区建设的典范。

3. 比利时物流

比利时地处西北欧中心，是一个人口密集和高度工业化的地区。从比利时港口出发到欧洲各主要经济中心，具有距离短、时间快、费用低等优势。比利时港口被誉为既快又高效的理想运输枢纽。

在欧洲及欧洲联盟中，比利时港口是最大的仓储中心和物流中心，每年挂靠的国际船舶达3万多艘次。比利时港口具有优越的地理位置及其腹地运输的高质量服务。德国西部的莱茵—鲁尔地区、德国南部和中部、东欧、法国东北部、瑞士和意大利北部的大量货物集散都是通过比利时港口完成的。为发挥港口的物流门户功能，比利时港口为客户提供了一整套完善的物流服务，远远超出港口装卸和仓储的范围。

第二章　物流发展

（1）安特卫普港

作为比利时最大的港口，安特卫普港距离比利时首都布鲁塞尔 45km，在物流、配送和供应链管理等方面都领先于欧洲其他港口。安特卫普港大力加强海运、铁路和公路运输的建设，积极拓展物流服务，使港口的影响力和市场占有率大大提高，并产生了"一条龙"的集聚效应。近年来，该港年货物吞吐能力排名欧洲第 2、世界第 4，创利逾亿美元，相当于比利时国内生产总值的 3.2%。

安特卫普港拥有 480 万 m^2 的封闭式仓库与 30 万 m^3 的筒式仓库，可进行危险品、易腐烂商品以及调温品的仓储和配送，具有高度专业化的物流服务水准，可满足特殊的物流服务要求。安特卫普港的港口管理者鼓励和支持出口商自建仓库经营配送业务或委托专业港务公司经营；鼓励出口商租赁仓库或与港务公司组建合资公司，利用现有设施或扩充新的设施开展配送业务。这种投资少、效率高的经营方式受到了出口商的普遍欢迎，不仅使出口商拥有仓库自营权，而且可以共同展开腹地运输、报关、报验、包装、质量控制、库存管理、订货处理和开具发票等全方位服务功能。

由于安特卫普港因地制宜发展物流，开发不同运输方式实现最佳的运输服务。该港还有 12 条国际铁路线，港口海运量中 20% 依靠铁路接运，每年铁路运输量达 2500 万 t，是欧洲第一大铁路港，集装箱班列分别往返于德国、荷兰、法国、西班牙、奥地利和瑞士之间。此外，贯穿比利时的欧洲高速公路把安特卫普港与欧洲大陆主要的生产和消费中心连接起来，吸引了众多欧洲国家把大量货物从陆路上移到安特卫普港装船外运。安特卫普港现拥有 300 条公路班车线路，辐射至西欧、东欧、斯堪的纳维亚和海湾等地区，越来越多的货物通过这个多式内陆运输枢纽运抵最终目的地。

（2）齐布鲁日港

齐布鲁日港是比利时的又一大港口，与鹿特丹港和安特卫普港一起构成比、荷、卢三角洲港口群。齐布鲁日港地处世界最繁忙的海域与多条航线交汇处，主要经营汽车、食品和工程项目等货物的配送业务。其中有 3/4 的业务涉及集装箱运输，每天有 28 条班轮开注英国东海岸的 10 多个港口，有 10 个以上的航班行驶在泰晤士河上。

一些大商家的交易活动、厂内配送、仓储等业务都可在齐布鲁日港内完成，如除蜡、安装选购件及小型维修等。通过港口的物流服务，直接受益的商家有福特、通用、克莱斯勒、宝马、罗佛、标致、雪铁龙、沃尔沃和菲亚特等汽车制造商。他们通过区间的陆路、铁路和海运将车辆配送到各地，齐布鲁日港便成为货物运抵最终消费市场的物流平台。

我国中远集团每年有近 200 艘次的各类船舶挂靠比利时的港口，其中集装箱班轮近 150 艘次，年装卸集装箱达 10TEU 以上，各类散货的装卸量达 160 多万 t。中海集团虽然进入比利时航运市场才 1 年，月处理集装箱量却已超过了 3500TEU。

综上所述，比利时港口将在欧洲与世界物流网络中均起到重要作用。通过比利时对港口的不断扩建、航道疏浚及推行民营化等措施，可以使比利时港区成为欧洲的物流、生产和消费中心。

三、日本

亚洲国家的民族、国情各不相同，现代物流发展最具代表性的国家是日本。

物流学导论

20世纪80年代以来,随着日本国内商业经营环境的变化,物流合理化的观念面临着进一步变革的要求。尤其是日本泡沫经济的崩溃,使以前那种大量生产、大量销售的生产经营体系出现了很多问题。这使日本许多公司开始注意到,物流发展战略在企业经营管理上的重要性。一些公司在物流问题暴露前,就着手进行物流系统的革新。

为此,日本政府也制定了一个具有重要影响力的《综合物流施策大纲》。该大纲是日本物流现代化发展的指南,对于日本物流管理的发展具有重要的历史意义。大纲中提出了日本物流发展的基本目标和具体保障措施,其中特别强调了物流系统的信息化、标准化及无纸化。于是,日本的许多公司引进信息系统以改善其物流管理,并在物流管理信息系统的使用上取得了令人瞩目的进展。零售业是日本率先建立物流管理信息系统的行业之一。便利店作为一种新的零售业态迅速成长并遍及日本,正影响着其他零售商业形式。这种新的零售商业业态迫切需要利用新的物流信息技术,以保证各种商品的供应、销售顺畅。

1. 日本7-11

7-11原是美国的一家众所周知的便利店集团,后被日本的主要零售商伊藤洋华堂引入,日本7-11作为其下属公司成立于1973年。7-11连锁店作为新兴零售商业形式,一开始就受到年青一代的特别欢迎,从而急速扩张到4000多家门店。

日本7-11是具有全日本最先进的物流信息管理系统的连锁便利店集团。日本7-11把各单体商店按7-11的统一模式管理。自营的小型零售业,例如小杂货店或小酒店在经日本7-11许可后,可按日本7-11的指导原则改建为7-11门店。日本7-11随之提供独特的标准化销售技术给各门店,并决定每个门店的销售品类。日本7-11的物流管理特点如下:

(1) 小批量的频繁进货

典型的7-11便利店平均面积仅$100m^2$左右,但提供的日常生活用品高达3000多种。通常,便利店没有商品储存场地,为提高商品销量,售卖场地应尽量扩大。于是,只有利用先进的物流信息管理系统,才有可能使连锁便利店得到发展。因为只有这样,小批量的频繁进货需求才可能通过7-11的配送中心得以及时补充。在7-11,准时制(Just In Time, JIT)体系不完全拘泥于缩短交货时间问题,也包含着以快捷方式通过信息网络从各门店收到订货信息的技术,以及按照每张订单最有效地收集商品的技术。

(2) 供应商管理的改进

通常,日本7-11需要从批发商或直接从制造商处购进大量商品,然后按需求配送到每个门店。这里,向各门店有效地供应商品是配送中心的重要职责,配送管理意义重大。

为了保证有效率地供应商品,日本7-11对原有供应商及其供应渠道进行了合理化改造。过去,许多供应商常常把自己定性为某特定制造商的专门代理商,只经营一家制造商的产品。如果日本7-11经营多样化商品,就不得不和许多供应商打交道。每个批发商都需要用卡车向便利点送货,不但送货效率极低,而且送货时间不确定。于是,日本7-11在整合及重组供应渠道上下了大功夫。在新的系统下,一个受委托的批发商被指定负责若干销售活动区域,授权经营来自不同制造商的产品。同时,批发商自筹资金建设配送中心,然后在日本7-11的指导下进行管理,为便利店的门店送货。通过这种

第二章 物流发展

协议，日本 7-11 无须承受沉重的投资负担，就能为其门店建立一个行之有效的物流系统。物流系统的先进性从为便利店送货的卡车数量（从原来的 70 辆下降到 12 辆）可以充分体现出来。

2. 大和运输

大和运输株式会社（以下简称大和运输）是日本第三方物流的著名企业之一。大和运输成立于 1919 年，1973 年日本遭遇石油危机，企业委托货物非常少，对于主营大宗货物运送的大和运输来说，无疑是一大打击。于是，大和运输的社长小仓提出了"小宗化"的经营方向，认为这是提高收益的关键点。

1976 年 2 月，大和运输开办了"宅急便"业务，当年共受理 170 万件货物。同年，日本国铁受理包裹为 6740 万件，邮局受理小包达 17 880 万件。1988 年，宅急便已达 34 877 万件，超过邮局的 23 500 万件，市场占有率为 40%。到了 1995 年，宅急便的受理件数多达 57 000 万件，营业额为 6000 亿日元，员工人数由原先的 300 人增加到 57 797 人，拥有车辆由 2000 辆增加到 25 000 辆。

宅急便在运送货物时，讲究三个"S"，即速度（Speed）、安全（Safety）、服务（Service）。大和运输优先考虑的是"速度"。因为只有有了速度才能在激烈的竞争中取胜。而在"速度"中，宅急便又特别重视"发货"的速度。宅急便的受理店多达 20 多万家（包括自营分店 2000 家），主要选择米店、杂货店等分布面广的零售店设立。1989 年，当它与 7-11、罗森等大型连锁店合作后，改为 24 小时全天候受理货物。宅急便基本上是每天配送 2~3 次。例如，时间距离 15h 以内的货物保证在翌日送达。

在受理店接受货物之后，大和运输定时派出小型货车到区内各处将货集中运往称为"集货中心"的营业所，并迅速转送到基地进行货物分拣。经过分拣的货物，以到达地和货物种类为单元装入统一规格的货箱内。这样可以大大提高运送效率，降低物流成本。大和运输利用夜间进行货物运输，以便在速度上取得优势。即当日下午集货，夜间异地运输，翌日上午送货上门，保证在 15~18h 内完成物流服务过程。大和运输还采取了车辆分离的办法，采用拖车运输。牵引车把拖车甲运到 B 点以后，把车摘下来放在 B 点，再挂上 B 点的拖车乙开向 A 点。

大和运输一直致力于物流信息化，成为最初采用条码的企业。美国的 UPS（United Parcel Service）公司仿效使用，现条码已成为世界标准码。大和运输的第一代信息系统始于 1974 年，以运输路线及货运为中心。第二代信息系统始于 1980 年，运用 POS 终端机简化资料输入动作，使信息处理速度加快。第三代信息系统始于 1985 年，重点开发了携带型 POS 机，使所有司机都拥有一台。大和运输将附随货物的信息，包括发货店密码、日期、集货司机密码、到店密码、货物规格、顾客密码、集货方式、运费、传票号码等输入计算机进行管理。大和运输在全国的 1300 家分店、营业所、基地等均设置终端机，网络终端机约 2000 台，携带型 POS 机突破 20 000 台。通过货物追踪系统，能完全掌握发生的各种信息。顾客如果询问，能在 40s 内做出答复，进一步提高了顾客对宅急便的依赖程度。

四、世界物流的发展趋势

随着经济全球化步伐的加快，科学技术尤其是信息技术、通信技术将更快地应用于物流领域,企业的跨国经营必将导致社会经济向"本土化生产、全球采购、全球消费"趋势的发展。由此可以推断,未来世界物流的发展可能出现以下新的发展趋势:

1. 电子物流的发展

据统计,通过互联网进行企业之间的电子商务交易额,1998年全球已达到430亿美元。基于网络的电子商务的迅速发展必将促进电子物流(E-Logistics)的发展。物流企业通过互联网加强企业内部、企业与供应商、企业与消费者、企业与政府部门的联系与沟通。消费者可以直接在网上获取有关商品或服务信息,实现网上购物。电子物流可使企业能迅速、准确、全面地了解需求信息,实现基于顾客订货的生产模式(Build to Order,BTO)和物流服务。此外,电子物流还可以帮助企业实现在线追踪货物、在线规划投递路线、在线实现物流调度、在线实现货运检查等功能。可以说,电子物流将是21世纪物流发展的新趋势。

2. 物流企业的集约化与协同化发展

21世纪是物流全球化的时代,企业之间的竞争将十分激烈。要满足全球化或区域化的物流服务,企业规模必须扩大以形成规模效益。这主要表现在以下两个方面:

1)物流园区的建设。物流园区是多种物流设施和不同类型的物流企业在空间上集中布局的场所,是具有一定规模和综合服务功能的物流集结点。物流园区的建设,将有利于实现物流企业的专业化和规模化,发挥企业的整体优势和互补优势。日本是最早建立物流园区的国家,已建立了120个大规模的物流园区,平均占地约74万 m^2。荷兰有14个物流园区,平均占地4.5万 km^2。

2)物流企业的兼并与合作。随着国际贸易的发展,美国和欧洲的一些大型物流企业跨越国境,展开连横合纵式的并购,大力拓展国际物流市场,以争取更大的市场份额。其中,有的并购是为了拓展网络覆盖面,例如联邦快递FedEx收购吉尔科和飞虎;有的是为了提高集中度,如UPS收购Challenge Air和TNT。借助大规模的并购,联邦快递等巨头实现了将业务延伸到世界的各个角落,并购成为它们进入发展中国家市场的主要利器。20世纪90年代中后期,物流企业逐渐将业务扩展到了美国以外的地区,国际业务的占比也越来越大。此外,并购也是这些企业进行多元化发展的助推器,例如物流企业并购银行,为客户提供资金链上的增值服务,UPS收购第一国际银行就是最佳例证。

3. 绿色物流是物流发展的又一趋势

物流虽然促进了经济的发展,但是物流的发展同时也会给环境带来不利的影响,如运输工具的噪声、污染排放、对交通的阻塞等。为此,21世纪对世界物流发展提出了新的要求,即绿色物流。绿色物流包括两个方面:①对物流的环境污染进行控制,即在物流系统和物流活动的规划与决策中尽量采用对环境污染小的方案;②建立工业和生活废弃物处理的物流系统。

第三节 物流发展的一般过程

物流是社会经济发展到一定时期的产物。各个阶段物流的发展特点是与同期社会经

第二章 物流发展

济发展的特点相适应的。总体上，物流发展是一个从简单到复杂、从传统到现代的进化过程。在这一过程中，物流对于经济、社会乃至人类文明发展的价值被不断发现。有学者将该过程称为"物流的八次价值发现"。

第一次价值发现为物流系统功能价值的发现，第二次为物流经济活动价值的发现，第三次为物流利润价值的发现，第四次为物流成本价值的发现，第五次为物流环境价值的发现，第六次为物流对企业发展战略价值的发现，第七次为物流对国民经济价值的发现，第八次为物流在网络经济环境下价值的发现。

第一次之所以称为物流系统功能价值的发现，是因为经过长期实践，人们发现原来各自独立的实物流通各项基本活动存在内在和外部关联，可以在一定环境下构成一个结构体。这些本来各自独立但又有联系的活动，按照不同的需要来组织和管理，形成集成的、一体化的物流活动。这种发展是现代经济领域的趋势之一，是现代化发展的产物，称为"物流系统"。系统能力远在单项基本活动之上，协调一致完成复杂活动的能力就是所谓的"系统功能"。这个发现的重要性在于：物流系统为人们所从同，各种物流系统的构建也由此而始。

第二次之所以称为物流经济活动价值的发现，是因为物流创造了经济价值，具有能动性。物流可以创造流通经济价值，这是流通的一个创新，改变了人们对流通的传统理论认识，也改变了人们对流通仅起到"桥梁和纽带"作用的认识，赋予了流通能动性与积极的意义。

第三次之所以称为物流利润价值的发现，是因为物流经济活动可以创造价值、获得利润，甚至成为产生利润的主体，成为利润中心。物流可以为企业提供大量直接和间接的利润，成为企业经营利润的主要活动。不仅如此，对国民经济而言，物流是国民经济中创利的重要活动。物流的这一作用被表述为"第三个利润源"，成为企业的一种利润中心。

第四次之所以称为物流成本价值的发现，是因为人们认识到物流是企业成本的重要的产生点，主要对企业营销活动的成本发生影响。一些欠发达地区，物流成本高昂。在这种情况下解决物流的问题，主要是降低经济运行必然发生的物流成本。物流环境、条件和物流方式、水平的改进可以大幅减少这种付出，物流是"降低成本的宝库"，"成本中心"便是这种认识的形象表述。

第五次之所以称为物流环境价值的发现，是因为物流是"环境杀手"。人们对于那些扬尘迷眼、冒着呛人黑烟的车辆急驶的景象深有体会，对都市人而言，这是直观的"环境杀手"，当然价值也由此而来：消除和减少这种污染，还一片美好的环境，那真是价值万金！

第六次之所以称为物流对企业发展战略价值的发现，是因为人们认识到物流在企业各项活动中更具有战略性，物流是生产的延续和营销的保证，影响企业的生存和发展。不追求物流的眼前利益，而着眼于总体，着眼于长远。于是，物流本身战略性发展被提到议事日程上来，战略性的规划、战略性的投资、战略性的技术开发由此而兴。

第七次之所以称为物流对国民经济价值的发现，是因为近年来人们认识到物流是国民经济的重要产业，对国民经济起着举足轻重的作用。这个认识一改几十年来在"重生产、轻流通""重商流、轻物流"观念影响下，物流在我国国民经济中的地位

物流学导论

和相关政策。

第八次之所以称为网络经济环境下价值的发现,是因为网络经济环境下物流决定网络价值的实现。网络经济环境带来企业经营视野扩展和模式改变,受到最大冲击的是信息的沟通和连接方式,这赋予了企业管理者更多的决策与选择空间,但是完成和实现这种选择必须通过更加富有挑战性的物流活动。

思考与练习

1. 物流发展的一般过程是什么?
2. 国外物流发展的趋势是什么?
3. 我国物流发展现状如何?
4. 北京市的物流发展有哪些优势和劣势?
5. 考察居住地区的物流发展情况。

第三章 物流要素

第一节 包 装

　　包装是为在流通过程中保护产品、方便储运、促进销售,按一定技术方法而采用的容器、材料及辅助物等的总体名称,也是指在为了达到上述目的而采用容器、材料和辅助物的过程中施加一定技术方法等的操作活动。

　　在社会的再生产过程中,包装处于生产过程的末尾和物流过程的开端。它既是生产的终点,又是物流的起点。在传统的生产观念中,一般认为包装是生产过程的最后一个环节,所以,在实际生产过程中,包装的设计都是从生产的角度来考虑的,但是这样却不能满足物流的需要。在现代物流观念形成之后,包装与物流之间的关系比包装与生产之间的关系要密切得多。同时,包装在物流过程中所起的作用随着消费者个性化需求的出现而显得更为重要。因此,人们一般把包装看作物流过程的起点。

一、包装的功能与作用

　　包装具有保护商品、方便物流过程、促进商品销售的功能。

1. 保护商品

　　包装的一个重要功能就是保护包装内的商品不受损伤。在运输途中,由于运输工具或运输道路的原因,商品难免会受到一定的冲击或者压力,这会使商品受到损伤;在商品的储存过程中,因为商品要层叠堆积码放,所以商品会受到放在它上面的其他商品的挤压,这可能也会损坏商品。另外,商品可能还会受到外部自然因素的侵袭,比如,被雨水淋湿,被虫子、老鼠咬坏等。这就要求商品有一个好的包装,能够抵挡这些侵袭因素。如果商品在运输途中可能会受到外力的侵袭,容易受到碰撞,那么就需要对商品进行防震包装或缓冲包装,可以在商品的内包装和外包装之间塞满防震材料,以减缓外界的冲击力;如果商品比较容易生锈,那么可以采用特制的防锈包装方法,比如防锈油方法或真空方法;如果商品比较容易受到害虫的侵蚀,那么可以在商品中加入一定的防虫剂,以防止商品受到损害。

2. 方便物流过程

　　包装的另一个重要作用是提供商品自身的信息,比如商品的名称、生产厂家和商品规格等,以帮助工作人员区分不同的商品。在商品的储存过程中,仓库工作人员也是通过包装上的商品标志来区分商品,进行存放和搬运的。在传统的物流系统中,包装的这些功能可以通过在包装上印刷商品信息的方式来实现,随着信息技术的发展,更多使用的是条码技术。条码技术是在计算机的应用实践中产生和发展起来的一种自动识别技术,它是为实现对信息的自动扫描而设计的,是一种快速、准确并可靠地采集数据的有效手段。仓库管理人员在使用扫描仪对条码进行扫描的同时,商品的详细信息就可以输入到物流信息系统中,进而物流信息系统可以发出一定的指示,指导工作人员对该商品进行一定的操作。这样可以极大地提高物流过程的整体效率。

此外,适当的包装也能够提高搬运商品的效率。商品从生产到销售可能会经历很多次的搬运过程。如果产品包装设计过大,那么可能非常不利于搬运;相反,如果包装设计过小,又可能会使搬运效率大大降低。所以,在设计包装时,应该根据搬运工具的不同来设计合理的包装,而且还要注意考虑如何使各种搬运工具能够更好地对商品进行操作。

3. 促进商品销售

一般来说,商品的外包装必须要适应运输的种种要求,因此,在设计外包装时会更加注重包装的实用性。对于商品的内包装而言,因为它要直接面对消费者,所以必须要美观大方,外表要有一定的吸引力,以促进商品的销售。

杜邦定律(美国杜邦化学公司提出)认为,63%的消费者是根据商品的包装来进行购买的,而国际市场和消费者是通过商品来认识企业的。因此,商品的包装就是企业的"面孔",优秀的、精美的包装能够在一定程度上促进商品的销售,提高企业的市场形象。

二、包装种类

现代商品品种繁多,性能和用途也是多种多样。为了充分发挥包装的功能,必须对包装进行科学分类。包装的分类就是把包装作为一定范围的集合总体,按照一定的分类标准或者特征,将其划分为不同的类别。

1. 按照包装在物流中发挥的不同作用划分

按照包装在物流中发挥的不同作用,可以将包装分为销售包装和运输包装。

(1)销售包装

销售包装又称商业包装,是直接接触商品并随商品进入零售网点和消费者或用户直接见面的包装。销售包装的主要目的就是吸引消费者,促进销售。一般来说,在物流过程中,商品越接近顾客,越要求包装起到促进销售的效果。因此,这种包装的特点是造型美观大方,拥有必要的修饰,包装上有对商品的详细说明,包装的单位适合顾客的购买以及商家柜台摆设的要求。在 B2C 这种电子商务模式中,商业包装是最重要的。因为顾客在购买商品之前,在网上最先能够看到的就是这种商品的包装,只有当包装吸引人的时候,才能够激发顾客的购买欲望。随着顾客个性化需求的出现,顾客在购买商品的时候,可能会要求商家按照自己的需要为商品进行包装,以满足自己的特定需要。这也是企业必须注重商业包装的一个原因。

(2)运输包装

运输包装又称工业包装,是指以满足运输储存要求为主要目的的包装。它具有保障产品的安全,方便储运装卸,加速交接、点验等作用。运输包装不像销售包装那样注重外表的美观,它更强调包装的实用性和费用的低廉性。许多知名企业也越来越重视工业包装,一方面工业包装的好坏在一定程度上决定了商品的质量;另一方面如果工业包装做得很好,那么将会提高企业在顾客心目中的形象,巩固企业在市场中的地位。

2. 按照包装材料的不同划分

按照包装材料的不同，可以将包装分为纸制品包装、塑料制品包装、木制容器包装、金属容器包装、玻璃陶瓷容器包装、纤维容器包装、复合材料包装和其他材料包装。

（1）纸制品包装

纸制品包装是指用纸袋、瓦楞纸箱、硬质纤维板作为包装容器，对商品进行包装。纸制品包装的成本低廉、透气性好，而且印刷装饰性较好。

（2）塑料制品包装

塑料制品包装是指利用塑料薄膜、塑料袋以及塑料容器进行商品的包装。主要的塑料包装材料有聚乙烯、聚氯乙烯、聚丙烯和聚苯乙烯等。因为塑料种类繁多，所以塑料包装的综合性能较好。

（3）木制容器包装

木制容器包装是指使用普通木箱、花栏木箱、木条复合板箱、金属网木箱以及木桶等木制包装容器对商品进行包装。木制容器一般用在重物包装以及出口物品的包装等方面，现在有很大一部分已经被瓦楞纸箱代替。

（4）金属容器包装

金属容器包装是指用黑白铁、马口铁、铝箔和钢材等制成的包装容器对商品进行包装。它主要有罐头、铁桶和钢瓶。

（5）玻璃陶瓷容器包装

玻璃陶瓷容器包装主要是指利用耐酸玻璃瓶和耐酸陶瓷瓶等对商品进行包装。这种包装耐腐蚀性较好，而且比较稳定，耐酸玻璃瓶包装还能直接看到内容物。

（6）纤维容器包装

纤维容器包装是指利用麻袋和维尼纶袋对商品进行包装。

（7）复合材料包装

复合材料包装主要是指利用两种及以上的材料复合制成的包装。它主要有纸与塑料、纸与铝箔和塑料。

（8）其他材料包装

其他材料包装是指以竹、藤、苇等制成的包装，主要有各种筐、篓和草包等。

3. 按照包装保护技术的不同划分

按照包装保护技术的不同，可将包装分为防潮包装、防锈包装、防虫包装、防腐包装、防震包装以及危险品包装等。

三、包装器材

1. 包装器材的发展趋势

包装器材的发展是随着材料科学、工业技术和文化艺术的发展而发展的。目前，金属包装材料中广泛使用的是马口铁。玻璃、陶瓷容器由于自身的优点也常被采用，但当前使用最多的还是折叠纸盒、折叠纸箱和瓦楞纸箱。塑料特别是塑料薄膜为主要包装材料的时代正在到来。随着材料工业的进一步发展，包装材料正向高附加值的方面发展。复合材料、复塑材料和新材料是包装材料发展的大趋势。随着环境保护意识的加强，为保持生态平衡,对包装来说,一个重要的课题就是开发无公害包装材料以及制造可再生利用的包装容器。

2. 选择包装器材应遵循的原则

(1) 包装器材与被包装物的特性相适应

根据被包装物的种类、物理化学性能、价格价值、形状形态、体积重量等,在实现包装功能的基础上,应以降低材料费、加工费和方便作业为目的选择包装器材。运输包装中,贵重易碎易破损物资,包装容器应相应坚实,用材上应予以保证;一般物资包装器材的选择,需具有一定防护功能和方便功能,应注意防止过分包装的倾向。

(2) 包装器材与包装类别相协调

运输包装、销售包装在包装器材的选择上不尽相同。运输包装器材的选择着重注意包装的防护与储运方便性,不太讲究美观、促销问题。销售包装器材的选择着重注意商品信息的传递、开启的方便及促销功能,不太注重防护功能。所以,在包装器材的选择上,销售包装常用纸袋、纸盒、纸箱、瓷瓶、玻璃瓶和易拉罐,而运输包装常用托盘、集装箱、木箱、大纸箱和铁皮等。

(3) 包装器材应与流通条件相适应

包装器材必须保证被包装的商品在经过流通和销售的各个环节之后,最终能数量正确、质量完好地到达消费者手中。因此,这不仅要求包装器材的物理性能良好,在运输、堆码、装卸搬运中,包装器材的强度、阻热隔热性、吸湿性不因气候的变化而变化,还要求包装器材的化学性能稳定,在日光、空气、温湿度和酸碱盐作用下,不发生化学变化,有抗老化、抗腐蚀的能力。包装器材的选择还应有利于实施包装技法和实现包装作业。

(4) 有效防止包装物被盗及促进销售

选择包装器材时,应从包装器材的结构与强度上做防盗准备,应该结构牢固,封缄严密。同时,包装器材应能起到宣传商品、激发购买欲望、促进销售的作用。

3. 我国常用的包装器材

目前,国内常用的包装器材主要有木箱、纸箱、瓦楞纸箱、塑料包装、金属包装和集合包装等。由于我国木材资源缺乏,因此随着以钢代木、以塑代木及人造复合板材的广泛使用,木箱将逐步被取代,塑料包装及复合材料包装将成为我国常用的包装器材。

四、包装标识

包装标识是指包装时在外部印刷、粘贴或书写的标识。其内容包括:①商品名称、牌号、规格、等级、计量单位、数量、重量、体积等;②收货单位、发货单位、提示装卸、搬运、存放的注意事项,图案和特定的代号。

包装标识是判别商品特征、组织商品流转和维护商品质量的依据,对保障商品储运安全、加速流转、防止差错有着重要作用。

包装标识通常分为两种:一是包装的标记;二是包装的标志。

1. 包装的标记

包装的标记是指根据包装内容物的特征和收发事项,在外包装上用文字和阿拉伯数字标明的规定记号。它包括:

第三章　物流要素

（1）商品标记

这是注明包装内的商品特征的文字记号，反映的内容主要是商品名称、规格、型号、计量单位、数量。

（2）重量、体积标记

这是注明整体包装的重量和体积的文字记号，反映的内容主要是毛重、净重、皮重和长、宽、高尺寸。

（3）收发货地点和单位标记

这是注明商品起运、到达地点和收发货单位的文字记号，反映的内容是收发货的具体地点和收发货单位的全称。例如，国外进口商品在外包装表面刷上标记，标明订货年度、进口单位和要货单位的代号、商品类别代号、合同号码、贸易国代号以及进口港的地名等。

2. 包装的标志

包装的标志是用来指明包装内容物的性质，为了运输、装卸、搬运、储存、堆码等的安全要求或理货分运的需要，在外包装上用图像或文字标明的规定记号。它包括指示标志和危险品标志两类。

（1）指示标志

这是为了保证商品安全，指示运输、装卸、保管的作业人员如何进行安全操作的图像、文字记号。它反映的内容主要是指示商品性质以及堆放、开启、吊运商品的方法等。例如，机电设备的外包装上应有在运输保管过程中表明注意事项的明显标志。

（2）危险品标志

这是用来表示该种危险品的物理、化学性质及其危险程度的图像和文字记号，反映的内容主要是爆炸品、易燃品、有毒品、腐蚀品等。

（3）标志的使用方法

1）用坚韧纸张、木板、塑料、布条或铁皮印刷标志、悬挂、钉附或粘贴在包装上。

2）用坚韧纸片、铁皮刻出标志漏板，刷在包装上。

3）做标志模印，打印在包装上。

4）在包装上直接印刷标志。

5）标志颜色与标底颜色要明显区别开，易于看清。

6）标志位置一般应在包装两端或两侧上部。切忌在包装的顶盖上，以避免重叠码高时看不见指示标志。特定的指示标志，如"由此吊起""重心点"的标志位置应在包装的实际位置上。

> **思考题：** 查阅《包装储运图示标志》（GB/T 191—2008），学习各种包装标志的名称和图形符号，并观察在日常生活中，这些标志的使用是否正确？

五、包装的影响因素及合理化与标准化

1. 包装的影响因素

在设计包装时，必须详细了解被包装物本身的性质以及商品流通运输过程中的详细情况，并针对这些情况做出有针对性的设计。一般来说，包装的影响因素如下：

1）被包装商品本身的体积、重量以及它在物理和化学方面的特性。商品的形态各异，商品本身的性质也各不相同。所以，在设计包装时，必须根据商品本身的特点和国际通用的标准，设计出适合商品自身特点的包装。

2）包装的保护性。被包装商品在流通过程中需要哪些方面的保护，例如，能否承受冲击、振动，是否会遭受虫害或者动物的危害，是否对大气环境、物理环境以及生物环境有特殊的要求。针对这些要求，在设计包装时要做到有的放矢。

3）消费者的易用性。包装设计的主要目的是使消费者能够更好地使用商品。因此，只有设计易于使用，才能从更深层次上吸引消费者，占领更广阔的市场。

4）包装的经济性。包装虽然从安全性方面来说是做得越完美越好，但是从商品整体的角度看，也不得不考虑其经济性，争取做到"够用就好"，以降低商品的成本。一般来说，商品的工业包装在设计时应该更加注重商品保护的性质，不必太在意外在的美观。商品的商业包装的设计，则必须注意外观的魅力，以吸引消费者。所以，应该找到一个好的平衡点，使包装既能够达到要求，又能够节省成本。

2. 包装的合理化

包装作为物流的起点，对整个物流的过程起着重要的作用。因此，在设计包装时，必须进行认真的考虑，以实现包装的合理化。

包装的设计必须根据包装对象的具体内容进行考虑。比如，要根据商品的属性选择不同的包装材料和包装技术。在设计包装容器的形状和尺寸时，要考虑商品的强度和最大的容积，包装的长宽比例要符合模数化的要求，以便最大限度地利用运输、搬运工具和仓储空间。对于不规则外形的商品，一般要做立体化配置，以适应装箱的要求。此外，在进行造型设计时，要注意合理利用资源和节约包装用料，实现包装的合理化。

3. 包装的标准化

包装标准就是针对包装的质量和有关包装质量的各个方面，由一定的权威机构发布的统一规定。这种包装标准一经颁布便具有了权威性和法律性。一般来说，这些包装标准的制定都是根据当前包装科学的理论和实践，通过权衡商品流通的整个过程，经过有关部门的充分协商和讨论，对包装的材料、尺寸、规格、造型、容量以及标志等所做的技术性法规。包装的标准化就是制定、贯彻和修改包装标准的整个过程。

随着科学技术的发展，包装科学也在不断地发展。所以，为了提高包装的质量，需要在生产、流通、技术、管理等各个环节不断推行包装标准，使包装能够定型化、规格化、系列化和最优化，从而通过实践推动包装标准的进一步完善。

包装标准化对于现代企业具有重要的意义。通过包装的标准化，可以大大减少包装的规格、型号，从而提高包装的生产效率，便于商品的识别和计量。通过包装的标准化，可以提高包装的质量，节省包装的材料，节省流通的费用，而且也便于专用运输设备的应用。通过包装的标准化，可以从法律的高度促进可回收型包装的使用，促进包装的回收利用，从而节省社会资源，产生较高的社会效益和经济效益。

第二节 运 输

一般而言，商品是集中生产、分散消费的，生产者与消费者之间存在着空间距离。

第三章 物流要素

为了顺利完成商品交易，就必须经过运输这道环节。运输是用各种运输设备和工具，将物品从一个地点向另一地点运送的物流活动，其中包括集货、分配、搬运、中转、装入、卸下、分散等一系列操作。如果我们将原材料供应商、工厂、仓库以及客户看作物流系统中的固定节点，那么运输正是连接这些节点的纽带，是物流的动脉。

一、运输的功能与作用

1. 运输可以创造商品的空间效用和时间效用

运输通过改变商品的地点或者位置所创造出的价值，称为商品的空间效用；运输使得商品能够在适当的时间到达消费者的手中，就产生了商品的时间效用。通过这两种效用，才能真正满足消费者消费商品的需要。如果运输系统瘫痪，商品不能在指定的时间送到指定的地点，则消费者消费商品的需要就得不到满足，整个交易过程就不能得到实现。

2. 运输可以扩大商品的市场范围

在古老的市场交易过程中，商品只在本地进行销售，每个企业所面对的市场都是有限的。随着各种运输工具的发明，企业通过运输可以到很远的地方去进行销售，企业的市场范围得到扩展，企业的发展机会也大大增加。随着各种先进的交易形式的发展，企业的市场范围随着网络的出现而产生了无限扩大的可能，任何有互联网的地方都有可能成为企业的市场。为了真正地将这种可能变成现实，必须使企业的商品能够顺利地送达市场，这就必须借助于运输过程。因此，运输可以帮助企业扩大市场范围，并给企业带来发展机会。

3. 运输可以保证商品价格的稳定性

各个地区的地理条件不同，拥有的资源也各不相同。如果没有一个顺畅的运输体系，其他地区的商品就不能到达本地市场，那么本地市场所需要的商品也就只能由本地来供应。正是因为这种资源的地域不平衡性，造成了商品供给的不平衡性。因此，在一年中，商品的价格可能会出现很大的波动。但是，如果拥有了一个顺畅的运输体系，那么当本地市场的商品供给不足时，外地的商品就能够通过这个运输体系进入本地市场，本地的过剩产品也能够通过这个体系运送到其他市场，从而保持供求的动态平衡和价格的稳定。

4. 运输能够促进社会分工的发展

随着社会的发展，通过社会分工，人们实现了真正意义上的高效率。对于商品的生产和销售来说，也有必要进行分工，以达到最高的效率。但是，当商品的生产和销售两大功能分开之后，如果没有一个高效的运输体系，那么这两大功能都无法实现。运输是商品生产和商品销售之间不可缺少的联系纽带，只有它才能真正实现生产和销售的分离，促进社会分工的发展。

二、运输方式

基本的运输方式有铁路运输、公路运输、水路运输、航空运输以及管道运输。每种运输方式所能提供的服务内容和服务质量各不相同，因此，每种运输方式的成本也各不相同。企业应该根据自身的要求，综合考虑各方面的因素，选择合适的运输方式。

物流学导论

1. 铁路运输

铁路运输最大的优势就是能够以相对较低的价格运送大量的货物。新中国成立以来,铁路运输一直是我国运输业的主力。铁路运输的主要货物有煤炭、矿建材料、矿石、钢铁、石油、谷物、水泥等。这些产品都有一个共同的特点,即低价值和高密度,且运输成本在商品售价中所占的比例较大。

铁路运输一般可以分为两种类型:整车运输和集装箱运输。整车运输业务就是包租一节货车的运输形式,适用于大批量、大规模或单个长度、重量、容积等特别长大的货物的运输。集装箱运输业务是一种利用集装箱进行运输的业务,有时也包括将集装箱作为货物进行托运。这种集装箱运输业务是在发货人的门口把货物装入集装箱后,一直到收费人的门口,将货物从集装箱中取出,中途不再进行货物倒装的一种运输形式。

铁路运输一般符合规模经济和距离经济的要求。规模经济的特点是随着装运规模的扩大,单位重量的运输成本会降低。也就是说,用铁路进行运输,一次运输的商品规模越大,那么,单位产品的运输费用就越低。而距离经济是随着运输距离的增加,单位产品的运输费用会相应减少。因此,一般情况下,对于大批量和长距离的运输情况来说,货物的运输费用会比较低,一般要低于利用公路汽车进行运输的费用;但对于小批量的货物和近距离的大宗货物来说,则一般运输费用会比较高。

随着现代科学技术的发展,铁路几乎可以修建在任何需要它的地方,因此,现有的铁路网络四通八达,可以很好地满足远距离运输的需要。铁路几乎可以全年全天候运营,受地理和气候的影响比较小,具有较高的连续性和可靠性,而且铁路运输的安全性也在逐步提高。铁路的运输速度较快,比水路运输快很多。在运程较长的情况下,铁路运输也会快于公路运输。

但是,铁路运输也有自身的局限性。铁路运输中的货车只能按照铺设的铁道行走,这在一定程度上影响了铁路运输的灵活性,不能实现"门到门"的服务。在近中距离运输时,铁路运输的运费较高。因为车辆调配困难,铁路运输不能满足应急运输的要求。但是,我们可以结合各种运输方式的优点,为顾客提供满意优质的服务。比如,可以将铁路在长途运输和全国覆盖面广的优势与公路汽车运输的灵活性结合起来,这样就能更好地实现"门到门"的服务,提高运输部门的服务质量。

目前,随着其他运输形式,尤其是公路运输业的发展。铁路运输在运输行业中所占的比例有逐渐减少的趋势,但在可预见的未来,铁路运输仍将是中长距离客货运输的主力。

2. 公路运输

公路运输是配送货物的主要形式。因为公路运输可以将货物直接送到客户指定的地方,而不需要在途中进行中转,极大地方便了客户。一般来说,公路运输根据自身的特点,主要用来运输制造产品。制造产品的特点是价值较高,包括纺织及皮革制品、橡胶与塑料制品、仿金属制品、通信产品及照相器材等。

公路运输的主要优点是:①在近距离的条件下,公路运输可以实现"门到门"的服务,而且运输速度较快;②公路运输可以根据需要灵活制定运输时间表,而且对于货运量的大小也有很强的适应性;③对于近距离的中小量的货物运输来说,使用公路运输的费用较低;④在运输途中,几乎没有中转装卸作业,因此,发生碰撞的概率较小,对

第三章 物流要素

于包装的要求不高。

公路运输的缺点是：①因为汽车的载重量有限，所以，一般公路运输的批量都较小，不适合大量货物的运输；②在进行长距离运输时，运费比较高；③公路运输比较依赖于气候和环境的变化，所以气候和环境的变化可能会影响运送时间。

3. 水路运输

水路运输由船舶、航道和港口组成。它是一种历史悠久的运输方式，又称船舶运输。水路运输主要用于长距离、低价值、高密度、便于用机械设备搬运的货物运输。

水路运输的主要优点是：①水路运输的运输能力较大，运输的距离较长，单位商品的运输费用较低，因此，水路运输最大的优点就是成本低廉；②当运输散装原材料时，可以运用专用的船只来进行，因而运输效率较高；③因为水路运输的运载量较大，所以它的劳动生产率较高。

水路运输的主要缺点是：①水路运输的运输速度较慢，它是所有运输方式中最慢的，一般来说，铁路运输要比水路运输快 1～2 倍；②行船和装卸作业受天气的制约，运输计划很容易被打乱；③水路运输所运输的货品必须在码头停靠装卸，相当费时、费成本，而且无法完成"门到门"的服务。

4. 航空运输

对于国际货物的运输，航空运输已经成为一种常用的运输形式。

航空运输最大的优点是运输速度非常快，因此，当被运输的货物属于客户急需的物资时，或者对于易腐烂、易变质的货物来说，都可以考虑采用航空运输。用飞机运输货物时，在运输途中对货物的震动和冲击较少，所以，被运输的货物只需要简单的包装即可，可以省略包装的费用。

航空运输的适用范围也有局限性。首先，航空运输的费用非常高，在美国，按平均每吨货物每英里（1 英里≈1.6km）的运价计算，航空运输是铁路运输的 12～15 倍，是公路运输的 2～3 倍，因此，如此高昂的运输成本使很多企业望而却步。其次，航空运输除了靠近机场的城市以外，对于其他地区不太适用，必须要结合汽车来弥补这部分的不足。最后，恶劣的天气情况也会对航空运输造成极大的影响，影响航空运输的及时性。

5. 管道运输

利用管道运输的大部分物品是一些流体的能源物资，如石油、天然气以及成品油等。

利用管道运输的一大优势就是成本低廉，而且管道运输受天气情况的影响非常小，可以长期稳定地使用，安全性较高。

运用管道运输存在很多的局限性。管道运输不灵活，只有接近管道的用户才能使用。管道运输只能用来运输液态或气态的产品，不能用来运输固态的产品，使其运输的适用性受到一定的影响。另外，管道运输的速度也比较慢。

> **思考题：** 查阅统计年鉴、统计公报等资料，分析我国以上五种运输方式各自分担的货运量、货运周转量规模与变化趋势。

6. 多式联运

在现今的社会中，无论公路运输、铁路运输、船舶运输还是航空运输，都有其自身难以克服的弱点。因此，人们开始考虑在不同的停顿点之间，也就是在不同的运输线上采用不同的运输工具，以实现整个运输系统的最优化，这就是"复合一贯制运输"，又称"多式联运"。

多式联运就是通过将铁路、公路、船舶、航空等多种运输方式有机地复合起来，吸取它们的长处，实行多环节、多区段和多工具相互衔接进行运输的一种方式。多式联运可以克服单个运输方式所存在的缺陷，实现整体上的最优化，还可以有效解决由地理、气候和基础设施等各种市场环境的差异造成的商品在产销空间、时间上的分离，从而促进生产与销售的紧密结合，以及企业经营机制的不断循环和有效运转。

多式联运按照运输工具的不同以及运输工具使用顺序的不同可以分为很多种，最典型的有水陆联运、水上联运、陆路联运以及陆空联运等。水陆联运就是运用船舶运输与铁路运输以及公路运输相结合的一种方式。水上联运则是指同一水系的不同路线，或同一水运路线不同类型的船舶之间的接力运输形式。陆路联运是指铁路与公路相互衔接的运输形式。陆空联运是指公路与飞机相互衔接的运输形式。通过多式联运，可以真正实现"门到门"的运输服务模式，从而能够更好地适应现代物流对及时性和准确性的要求。

三、运输合理化

运输作为物流系统的"动脉"，在物流系统的整个运作过程中发挥着不可替代的作用。为了更好地实现准确、安全并且以最低的成本运输商品的目标，企业应该用系统化的观点，通过分析研究，建立自己的运输系统。在建立运输系统的过程中，企业应该全面考虑运输工具的选择、物流据点的设置以及运输计划的编排等各项要素。此外，在运输的迅速性、准确性、安全性和经济性之间存在着非常强烈的互相制约关系，企业需要对它们进行综合考虑，从全局出发，做到总体的最优化。

1. 不合理运输

不合理运输是指违背"及时、准确、安全、经济"总要求的运输。它是忽视各种运输方式特点、客货对运输的客观要求，不按经济区划或产销区划组织客货调运的结果。最常见的不合理运输有以下几种类型：

（1）返程或起程空驶

空车无货载行驶是不合理运输的最严重形式。在实际运输组织中，有时候必须调运空车，从管理上不能将其看成不合理运输。但是，因调运不当、货源计划不周、不采用运输社会化而形成的空驶，是不合理运输的表现。造成空驶的不合理运输主要有以下几种原因：

1）能利用社会化的运输体系而不利用，却依靠自备车送货提货，这往往出现单程重车、单程空驶的不合理运输。

2）由于工作失误或计划不周，造成货源不实，车辆空去空回，形成双程空驶。

3）由于车辆过分专用，无法搭运回程货，只能单程实车、单程回空周转。

第三章 物流要素

（2）对流运输

对流运输又称相向运输、交错运输，是指同一种货物或彼此间可以互相代用而又不影响管理、技术及效益的货物，在同一线路上或平行线路上做相对方向的运送，而与对方运程的全部或一部分发生重叠交错的运输。已经制定了合理流向图的产品，一般必须按合理流向的方向运输，如果与合理流向图指定的方向相反，也属于对流运输。

在判断对流运输时需注意的是，有的对流运输不是很明显的隐蔽对流，例如不同时间的相向运输，从发生运输的那个时间看，并无出现对流，可能做出错误的判断，所以要注意隐蔽的对流运输。

（3）迂回运输

迂回运输是舍近取远的一种运输，是指可以选取短距离进行运输而不办，却选择路程较长的路线进行运输的一种不合理形式。迂回运输有一定复杂性，不能简单处之，只有当计划不周、地理不熟、组织不当而发生的迂回，才属于不合理运输。如果最短距离有交通阻塞、道路情况不好或有对噪声、排气等特殊限制而不能使用时发生的迂回，不能称为不合理运输。

（4）重复运输

本来可以直接将货物运到目的地，但是在未达目的地之处，或目的地之外的其他场所将货物卸下，再重复装运送达目的地，这是重复运输的一种形式。重复运输的另一种形式是，同品种货物在同一地点一边运进，一边又向外运出。重复运输的最大问题是增加了非必要的中间环节，这就延缓了流通速度，增加了费用，增大了货损。

（5）倒流运输

倒流运输是指货物从销地或中转地向产地或起运地回流的一种运输现象。其不合理程度要甚于对流运输，其原因在于，往返两程的运输都是不必要的，形成了双程的浪费。倒流运输也可以看作隐蔽对流的一种特殊形式。

（6）过远运输

过远运输是指调运物资舍近求远，近处有资源不调而从远处调，这就造成可采取近程运输而未采取，拉长了货物运距的浪费现象。过远运输占用运力时间长、运输工具周转慢、物资占压资金时间长，远距离自然条件相差大，又易出现货损，增加了费用支出。

（7）运力选择不当

运力选择不当是指未选择各种运输工具优势而不正确地利用运输工具造成的不合理现象。常见的运力选择不当有以下若干形式：

1）弃水走陆。在同时可以利用水运及陆运时，不利用成本较低的水运或水陆联运，而选择成本较高的铁路运输或汽车运输，使水运优势不能发挥。

2）铁路、大型船舶的过近运输。不是铁路及大型船舶的经济运行里程却利用这些运力进行运输的不合理做法。主要不合理之处在于火车及大型船舶起运及到达目的地的准备、装卸时间长，且机动灵活性不足，在过近距离中利用，发挥不了运速快的优势。相反，由于装卸时间长，反而会延长运输时间。另外，和小型运输设备比较，火车及大型船舶装卸难度大，费用也较高。

3）运输工具承载能力选择不当。不根据承运货物数量及重量选择，而盲目决定运输工具，造成出现过分超载、损坏车辆及货物不满载、浪费运力的现象，尤其是"大马

物流学导论

拉小车"现象发生较多。由于装货量小，单位货物运输成本必然增加。

(8) 托运方式选择不当

托运方式选择不当是指对于货主而言，可以选择最好的托运方式而未选择，造成运力浪费及费用支出加大的一种不合理运输。例如，应选择整车而未选择，反而采取零担托运，应当直达而选择了中转运输，应当中转运输而选择了直达运输等，都属于这一类型的不合理运输。

(9) 无效运输

无效运输是指装运的物资中有无使用价值的杂质（如煤炭中的矸石、原油中的水分、矿石中的泥土和沙石）含量过多或含量超过规定的标准的运输。

2. 运输合理化的途径

各种不合理运输形式都是在特定条件下表现出来的，在进行判断时必须注意其不合理的前提条件，否则就容易出现判断的失误。此外，以上对不合理运输的描述，主要是就形式本身而言，从微观观察得出的结论。在实践中，必须将其放在物流系统中做综合判断，在不做系统分析和综合判断时，很可能出现"效益背反"现象。单从一种情况来看，这避免了不合理，做到了合理，但它的合理却使其他部分出现不合理。只有从系统角度进行综合判断，才能有效避免"效益背反"现象。

1) 通过运输网络，合理配置各物流中心的区域位置，使其能够实现货物的直接配送。另外，应该有效区分储存性仓库和流通性仓库，对其进行合理的利用。

2) 针对不同的运输条件和环境，选择最为合适的运输工具，并且还要通过运用科学化的分析工具，做出使用自有车辆运输还是租赁车辆运输的决策。

3) 要努力提高运输的效率。提高车辆的运输效率和车辆的装载率，减少空车行驶现象的发生。此外，还要通过科学的分析和现代化工具的运用，提高装卸作业的效率，从而减少车辆的等待时间，实现系统整体的最优化。

4) 应该从社会化的总体观点出发，积极推进社会化共同运输方式的实现。通过社会各界、各个企业之间的亲密合作，共同建立一个社会化的物流运输体系，这样才能在社会化范围内实现社会整体运输效率的最大化，提高整个社会的运输工作效率。

第三节 储 存

企业为了满足用户的需要，必须在用户指定的时间、地点将商品交付给顾客使用。为了实现这个目标，除了需要快速的运输以外，还需要企业能够拥有一定的商品库存，以便能够应付顾客的紧急需要，而且仓库应该离顾客越近越好，这样才能更加迅速地满足顾客的需要，创造最佳的企业形象。因此，储存系统是企业物流系统中不可缺少的组成部分，它处在整个物流过程的节点上，只有经过这个节点，整个物流过程才能实现。

一、储存的作用

储存是指保护、管理、储藏物品。储存是包含商品库存和商品储备在内的一种广泛的经济现象，是一切社会形态都存在的一种经济现象。在传统的商业中，储存的过程一直被认为是无关紧要的，因为它只会增加商品的成本，而不能产生利润。但是，随着现代物流学的发展，储存作为物流系统的重要组成部分，越来越被众多的学者与物流业者重视，它在物流的整个过程中发挥着越来越重要的作用。

储存在物流过程中的作用如下：

1. 通过储存可以调节商品的时间需求，进而消除商品的价格波动

一般来说，商品的生产和消费不可能是完全同步的，为了弥补这种不同步所带来的损失，就需要储存商品来消除时间性的需求波动。比如，人们在日常生活中对于大米的需求是持续的，但是大米的生产并不是随时都能进行的，即大米的供给是集中进行的。所以，企业必须储存一些大米，在不能生产大米的季节供给消费者。此外，通过这种有目的性的储存，可以防止商品供给和需求之间产生较大的矛盾，稳定商品物价。

2. 通过储存可以降低运输成本，提高运输效率

众所周知，商品的运输存在规模经济性。而对于企业来说，顾客的需求一般都是小批量的，如果对于每一位顾客都单独为他们运送货物，那么将无法实现运输的规模经济，物流成本将是极大的。所以，为了降低运输成本，企业可以通过商品的储存，将运往同一地点的小批量的商品聚集成较大的批量，然后再进行运输，到达目的地后，再分成小批量送到顾客手中。这样虽然产生了储存的成本，但是可以最大限度地降低运输成本，提高运输效率。

3. 通过商品在消费地的储存，可以达到更好的客户满意度

对于企业来说，如果在商品生产出来之后，能够尽快地把商品运到目标消费区域的仓库中，那么目标消费区域的消费者在对商品产生需求时，就能够尽快得到这种商品，这样消费者的满意度就会提高，而且能够创造出更佳的企业形象，为企业今后的发展打下良好的基础。

4. 通过储存，可以更好地满足消费者个性化消费的需求

随着时代的发展，消费者的消费行为越来越向个性化的方向发展，为了更好地满足消费者的这种个性化消费的要求，企业可以利用商品的储存对商品进行二次加工，满足消费者的需求。例如，在商品的储存过程中，可以对商品进行二次包装，或者不同商品的整合，这样就能根据消费者的需求，生产出消费者需要的独一无二的产品。

二、储存过程

储存过程一般发生在物流中心的仓库中。企业的发展需要拥有一个现代化程度较高的物流中心，这些物流中心的仓储作业应依靠机械化完成，从而达到以最低成本为顾客提供最满意服务的要求。物流中心的储存过程一般包括接收商品、存放商品、拣取商品和配送商品等环节。

在接收商品的过程中，物流中心一般要配备供铁路车辆和货运汽车停靠卸货的站台和场地、升降平台，并要配备托盘搬运车、叉车以及各种吊车，以完成卸车的作业。在商品卸货完毕之后，仓储信息系统要根据货物的信息打印出标签或者条码，并将其贴在货物的包装上，以便在今后的储藏运输的过程中随时对货物进行跟踪和管理。

在存放商品的过程中，需要详细了解所储存的商品对于外部环境的要求，并严格按照这些要求给商品提供适当的储位，并建立自动监控系统，自动监控储存环境的各项指标，如温度和湿度等，保证储存商品的安全。除了在露天场所建立正规适用的货位存放商品外,还要在库房内安装各种货架,如高层货架和旋转货架等。存货作业通常由叉车或巷道堆垛机来完成。

在拣取商品环节中,一般是根据客户的需要,由信息系统确定配货方案。拣货员根据配货方案进行拣货、配货。拣取商品一般可分为整件取货和零星取货两种方式。整件取货一般都是通过机械化的手段自动完成的,由信息系统发出出库单或者出库指令,由叉车或堆垛机到指定的储位进行取货。零星取货一般由拣货员手工完成,基本有两种方法:一种是拣货员在仓库内走动,或随着叉车或堆垛的移动,按拣货单到不同的储位取货;另一种是拣货员坐在固定的位置上,由机械设备将货箱或托盘运送到拣货员面前,拣货员根据取货单进行取货。

在配送商品环节中,物流中心会根据服务对象的不同,向单一用户或多个用户发货。当用户需要多种货物时,需要在发货前进行一系列的再加工过程。例如,可能会对商品进行重新包装等。在自动化程度较高的仓库里,一般来说,拣出的商品都是通过运输机械运送到发货区,信息系统通过阅读贴在货品上的条码获知所运送商品的详细信息,然后判断该货品的户主是谁,进而通过控制运输机上的分岔机构将货品送到相应的包装线上。包装人员按照装箱单核查商品的品种和数量后装箱封口,然后装车发运。

以上就是储存的整个过程,在储存的过程中,应该针对商品的不同特性,研究和探索各类商品在不同的环境条件下质量变化的规律,采取相应的措施和方法,控制不利的因素,保证商品的质量,减少商品的损耗。

三、储存合理化

储存合理化就是在保证储存功能实现的前提下,用各种办法实现储存的经济性。

1. 储存合理化的标志

储存合理化的标志主要包括以下几个方面:

(1) 质量标志

储存最重要的就是要保证在储存期间商品的质量不会降低,只有这样,商品最终才能销售出去。所以,在储存合理化的主要标志中,为首的应当是质量标志。

(2) 时间标志

在保证商品质量的前提下,必须寻求一个合理的储存时间。储存商品的效益越大,而销售商品的速度越慢,则储存的时间必然越长,反之亦然。因此。储存必须有一个合理的时间范围,不能过长,过长则意味着商品积压,造成商品成本的增加。

(3) 结构标志

不同的被储存的商品之间总是存在一定的相互关系,特别是对于那些相关性很强的商品来说,它们之间必须保证一定的比例。如果比例不合理,那么当某一种商品缺货时,与它相关的商品可能也卖不出去。照相机和胶卷就是这样的关系。因此,储存的合理性也可以用结构标志来衡量。

(4) 分布标志

企业不同的市场区域对于商品的需求是不同的。因此,不同的地区所储存的商品的数量也应该不同。各个区域的仓库只有根据商品的需求储存适量的产品,才能真正实现储存的经济性和合理性,不至于造成浪费。

第三章 物流要素

（5）费用标志

根据仓储费、维护费、保管费、损失费以及资金占用利息支出等财务指标，能够从实际费用上判断储存的合理与否。

2. 实现储存合理化的措施

为了实现储存的合理化，可以采取以下措施：

1）在自建仓库和租用公共仓库之间做出合理的选择，找到最优解决方案。对于企业来说，自建仓库可以使企业更大程度地控制库存，并且它拥有更大的灵活性，企业可以根据自己的需要对仓储做出合理的调整。当进行长期的储存时，一般来说，仓储的费用比较低。因为租用公共仓库使得企业无须为建造仓库投入大量资金，所以，可以节省资金。租用公共仓库可以减少企业的风险，因为当商品在储存期间出现问题时，仓库会予以解决，所以在短期来看，公共仓库因其规模性租金比较低廉。此外，企业在租用公共仓库时，可以根据待储存商品的数量决定储存的规模，这样也防止了资金的浪费。因此，企业应根据自身的特点，在自建仓库和租用公共仓库之间做出合理的选择。一般来说，当企业的存货量较大、对商品的需求比较稳定且市场密度较大时，可以考虑自建仓库；反之，则应选择租用公共仓库。

2）注重应用合同仓储，即第三方仓储。合同仓储就是企业将仓储活动转包给外部公司，由外部公司为企业提供一体化、全方位的仓储服务。合同仓储具有专业性、高质量、低成本等优点，因此可以给企业提供优质的服务。合同仓储可以有效地利用仓储资源，扩大市场的地理范围，降低运输的成本。

3）进行储存物的 ABC 分类法，并在 ABC 分类的基础上实施重点管理。ABC 分类法就是将库存物资按重要程度分为特别重要的库存（A 类）、一般重要的库存（B 类）和不重要的库存（C 类）三个等级，然后针对不同等级分别进行管理和控制（见表 3-1）。ABC 分类法是实施储存合理化的基础，在此基础上可以进一步解决各类结构关系、储存量、重点管理和技术措施等合理化问题。此外，通过在 ABC 分类法的基础上实施重点管理，可以决定各种物资的合理库存储备数量及经济地保有合理储备的办法，乃至实施零库存。

表 3-1 ABC 分类法的管理重点与订货方式

分类结果	管理重点	订货方式
A 类	为了压缩库存，投入较大力量精心管理，将库存压到最低水平	计算每一种物品的订货量，采用定量订货方式
B 类	按经营方针来调节库存水平，例如，要降低水平时，就减少订货量和库存	采用定量订货方式
C 类	集中大量订货，不费太多力量，增加库存储备	双仓法储存，采用定期订货方式

4）加速总的周转，提高单位产出。储存现代化的重要课题是将静态储存变为动态储存，周转速度快会带来一系列的合理化好处，如资金周转快、资本效益高、货损小、仓库吞吐能力增加以及成本下降等。例如，采用单元集装存储、建立快速分拣系统都有利于实现快进快出和大进大出。

5）采用有效的"先进先出"方式。先进先出是指先入库的商品先发出。这可以防止库存商品因为保管时间过长而发生变质、损耗或老化等现象，特别是对于感光材料、食品等产品保质期较短的商品来说尤其重要。

6）提高储存密度，提高仓库利用率。这样做的主要目的就是要减少储存设施的投资，提高单位存储面积的利用率，以降低成本，减少土地占用。一般可以采用增加储存高度、减少库内通道数量和通道面积的方法来达到这个目的。

7）采用有效的储存定位系统。储存定位是指被储物位置的确定。如果定位系统有效，不仅能大大节约寻找、存放和取出的时间，省去不少物化劳动及活劳动，而且能防止差错，便于清点及采用订货点法等的管理方式。储存定位系统可采取先进的计算机管理，也可采取一般人工管理。

8）采用有效的监测清点方式。对储存物资的数量和质量进行监测，不但可以使企业掌握库存基本情况，而且也是科学库存控制的需要。在实际工作中稍有差错，就会使账物不符。所以，必须及时且准确地掌握实际储存情况，经常与账卡核对，无论人工管理还是计算机管理都是必不可少的。此外，监测也是掌握储存物资质量状况的重要工作。

9）根据商品的特性，采用现代储存保养技术，保证储存商品的质量。例如，为了防止湿气进入仓库，可以在库门上方安装鼓风设施，使之在门口形成一道气墙，防止外界的湿气进入。这样的技术还有很多，这里不一一列举。

10）采用集装箱、集装袋、托盘等储运装备一体化的方式。集装箱等集装设施的出现，也给储存带来了新观念。采用集装箱后，集装箱本身便是一个小型的仓库，不需要再有传统意义的库房。在物流过程中，这也就省去了入库、验收、清点、堆垛、保管以及出库等一系列储存作业，因而对改变传统储存作业很有意义，是储存合理化的一种有效方式。

四、储存区域的合理布局

1）面向通道进行保管。为使物品出入库方便，容易在仓库内移动，基本条件是将物品面向通道保管。

2）尽可能地向高处码放，提高保管效率。为有效利用库内容积，应尽量向高处码放。为防止货物破损、保证货物安全，应尽可能使用棚架等保管设备。

3）根据出库频率选定位置。出货和进货频率高的物品应放在靠近出入口、易于作业的地方；流动性差的物品放在距离出入口稍远的地方；季节性物品则依其季节特性来选定放置的场所。

4）同一品种在同一地方保管。为提高作业效率和保管效率，同一物品或类似物品应放在同一地方保管，员工对库内物品放置位置的熟悉程度直接影响出入库的时间，将类似的物品放在邻近的地方也是提高效率的重要方法。

5）根据物品重量安排保管的位置。安排放置场所时，要把重的物品放在货架的下边，把轻的物品放在货架的上边。需要人工搬运的大型物品，则以腰部的高度为基准。这对于提高效率、保证货物安全是一项重要的原则。

第三章 物流要素

第四节 装卸搬运

装卸是指物品在指定地点以人力或机械装入运输设备或卸下。搬运是指在同一场所内，对物品进行以水平移动为主的物流作业。装卸搬运是随着运输和储存而附带发生的作业，例如：在运输货物时，把货物装进或卸下卡车及货车的装卸作业；在保管货物时，从仓库或工厂出入库的装卸作业。装卸搬运作业本身并不能产生新的价值和新的效用。但是，在整个物流供应链中，装卸搬运作业所占的比例很大，特别是在现代物流中，顾客经常要求企业提供"门到门"的送货服务，装卸搬运作业发生的频率大大增加。因此，必须重视装卸搬运这个作业过程，防止物流成本增加。

一、装卸搬运的功能

装卸搬运在物流系统中发挥着举足轻重的作用。在企业的整个物流过程中，装卸搬运是发生频率最高的物流作业，当运输或储存等作业发生时，装卸搬运这项作业就会发生。它的质量好坏严重影响着物流成本的高低，而且在装卸搬运过程中，还可能因为意外造成商品损坏，影响商品的包装成本。如果因为装卸搬运的原因使得企业不能如期向顾客提交商品，那么将大大影响企业的形象，对于企业来说是一个非常大的损失。因此，尽管装卸搬运本身并不能产生新的效用和价值，但是作为物流过程中的一个不可或缺的环节，其重要性不容置疑。

二、装卸搬运的种类

1. 从装卸搬运形态的角度划分

装卸搬运形态的种类见表3-2。

表3-2 装卸搬运形态的种类

分类	装卸搬运
按照作业的场所分类	自用物流设施装卸、公共物流设施装卸
按照运输设备分类	卡车装卸、铁路货车装卸、飞机装卸、船舶装卸
按照货物形态分类	单个物品装卸、单元装卸、散装货物装卸
按照装卸机械分类	传送带装卸、起重机装卸、叉车装卸、各种装载机装卸

其中，单元装卸是用托盘、容器或包装物将小件或散装物品集成一定质量或体积的组合件，以便利用机械进行作业的装卸方式。

2. 从装卸搬运作业的角度划分

从装卸搬运作业的角度看，装卸搬运可以分为与输送设备对应的"装进、卸下"装卸搬运和与保管设施对应的"入库、出库"装卸搬运两大类。这两类装卸分别伴随着货物的"堆码、拆垛""分拣、集货""搬送、移送"三类基本的装卸搬运作业，这些作业由于动作和装卸机械的不同而形成了不同的"作业方法"，见表3-3。

物流学导论

表 3-3　装卸搬运作业的种类

作业名称	含　义
堆码	将物品整齐、规则地摆放成货垛的作业
拆垛	堆码作业的逆作业
分拣	将物品按品种、出入库先后顺序进行分门别类的堆放作业
集货	将分散的或小批量的物品集中起来，以便进行运输、配送作业
搬送	为了进行上述作业而发生的移动作业，包括水平、垂直、斜向搬送及其组合
移送	搬送作业中，设备、距离、成本等方面移动作业比重较高的作业

三、装卸搬运的合理化

在现代商业环境下，顾客对于消费及时性的要求越来越强，都希望能够在最短的时间内得到商品或者服务。而对于企业来说，为了达到顾客的要求，必须大大地缩短整个物流过程的时间，为顾客提供满意的服务。在整个物流过程中，装卸搬运发生的频率最高，它占用了很多物流时间，因此，为了在最短的时间内为顾客提供最满意的服务，应尽量提高装卸搬运的效率，缩短装卸搬运的时间，实现装卸搬运的合理化。

为了使装卸作业更加合理，必须实现装卸作业的机械化和自动化。通过实践劳动，人们在总结日常工作经验的基础上发明了很多装卸机械，如传送带、起重机、叉车、电动平车和自动升降机等，这些机械设备的应用极大地提高了装卸作业的效率，解放了很多的劳动力，使有限的人力资源可以发挥更大的作用。

在日本，物流界为了改善装卸搬运和整个物流过程的效率，曾经提出了"六不改善法"的物流原则，具体的内容如下：

1）不让等——通过合理的安排，使作业人员和作业机械闲置的时间为零，实现连续的工作，发挥最大的效用。

2）不让碰——通过机械化、自动化设备的利用，使作业人员在进行各项物流作业时不直接接触商品，减轻人员的劳动强度。

3）不让动——通过优化仓库内的物品摆放位置和自动化工具的应用，减少物品和作业人员移动的距离和次数。

4）不让想——通过对于作业的分解和分析，实现作业的简单化、专业化和标准化，从而使作业过程更为简化，减少作业人员的思考时间，提高作业效率。

5）不让找——通过详细的规划，把作业现场的工具和物品摆放在最明显的地方，使作业人员在需要利用设备时不用去寻找。

6）不让写——通过信息技术以及条码技术的广泛应用，真正实现无纸化办公，降低作业的成本，提高作业的效率。

通过各种先进技术的应用和先进理念的引入，装卸搬运作业将逐步实现合理化，这样能够大大提高物流过程的效率，从而提高企业整体的效率，实现最优化，更好地满足顾客的需求。

第三章 物流要素

第五节 流通加工

流通加工是物品在从生产地到使用地的过程中，根据需要施加包装、分割、计量、分拣、刷标志、贴标签、组装等简单作业的总称。

一、流通加工的概念

1. 流通加工的内涵

（1）商品流通的桥梁和纽带

商品流通是以货币为媒介的商品交换，它的重要职能是将生产及消费（或再生产）联系起来，起"桥梁和纽带"作用，完成商品所有权和实物形态的转移。因此，流通与流通对象的关系，一般不是改变其形态而创造价值，而是保持流通对象的已有形态，完成空间的位移，实现其"时间效用"及"场所效用"。

（2）流通加工的作用

流通加工的主要作用在于优化物流系统，表现在三个方面：①通过流通加工，使物流系统服务功能大大增强。从工业化时代进入新经济时代，一个重要标志是出现"服务社会"，增强服务功能是所有社会经济系统必须要做的事情。在物流领域，流通加工在这方面有很大的贡献。②使物流系统可以成为"利润中心"。通过流通加工，提高了物流对象的附加价值，这就使物流系统可能成为新的"利润中心"。③通过流通加工，可以使物流过程减少损失、加快速度、降低操作的成本，因而可能降低整个物流系统的成本。

2. 流通加工和生产加工的区别

流通加工和生产加工在加工方法、加工组织、生产管理方面并无显著区别，但在加工对象、加工程度方面区别较大，其主要区别表现在以下五个方面：

（1）加工对象的区别

流通加工的对象是进入流通过程的商品，具有商品的属性，以此来区别多环节生产加工中的一环。流通加工的对象是商品，即最终产品，而生产加工的对象不是最终产品，而是原材料、零配件、半成品。

（2）加工程度的区别

流通加工大多是简单加工，而不是复杂加工。一般来讲，如果必须进行复杂加工才能形成人们所需的商品，那么这种复杂加工应专设生产加工过程，生产过程应完成大部分加工活动，流通加工对生产加工则是一种辅助或补充。特别需要指出的是，流通加工绝不是对生产加工的取消或代替。

（3）附加价值的区别

从价值的观点看，生产加工的目的在于创造价值及使用价值，而流通加工则在于完善其使用价值并在改变不大的情况下提高价值。

（4）加工责任人的区别

流通加工的组织者是从事流通加工的人，能密切结合流通的需要进行这种加工活动。从加工单位来看，流通加工由商业或物资流通企业完成，而生产加工则由生产企业完成。

(5) 加工目的的区别

商品生产是为交换和消费而进行的,流通加工的一个重要目的是消费,这一点和商品生产相同。但是,流通加工有时也以自身流通为目的,纯粹是为流通创造条件,这种为流通所进行的加工与直接为消费进行的加工从目的来讲是有区别的,这是流通加工不同于生产加工的特殊之处。

二、流通加工的效果

流通加工的效果主要体现在以下几个方面:

(1) 提高原材料利用率

利用流通加工环节进行集中下料,是将生产厂直接运来的简单规格产品,按使用部门的要求进行下料。集中下料可以优材优用、小材大用、合理套裁,有很好的技术经济效果。

(2) 进行初级加工,方便用户

用量小或临时需要的使用单位,缺乏进行高效率初级加工的能力,依靠流通加工可使使用单位省去进行初级加工的投资、设备及人力,从而搞活供应,方便用户。

(3) 提高加工效率及设备利用率

由于建立集中加工点,可以采用效率高、技术先进、加工量大的专门机具和设备。这样做的好处是:①提高了加工质量;②提高了设备利用率;③提高了加工效率。其结果是降低了加工费用及原材料成本。

(4) 充分发挥各种输送手段的最高效率

流通加工环节将实物的流通分成两个阶段:第一阶段为生产厂到流通加工点;第二阶段为流通加工点到消费者。一般来说,由于流通加工环节设置在消费地,因此,从生产厂到流通加工点这一阶段输送距离长,而从流通加工点到消费者这一阶段输送距离短。第一阶段是在数量有限的生产厂与流通加工点之间进行定点、直达、大批量的远距离输送,因此,可以采用船舶、火车等大量输送的手段;第二阶段则是利用汽车和其他小型车辆来输送经过流通加工后的多规格、小批量、多用户的产品。这样可以充分发挥各种输送手段的最高效率,加快输送速度,节省运力运费。

(5) 改变产品功能,提高经济效益

在流通过程中进行一些改变产品某些功能的简单加工,除上述几点外,其目的还在于提高产品销售的经济效益。

所以,在物流领域中,流通加工可以成为高附加价值的活动。这种高附加价值的形成,主要着眼于满足用户的需要、提高服务功能,是贯彻物流战略思想的表现,是一种低投入、高产出的加工形式。

三、流通加工的类型

流通加工的类型有很多,具体如下:

1. 为弥补生产领域加工不足而进行的深加工

许多产品在生产领域的加工只能到一定程度,这是由于许多因素限制了生产领域不能完全实现终极加工。例如：钢铁厂的大规模生产只能按标准规定的规格生产，以使产品有较强的通用性，使生产有较高的效率和效益；木材如果在产地完成成材加工或制成木制品，就会造成运输的极大困难，所以原生产领域只能加工到圆木、板材这个程度。进一步的下料、切裁、处理等加工则由流通加工完成。这种流通加工实际是生产的延续，是生产加工的深化，对弥补生产领域加工不足有重要意义。

2. 为满足需求多样化而进行的服务性加工

从需求角度看，需求存在多样化和变化两个特点。为满足这种需求，经常是用户自己设置加工环节，例如，生产消费型用户的再生产往往从原材料初级处理开始。

就用户来讲，现代生产的要求是生产型用户尽量减少流程，集中力量从事较复杂的技术性较强的劳动，而不愿意将大量初级加工包揽下来。这种初级加工带有服务性，由流通加工来完成，生产型用户便可以缩短自己的生产流程，使生产技术密集程度提高。

对一般消费者而言，这可省去烦琐的预处置工作，集中精力从事较高级的、能直接满足需求的劳动。

3. 为保护产品而进行的加工

在物流过程中，直到用户投入使用前都存在对产品的保护问题，防止产品遭到损失，使使用价值能够顺利实现。和前两种加工不同，为保护产品而进行的加工并不改变进入流通领域的"物"的外形及性质。这种加工主要采取稳固、改装、冷冻、保鲜、涂油等方式。

4. 为提高物流效率、方便物流而进行的加工

有一些产品本身的形态使之难以进行物流操作，如鲜鱼的装卸、储存操作困难，过大设备搬运、装卸困难，气体物运输、装卸困难等。进行流通加工，可以使物流各环节易于操作，如鲜鱼冷冻、过大设备解体、气体液化等。这种加工往往改变物品的物理形态，但并不改变其化学特性，最终还能恢复原物理形态。

5. 其他形式的流通加工

其他形式的流通加工有为促进销售的流通加工、提高加工效率的流通加工、提高原材料利用率的流通加工、衔接不同运输方式的流通加工等。

四、流通加工的合理化

流通加工的合理化是指实现流通加工的最优配置，不仅做到避免各种不合理，使流通加工有存在的价值，而且做到最优的选择。

流通加工是流通领域中对生产的辅助性加工，从某种意义上讲，它不仅是生产过程的延续，实际上还是生产本身或生产工艺在流通领域的延续。这个延续可能有正反两方面的作用，即一方面可能有效地起到补充完善的作用，但是也必须考虑到另一个可能性，即对整个过程的负效应。各种不合理的流通加工都会产生抵消效益的负效应。

最常见的不合理流通加工形式有：①流通加工地点设置不合理；②流通加工方式选择不当；③流通加工作用不大，形成多余环节；④流通加工成本过高，效益不好。

为避免各种不合理现象，对是否设置流通加工环节，在什么地点设置，选择什么类型的加工，采用什么样的技术装备等，需要做出正确抉择。目前，国内在进行这方面合理化的考虑中已积累了一些经验，取得了一定成果。

物流学导论

实现流通加工的合理化主要考虑以下几个方面:

1. 加工和配送结合

这是将流通加工设置在配送点中,一方面按配送的需要进行加工;另一方面加工又是配送业务流程中分货、拣货、配货的一环,加工后的产品直接投入配货作业,这就无须单独设置一个加工的中间环节,使流通加工有别于独立的生产,而使流通加工与中转流通巧妙地结合在一起。同时,由于配送之前有加工,可使配送服务水平大大提高,这是当前对流通加工做合理选择的重要形式,在煤炭、水泥等产品的流通中已表现出较大的优势。

2. 加工和配套结合

在对配套要求较高的流通中,配套的主体来自各个生产单位,但是完全配套有时无法全部依赖现有的生产单位,进行适当流通加工可以有效促成配套,大大提高流通的"桥梁与纽带"作用。

3. 加工和合理运输结合

流通加工能有效衔接干线运输与支线运输,促进这两种运输形式的合理化。利用流通加工,在支线运输转干线运输或干线运输转支线运输这种本来就必须停顿的环节,不进行一般的支转干或干转支,而是按干线或支线运输合理的要求进行适当加工,从而大大提高运输及运输转载水平。

4. 加工和合理商流相结合

通过加工有效促进销售,使商流合理化,也是流通加工合理化的考虑方向之一。通过加工,提高了配送水平,强化了销售,加工和配送的结合是加工与合理商流相结合的一个成功的例证。

此外,通过简单地改变包装加工,形成方便零售的包装规格,通过组装加工解除用户使用前进行组装、调试的难处,都是有效促进商流的例子。

5. 加工和节约相结合

节约能源、节约设备、节约人力、节约耗费是流通加工合理化重要的考虑因素,也是目前我国设置流通加工,考虑其合理化的较普遍形式。

第六节 配 送

一、配送的概念

配送是在经济合理区域范围内,根据用户要求,对物品进行拣选、加工、包装、分割、组配等作业,并按时送达指定地点的物流活动。

配送不同于一般意义上的送货,具有现代经营运作的特征。

1)配送不单是送货,在活动内容中还有"分货""配货""配装"等工作,这是具有一定难度的工作,要想圆满地实现它,就必须要有发达的商品经济和现代的经营水平。在商品经济不发达的国家及历史阶段,很难按用户要求实现配货,更难以实现广泛的高效率的配货。因此,旧的送货形式和配货存在着时代的差别。

2)配送是送货、分货、配货等活动的有机结合体,同时还和订货系统紧密相关,

第三章　物流要素

这就必须依赖现代情报信息的作用，使整个大系统得以建立和完善，变成一种现代化方式，这是旧的送货形式无法比拟的。

3）配送的全过程有现代化技术和装备的保证，因而使配送在规模、水平、效率、速度、质量等方面远远超过旧的送货形式。在活动中，由于大量采用各种传输设备及识码、拣选等机电装备，整个配送作业像工业生产中广泛应用的流水线一样，实现了一部分流通工作的工厂化。所以，配送是技术进步的体现。

4）送货形式只是推销的一种手段，目的仅在于多销售一些东西，配送则是一种专业化的流动分工方式，是大生产、专业化分工在流通领域的反映。因此，如果说一般送货是一种服务方式，那么配送则是一种体制形式。

二、配送的意义和作用

1. 完善了输送及整个物流系统

第二次世界大战之后，由于大吨位、高效率运输力量的出现，使干线运输无论在铁路、海运抑或公路方面都达到了较高水平，长距离、大批量的运输实现了低成本化。但是，在所有的干线运输之后，往往都要辅以支线转运或小搬运，这种支线转运或小搬运成了物流过程的一个薄弱环节。这个环节有许多和干线运输不同的特点，如要求灵活性、适应性、服务性，致使运力往往利用不合理、成本过高等问题难以解决。采用配送方式，从范围来讲将支线转运及小搬运统一起来，加上上述各种优点，使输送过程得以优化和完善。

2. 提高了末端物流的效益

采用配送方式，通过增大经济批量来达到经济的进货，又通过将各种商品用户集中起来进行一次发货，代替分别向不同用户小批量发货来达到经济的发货，使末端物流经济效益提高。

3. 通过集中库存使企业实现低库存或零库存

实现了高水平的配送之后，尤其是采取准时配送方式之后，生产企业可以完全依靠配送中心的准时配送而不需保持自己的库存，或者只需保持少量保险储备而不必留有经常储备，这样就可以实现生产企业多年追求的"零库存"，将企业从库存的包袱中解脱出来，同时解放出大量储备资金，从而改善企业的财务状况。实行集中库存的总量远低于不实行集中库存时各企业分散库存的总量，同时增加了调节能力，也提高了社会经济效益。此外，采用集中库存是可利用规模经济的优势，使单位存货成本下降。

4. 简化事务，方便用户

采用配送方式，用户只需向一处订购，或和一个进货单位联系就可订购以往需去许多地方才能订到的货物，只需组织对一个配送单位的接货便可代替现有的高频率接货，因而大大减轻了用户工作量和负担，也节省了事务开支。

5. 提高供应保证程度

生产企业自己保持库存，维持生产，供应保证程度很难提高（受到库存费用的制约），采取配送方式后，配送中心可以比任何单位企业的储备量更大，因而对每个企业而言，中断供应、影响生产的风险便相对缩小，使用户免去短缺之忧。

三、配送的种类

配送按组织方式和对象特性有多种形式。

1. 按配送组织者不同分类

（1）商店配送

组织者是商业或物资的门市网点，这些网点主要承担零售，规模一般不大，但经营品种较齐全。除日常零售业务外，还可根据用户的要求将商店经营的品种配齐，或代用户外订外购一部分本商店平时不经营的商品，和商店经营的品种一起配齐送给用户。这种配送组织者实力有限，往往只是少量、零星商品的配送。对于商品种类繁多且需用量不大、有些商品只是偶尔需要而很难与配送中心建立计划配送关系的用户，可以利用零售网点从事此项工作。商业及物资零售网点数量较多，配送半径较短，所以更为灵活机动，可承担生产企业重要货物的配送和对消费者个人的配送，它们对配送系统的完善起着较重要的作用。这种配送是配送中心配送的辅助及补充形式。

（2）配送中心配送

组织者是专职从事配送的配送中心，规模较大，可按配送需要储存各种商品，储存量也较大。配送中心专业性强，和用户建立固定的配送关系，一般实行计划配送，所以，需配送的商品往往都有自己的库存，很少超越自身的经营范围。配送中心的建设及工艺流程是根据配送需要专门设计的，所以配送能力大，配送距离较远，配送品种多，配送数量大。配送中心可以承担工业企业生产用主要物资的配送、零售商店需补充商品的配送，以及向配送商店实行补充性配送等。配送中心配送是配送的重要形式。

2. 按配送商品种类及数量不同分类

（1）单（少）品种大批量配送

工业企业需要量较大的商品，单独一个品种或仅少数品种就可达到较大输送量，可实行整车运输，这种商品往往不需要再与其他商品搭配，可由专业性较强的配送中心实行这种配送。由于配送量大，可使车辆满载并使用大吨位车辆，在配送中心中，内部设置也不需要太复杂，组织、计划等工作也较简单，因而配送成本较低。

单品种大批量配送的优势范围较窄，当可用汽车、火车、船舶从生产企业将这种商品直抵用户，同时又不致使用户库存效益变坏时，采用直送方式往往有更好的效果。

（2）多品种少批量配送

各工业生产企业所需的重要原材料、零部件一般需要量较大，要求也较均衡，采取直送或单品种大批量配送方式可以收到较好的效果。但是，现代企业生产的所需，除了少数几种重要物资外，从种类数来看，处于B、C类的物资种类数远高于A类重要物资，这些物资品种数多，单种需要量不大，如果采取直送或大批量配送方式，那么必须加大一次进货批量，必然造成用户库存增大，库存周期拉长，库存损失严重，占用大量资金，所以不能采取直送或大批量配送方式。类似情况还出现在向零售商店补充配送上，国外开展的向家庭的配送也是如此。这些情况适合采用的方式便是多品种少批量配送。

多品种少批量配送是按用户要求，将所需的各种物品（对每种需要量不大）配备齐全，凑整装车后由配送据点送达用户。这种配送对配货作业的水平要求较高，配送中心设备较复杂，配送计划较困难，要有高水平的组织工作保证和配合。它是高水平、高技术的配送方式。

配送的特殊成效主要反映在多品种、少批量的配送中，这种方式也正切合现代消费多样化、需求多样化的新观念，所以，它是许多发达国家特别推崇的方式。

（3）配套成套配送

配套成套配送是按企业生产需要，尤其是装配型企业生产需要，将生产所需的全部零部件配齐，按生产节奏定时送达生产企业，生产企业随即可将此成套零部件送入生产线装配产品。采取这种配送方式，配送企业实际承担了生产企业大部分的供应工作，使生产企业专注于生产，有与多品种少批量配送一样的效果。

3. 按配送时间及数量不同分类

（1）定时配送（准时配送）

定时配送（准时配送）是按规定的时间间隔进行配送，如几天一次、几小时一次等。每次配送的品种及数量可以事前拟订长期计划，规定某次多大的量，也可以在配送之前以商定的联络方式（如电话、计算机终端输入等）通知用户配送品种及数量。这种方式对企业来讲，由于时间固定，易于安排工作计划，易于计划使用车辆；对用户来讲，也易于安排接货力量（如人员、设备等）。但由于备货的要求下达较晚，集货、配货、配装难度较大，在要求配送数量变化较大时，也会使配送运力安排出现困难。

（2）定量配送

定量配送是按规定的批量进行配送，但不严格确定时间，只是规定在一个指定的时间范围内配送。这种方式由于数量固定，备货工作较为简单，不用经常改变配货备货的数量，可以按托盘、集装箱及车辆的装载能力规定配送的数量，这样就能有效利用托盘、集装箱等集装方式，也可做到整车配送，所以配送效率较高。由于时间不严格限定，可以将不同用户所需的物品凑整车后配送，运力利用也较好。对用户来讲，每次接货都处理同等数量的货物，有利于安排人力、设备，提高效率。

（3）定时定量配送

定时定量配送是按规定的准确的配送时间和固定的配送数量进行配送。这种方式在用户较为固定、企业有长期的稳定计划时，采用起来有较大优势，具有定时配送、定量配送两种方式的优点。这种方式特殊性强，计划难度大，适合采用的对象不多，虽较理想，但不是一种普遍的方式。

（4）定时、定路线配送

定时、定路线配送是在确定的运行路线上制定到达时间表，按运行时间表进行配送。用户可在规定路线及规定时间接货，可按规定路线及时间表提出配送要求，进行合理选择。这种方式有利于企业计划地安排车辆及驾驶人员。在配送用户较多的地区，也可免去过分复杂的配送要求造成的配送计划、组织工作、配货工作及车辆安排的困难。对用户来讲，既可在一定路线、一定时间进行选择，又可有计划地安排接货力量，也有其便利性。但这种方式应用领域也是有限的，不是一种可普遍采用的方式。

（5）即时配送

即时配送是不预先确定不变的配送数量，也不预先确定不变的配送时间及配送路线，而是完全按用户要求的时间、数量进行配送的方式。这种方式是以某天的任务为目

物流学导论

标,在充分掌握了这一天的需要量及种类的前提下,即时安排最优的配送路线并安排相应的配送车辆实施配送。这种配送可以避免定时和定量两种配送方式的不足,做到每天配送都能实现最优的安排,因而是水平较高的方式。

采用即时配送方式时,为了使这种配送具有有效的计划指导,可以在期初按预测的结果制订计划,以便统筹安排一个时期的任务,并准备相应的力量,实际的配送实施计划则可在配送前一两天根据任务书做出。

4. 其他配送方式

(1) 共同配送

共同配送是由多个企业联合组织实施的配送活动。在某一地区用户不多,各企业单独配送时,因车辆不满载等原因经济效果不好,难以开展配送业务。如果将许多配送企业的用户集中在一起,就有可能有效益地实施配送,这种情况采取共同配送是有利的。共同配送的收益可按一定比例由各配送企业分成。

(2) 加工配送

在配送中心进行必要的加工,这种加工就可使配送工作更主动、更完善。这种将流通加工和配送一体化,使加工更有针对性、配送服务更趋完善的形式称为加工配送。

四、配送的流程

1. 一般流程

配送的一般流程如图 3-1 所示。

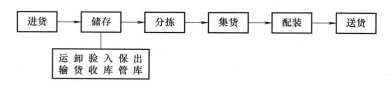

图 3-1　配送的一般流程

2. 特殊流程

1) 食品配送工序:进货→储存→分拣→送货。

2) 煤炭等散货配送流程:进货→储存→送货。

3) 木材、钢材等原材料配送常用工序:进货→加工→储存→分拣→配货→配装→送货。

4) 机电产品中的散件、配件的配送流程:进货→储存→加工→储存→装配→送货。

五、配送的合理化

(一) 不合理配送的表现形式

对于配送的决策优劣,很难有一个绝对的标准。例如,企业效益是配送的重要衡量标志,但是在决策时常常考虑各个因素。所以,配送的决策是全面、综合决策。在决策时要避免不合理配送造成的损失,但有时某些不合理现象是伴生的,要追求大的合理,就可能派生小的不合理,所以,这里只论述不合理配送的表现形式,但要防止绝对化。

第三章 物流要素

1. 资源筹措不合理

配送是利用较大批量筹措资源。通过筹措资源的规模效益来降低资源筹措成本，使配送资源筹措成本低于用户自身筹措资源成本，从而取得优势。如果不是集中多个用户需要进行批量筹措资源，而仅仅是为某一两个用户代购代筹，对用户来讲，非但不能降低资源筹措费，反而要多支付一笔配送企业的代筹代办费，因而是不合理的。

资源筹措不合理还有其他表现形式，如配送量计划不准，资源筹措过多或过少，在资源筹措时不考虑建立与资源供应者之间长期稳定的供需关系等。

2. 库存决策不合理

配送应充分利用集中库存总量低于各用户分散库存总量，从而大大节约社会财富，同时降低用户实际平均分摊库存负担。因此，配送企业必须依靠科学管理来实现一个低总量的库存，否则就会出现单是库存转移，而未取得库存总量降低的效果。

配送企业库存决策不合理还表现在储存量不足，不能保证随机需求，失去了应有的市场。

3. 价格不合理

总的来讲，配送的价格应低于用户自己进货时产品购买价格加上自己提货、运输、进货的成本总和，这样才会使用户有利可图。有时由于配送有较高服务水平，价格稍高，用户也是可以接受的，但这不是普遍的原则。如果配送价格普遍高于用户自己进货的价格，损伤了用户利益，就是一种不合理表现。价格制定过低，使配送企业处于无利或亏损状态下运行，会损伤销售者，这也是不合理的。

4. 配送与直达的决策不合理

一般的配送总是增加了环节，但是这个环节的增加可降低用户平均库存水平，以此不但抵消了增加环节的支出，而且还能取得剩余效益。但是如果用户使用批量大，可以直接通过社会物流系统均衡批量进货，较之通过配送中转送货则可能更节约费用，所以，在这种情况下，不直接进货而通过配送就属于不合理范畴。

5. 送货中不合理运输

对于多个小用户来讲，企业可以集中配装一车送几家，这比一家一户自提可大大节省运力和运费。如果不能利用这一优势，仍然是一户一送，而车辆达不到满载（即时配送过多过频时会出现这种情况），则属于不合理范畴。

此外，不合理运输若干表现形式在配送中都可能出现，会使配送变得不合理。

6. 经营观念的不合理

在配送实施中，有些企业的经营观念不合理，使配送优势无从发挥，损坏了配送的形象。这是开展配送时尤其需要注意克服的不合理现象。例如，企业利用配送手段，向用户转嫁资金、库存困难，在库存过大时，强迫用户接货，以缓解自身库存压力；在资金紧张时，长期占用用户资金；在资源紧张时，将用户委托资源挪作他用获利等。

（二）配送合理化可采取的做法

1. 推行一定综合程度的专业化配送

通过采用专业设备、设施及操作程序，取得较好的配送效果并降低配送过分综合化的复杂程度及难度，从而追求配送合理化。

2. 推行加工配送

通过加工和配送结合，充分利用本来应有的中转，而不增加新的中转，以使配送合理化。同时，加工借助于配送，使加工目的更明确，企业和用户联系更紧密，避免了盲目性。通过加工和配送的有机结合，企业投入无须增加太多就可追求两个优势、两个效益，这是配送合理化的重要经验。

3. 推行共同配送

通过共同配送，企业可以最近的路线、最低的配送成本完成配送，从而追求合理化。

4. 实行送取结合

企业与用户建立稳定、密切的协作关系，不仅成了用户的供应代理人，而且成为用户储存据点，甚至成为产品代销人。在配送时，企业将用户所需的物资送到，再将该用户生产的产品用同一车运回，这种产品也成了配送中心的配送产品之一，或者作为代存代储，免去了生产企业库存包袱。这种送取结合使运力得到充分利用，也使配送企业功能有更大的发挥，从而追求合理化。

5. 推行准时配送系统

准时配送是配送合理化的重要内容。配送做到了准时，用户才有资源把握，可以放心地实施低库存或零库存，可以有效地安排接货的人力、物力，以追求最高效率的工作。另外，保证供应能力，也取决于准时供应。从国外的经验看，准时供应配送系统是现在许多配送企业追求配送合理化的重要手段。

6. 推行即时配送

即时配送是最终解决用户担心断供之忧、大幅提高供应保证能力的重要手段。即时配送是配送企业快速反应能力的具体化，是配送企业能力的体现。

虽然即时配送成本较高，但它是整个配送合理化的重要保证手段。此外，用户实行零库存，即时配送也是重要保证手段。

第七节 物 流 信 息

一、物流信息的概念

物流信息是反映物流各种活动内容的知识、资料、图像、数据、文件的总称。

整个物流过程是一个多环节（子系统）的复杂系统。物流系统中的各个子系统通过物资实体的运动将它们联系在一起，一个子系统的输出就是另一个子系统的输入。合理组织物流活动，就是使各个环节相互协调，根据总目标的需要适时、适量地调度系统内的基本资源。物流系统中的相互衔接是通过信息予以沟通的，基本资源的调度也是通过信息的传递来实现的。例如，物资调运是根据供需数量和运输条件来进行的，装卸活动的组织是按运送货物的数量、种类、到货方式以及包装情况来决定的。因此，物流内控必须以信息为基础，一刻也不能离开信息。为了使物流活动正常而有规律地进行，必须保证物流信息畅通。

物流信息资源的类型见表3-4。

第三章 物流要素

表 3-4 物流信息资源的类型

分类标准			物流信息资源类型
物流相关活动	物流功能信息资源	运输	运输货物、工具和设备、路线、费用等
		储存	仓库、库存物品、出库、入库、库存分析等
		包装	包装物品、单元、要求、费用等
		装卸搬运	装卸搬运设备、装卸搬运物品、装卸搬运计划等
		流通加工	加工物品、加工要求、加工时间、加工流程、加工费用等
		配送	配送物品、分拣、配货、配送方式、配送路线等
	外延物流信息资源	采购（供应）	采购计划、订单、收货、付款等
		生产	生产计划、物料需求、半成品和成品入库等
		销售	销售计划、合同、发货、收款等
信息来源	内部物流信息资源	操作	收货单、发货单、库存台账、派车单等
		知识	专家决策知识、物流业务知识、工人技术知识和经验形成的知识等
		战术	物流业务计划完成情况、库存费用控制、市场商情等
		战略	物流战略规划、物流设施规划、经营业绩综合报表等
	外部物流信息资源	供应链	用户需求、用户库存、用户销售、供应商发货、供应商生产等
		社会	物流政策法规、交通基础设施、市场信息等

二、物流信息的分类

在处理物流信息和建立信息系统时，对物流信息进行分类是一项基础工作，物流信息有以下不同分类方式：

1. 按物流信息的不同作用分类

按物流信息的不同作用，物流信息可以分为计划信息、控制及作业信息、统计信息和支持信息。

（1）计划信息

计划信息指的是尚未实现的但已当作目标确认的一类信息，如物流量计划、仓库吞吐量计划、与物流相关的国民经济计划、工农业产品产量计划等。计划信息的特点是相对稳定，信息更新速度较慢。

（2）控制及作业信息

控制及作业信息是物流活动过程中发生的信息，是掌握物流活动实际情况必不可少的信息，如库存种类、库存量、在途运输量、运输工具状况、物价、运费等。控制及作业信息的特点是带有很强的动态性，信息更新速度快，信息时效性强。

（3）统计信息

统计信息是物流活动结束后，对整个物流活动一种归纳性、总结性信息，如上一年度、月度发生的物流量、物流种类、运输方式、运输工具使用量、储存量、装卸量等。统计信息具有很强的战略价值，它的作用是正确掌握过去的物流活动规律，指导物流战略发展和制订计划。统计信息具有很强的资料性,虽然统计信息总体上看具有动态性,但已经产生的统计信息都是一个结论,是恒定不变的。

(4) 支持信息

支持信息是指对物流计划、业务、操作有影响或有关的文化、科技、产品、法律、教育、民俗等方面的信息,如物流技术的革新、物流人才的需求等。这些信息不仅对物流战略发展有价值,而且也对控制、操作起到指导、启发作用,是可以从整体上提高物流水平的一类信息。

2. 按物流信息的加工程度分类

按物流信息的加工程度,物流信息可以分为原始信息和加工信息两类。

(1) 原始信息

原始信息是指未加工的信息,是信息工作的基础,也是最有权威性的凭证性信息,可以从原始信息中找到真正的依据,是加工信息可靠性的保证。

(2) 加工信息

加工信息是指对原始信息进行各种方式、各个层次处理之后的信息。这种信息是原始信息的提炼、简化和综合,可大大缩小信息量,并将信息梳理成规律性的形式,便于使用。加工信息需要各种加工手段,如分类、汇编、汇总、精选、制表等。

三、物流信息的特点

同其他领域的信息相比较,物流信息的主要特点是:

1) 物流是一个大范围内的活动,信息源点多、分布广、信息量大。

2) 动态性强。信息的价值衰减速度快,及时性要求高。这意味着物流信息的收集、加工、处理要求速度快。

3) 种类繁多。不仅本系统内部各个环节有不同种类的信息,而且物流系统与其他系统,如生产系统、销售系统、供应系统、消费系统等密切相关,因而还必须收集这些类别的信息。这就增大了物流信息工作的难度。

4) 客户与物流业者及有关企业之间,或者在企业内物流部门与其他部门之间,物流信息是相通的,各连接点的信息再输入情况较多。因此,物流信息贯穿于物流活动的全过程。

此外,不同类别的物流信息还有一些不同的特点,例如,物流系统自身的信息要求全面、完整地收集,而对其他系统信息的收集,则需根据物流要求予以选择。

四、物流信息的作用

物流信息是物流的功能要素之一。物流信息在发挥物流系统整体效能上的作用主要体现在以下两个方面:

1. 物流信息是物流系统整体的中枢神经

物流系统是一个有着自身运动规律的有机整体。物流信息经收集、加工、处理后,成为系统决策的依据,对整个物流活动起着运筹、指挥和协调的作用。如果信息失误,则运筹、指挥活动便会失误;如果信息系统发生故障,则整个物流活动将陷入瘫痪。

第三章 物流要素

2. 物流信息是物流系统变革的决定性因素

人类已进入信息时代。信息化将改变现有社会经济的消费系统和生产系统,从而改变人类生存的秩序。物流是国民经济的服务性系统。社会经济秩序的变革必将要求现有的物流系统结构、秩序随之变革。物流信息化既是这种变革的动力,也是这种变革的实质内容。

五、物流信息工作

物流信息工作包括信息收集、信息加工和信息服务等内容。

1. 信息收集

开展物流信息工作,建立物流信息系统,最基础的工作是进行信息收集。只有广泛地通过各种渠道收集各种有用的信息,才能充分反映物流全貌,才能更进一步从中筛选有价值的内容。信息收集是整个物流信息工作中工作量最大、最费时间、最占人力的环节,因此,必须掌握有效的方法,提高信息收集的效率。

做好物流信息收集工作,要掌握以下几个要点:

(1) 明确目的

由于信息量大,为了有效地收集信息,必须组织信息需求和使用部门认真研究信息收集的范围,要通过以下事项明确信息收集的目的及范围:

1) 收集什么样的信息?是市场信息,还是经营信息或科技信息?

2) 为哪些工作以及出于什么目的收集?是为制定合理物流路线,还是确定合理储备,或为了进行物流成本核算?不同目的的信息范围和内容差异较大。

3) 分析信息取舍可能带来的影响,划分信息范围。

(2) 确定深度和精度

不同系统对信息深度和精度的要求不同,例如,是按销售收集库存信息,还是按周、按月收集?决定信息收集工作水平和人力、物力安排,应当事先提出明确要求,要求过高会造成时间、人力、费用的浪费,要求不足则信息水平不高,质量不高。

(3) 选择信息源,建立信息渠道

信息源的选择与信息内容及收集目的有关,为实现既定目标,必须选择能通过所需信息的最有效信息源,信息源一般较多,应进行比较,选择提供信息量大、种类多、质量可靠的信息源。使信息工作持久化是非常重要的,因此有必要建立固定的信息源和渠道。

信息源所提供的信息形式主要有:

1) 文字记录形式信息,包括账簿及报表、图书、期刊、年鉴、公报、缩微型文献等形式。

2) 视听型信息,包括影片、录像带、照片、图片、光盘、磁带等形式。

3) 电子信息,依靠电子计算机技术实现的信息形式,如计算机数据库、计算机网络等。

2. 信息加工

信息加工工作是对收集到的信息进行筛选、分类、处理及储存等活动。对信息进行加工后,才能将收集到的信息方便地使用。在信息量大、信息来源多而复杂的情况下,信息加工是不可缺少的程序。

信息加工大致有四个步骤：信息分类及汇总、信息编目（或编码）、信息储存和信息更新。

（1）信息分类及汇总

为了进行分类储存和分类使用，必须先建立完善的分类标准。一般来说，各个系统在特殊信息方面有统一的分类规定。信息分类可按信息载体，也可按知识单元，如分成一般信息、专题信息等。

（2）信息编目（或编码）

信息编目（或编码）是指用一定的代号来表示不同的信息项目。用普通方式（如资料室、档案室、图书室）储存信息则需要进行编目，用电子计算机方式储存信息则需要确定编码。在信息项目、信息数量很大的情况下，信息编目及编码是将信息系统化、条理化的重要手段。

（3）信息储存

一般的信息储存手段有资料室、档案室、图书室储存方式，建立卡片、档案储存方式，以及汇总报表储存方式等。现代储存方式是利用电子计算机及外部设备的储存功能，建立有关数据库进行信息储存。

（4）信息更新

信息的连续性、广泛性十分重要，但是信息也具有时效性，失效的信息需要及时淘汰更新，才能容纳更多的新信息，也更有利于信息的使用。

3. 信息服务

信息服务工作的目的就是将信息提供给有关方面使用。信息服务工作包括以下几方面内容：

（1）发布及报道

按一定要求将一些国家政策信息内容通过会议、文件、报告、年鉴等形式予以发表或公布，便于使用者收集、使用。发布和报道工作是科学性极强的工作，一定要准确，同时还应处理好信息保密问题。

（2）借阅

文献形式的信息资料应当建立借阅制度及交换制度，以起到交流、宣传、使用信息资料的作用。

（3）复制

向使用者提供信息的直接复印、复制品。

（4）信息咨询

有些物流环节和有关部门并不需要了解全面信息或收集连续信息，而仅在某一决策方面要求了解有关信息，或者使用部门超出固定信息渠道想了解其他方面的信息，则可以依靠专业信息的咨询服务。信息咨询工作主要是针对用户的问题，接受用户某方面的信息研究委托，提供研究成果等。

（5）代查代办

按用户要求项目收集信息或查找信息。

第三章　物流要素

思考与练习

1. 识记并理解物流功能要素的含义。
2. 分析物流功能要素的特点。
3. 物流功能要素对于物流有何作用？
4. 如何实现物流要素的合理化？
5. 商品包装有什么作用？销售包装和运输包装有何不同？
6. 运输对商品供求和价格有何影响？请举一个实际例子。
7. 根据你的生活经验，你认为目前的终端配送存在什么问题？有什么改善建议？

第四章 物流系统

第一节 物流系统概述

一、物流系统的要素、结构与功能

要素、结构、功能、目标是系统论的基本范畴,系统是要素、结构与功能的统一。物流系统的要素、结构、功能理论是研究物流系统的基础。

1. 物流系统要素

王之泰认为,物流系统要素有以下四种类型:

1) 物流系统的一般要素:劳动者要素、资本要素、物的要素。

2) 物流系统的功能要素:包装、装卸搬运、运输、储存保管、流通加工、配送、物流情报。

3) 物流系统的支持要素(软件要素):体制、制度;法律、规章;行政、命令;标准化系统;组织及管理要素。

4) 物流系统的物质基础要素(硬件要素):物流设施要素、物流装备要素、物流工具要素、信息技术及网络要素。

何明珂认为,物流系统要素应从流动要素、资源要素和网络要素三个方面来分类。流动要素包括流体、载体、流向、流量、流程、流速和流效;资源要素包括运输资源和储存资源;网络要素包括点和线。

2. 物流系统结构

物流系统是各个要素按照一定结构组合而成的整体,总体上看,物流系统呈现的是网络型结构。鞠颂东、徐杰(2005)将网络划分为三个层次:物流基础设施网络、物流信息网络和物流组织网络。其中,物流基础设施网络是物流网络高效运作的基本前提和条件,物流信息网络是物流网络运行的重要技术支撑,物流组织网络是物流网络运行的组织保障。组织网络化是物流组织发展的必然趋势。物流网络结构见表4-1。

表4-1 物流网络结构

按运作形态分	按物流功能分	按网络服务范围分	按拓扑结构分
物流组织网络	运输网络	企业内部物流网络	点状
物流信息网络	仓储网络	企业外部物流网络	线状
物流基础设施网络	配送网络	综合物流网络	树状
—	—	—	网状(复杂链状)

3. 物流系统功能

何明珂提出,物流系统功能包括基本功能与增值功能两方面。其中,基本功能包括

第四章　物流系统

运输、储存、包装、装卸搬运、流通加工、配送以及物流信息处理等。运输和储存解决了供给者及需要者之间场所和时间的分离，体现了物流创造"时间价值"与"空间价值"的主要功能，在物流系统中处于主要功能要素的地位。

二、物流系统的特征

1. 人机交互性

物流系统是由人和形成劳动手段的设备、工具所组成的。它表现为物流劳动者运用运输设备、装卸搬运机械、仓库、港口、车站等设施，作用于物资的一系列生产活动。在这一系列的物流活动中，人是系统的主体。因此，在研究物流系统的各个方面问题时，把人和物有机地结合起来，加以考察和分析。

> **思考题**：随着信息技术的发展，陆续出现了"无人车""无人仓""无人配送"等，物流过程是否能够实现"无人化"？

2. 远程性

物流系统是大跨度系统，这反映在两个方面：一是地域跨度大；二是时间跨度大。在现代经济社会中，企业间甚至企业内的物流经常会跨越不同地域。大跨度系统带来的问题主要是管理难度较大，对信息的依赖程度较高。

3. 动态性

物流系统直接联结着生产与再生产、生产与消费，物流系统总是联结着多个生产企业和用户，随着需求、供应、渠道、价格的变化，系统内的要素及系统的运行也经常发生变化。这就是说，社会物资的生产状况、社会物资的需求变化、资源变化及企业间的合作关系，都在随时随地影响着物流，物流受到社会生产和社会需求的广泛制约。物流系统是一个具有满足社会需要、适应环境能力的动态系统经常变化的社会环境，人们必须对物流系统的各组成部分不断地修改、完善，这就要求物流系统具有足够的灵活性与可改变性。

4. 复杂性

物流系统要素本身十分复杂。物流系统的运行对象——"物"遍及社会物质资源，资源的大量化和多样化带来了物流的复杂化。此外，物流系统要素间的关系也不如某些生产系统那样简单而明确，这就更增加了系统的复杂性。

三、物流系统的基本规律

物流系统的建设与优化过程中必须遵循一些基本规律，如互容性、互补性、界面选择、功能倍增和涌现、效益悖反和相互约束等规律。本书主要探讨效益悖反规律和相互约束规律。

1. 效益悖反规律

效益悖反是指在物流系统中的功能要素之间存在着损益的矛盾，即物流系统中的某一个功能要素的优化和利益发生的同时，必然会存在系统中的另一个或几个功能要素的利益损失，这是一种"此消彼长"的现象，往往导致整个物流系统效率的低下，最终会损害物流系统的功能要素利益。物流系统各功能要素之间的悖反关系见表4-2。

表4-2 物流系统各功能要素之间的悖反关系

功能要素	主要目标	采取方法	可能导致的结果	对其他要素的影响
运输配送	成本极小化	1. 大批量运输 2. 集装箱整车运输 3. 多运输方式联合运输	1. 交货期集中 2. 交货量大 3. 存储保管时间长 4. 仓储保管服务强度大 5. 大批量装卸搬运技术要求提高	1. 在途库存量增加 2. 平均库存增加 3. 末端流通加工费用高 4. 包装费用高 5. 装卸搬运成本提高
仓储储存	储存成本极小化	1. 缩短进货周期,增加进货频率 2. 降低单次进货量 3. 靠近市场终端设置仓库 4. 增加信息沟通	1. 运输配送次数增加 2. 送货更加零星 3. 仓库地点分散	运输配送、装卸搬运、流通加工、信息服务等成本增加
包装	损坏极少	1. 物流包装材料强度提高 2. 根据特定商品需要确定包装材料和方式 3. 物流包装容器功能增强增多	1. 包装容器占用过多空间和重量 2. 包装材料费用提高 3. 包装容器回收费用增加 4. 包装容器通用性降低 5. 包装成本增加	1. 运输仓储费用增加 2. 运输车辆与仓库的利用率会下降 3. 装卸搬运费用增加
装卸搬运	装卸搬运成本极小化	1. 尽量使用廉价资源完成装卸搬运活动 2. 使用单一作业功能的机械	1. 装卸搬运率低 2. 商品破坏率高 3. 难以合理堆放 4. 节省装卸搬运费用	1. 运输配送等待时间延长 2. 运输配送工具和仓储利用率降低 3. 商品在途和在库损耗增加 4. 包装成本增加 5. 重新加工的破损商品增多,流通加工成本增加
流通加工	最大限度地促进商品销售	流通加工作业更加精制	1. 在途储存和在库储存增加 2. 增加装卸搬运环节 3. 重复包装	1. 仓储保管成本增加 2. 装卸搬运成本增加 3. 包装成本增加
信息处理	消除市场不完全信息	1. 建立信息网络体系 2. 增强信息采集的完整性 3. 增加信息处理软硬件	1. 增加信息处理费用 2. 方便其他物流活动运作	提高其他物流活动的效率

资料来源:王建.物流系统的定量表述探索[J].福州大学学报(社会科学版),2005,69(1):45-50.

由表4-2可以看出,物流系统的各项活动之间都存在着成本冲突,所以物流系统的优化就是以成本为核心,按照最低总成本的要求,寻求悖反曲线的合成曲线的最优范围。因此,在物流系统整合过程中,要综合考虑各要素之间的冲突,将物流系统的各功能要素有机地结合在一起,以便实现整合后的总体成本降低和综合效益最大的目标。

第四章　物流系统

2. 相互约束规律

物流服务和物流成本之间存在约束关系，要提高物流系统的服务水平，物流成本往往也要增加。比如采用小批量即时配送制，就要增加费用。要提高供货率，即降低缺货率，必须增加库存，即增加保管费。这种相互约束关系随处可见。

构成物流服务子系统功能之间可能存在约束关系。各子系统的功能如果不均匀，物流系统的整体能力将受到影响。例如，搬运装卸能力很强，但运输力量不足，会产生设备和人力的浪费；反之，搬运装卸环节薄弱，车、船到达车站、港口后不能及时卸货，也会带来巨大的经济损失。

构成物流成本的各个环节费用之间可能存在制约关系。例如为了降低库存常采取小批量订货，但因运输次数增加而导致费用上升，因此运费和保管费之间存在制约关系。

各子系统的功能和所耗费用存在制约关系，任何子系统功能的增加和完善必须投入资金。例如：要想增加信息系统功能，就要购置硬件和开发计算机软件；要想增加仓库的容量和提高进出库速度，就要建设更大的库房并实现机械化、自动化。在实际中，必须考虑在财力许可的范围内改善物流系统的功能。

四、物流系统分析

用系统观点来研究物流活动是现代物流学的核心问题。物流系统分析是指在一定时间、空间里，将对物流活动和过程作为一个整体来处理，以系统的观点、系统工程的理论和方法进行分析研究，以实现其空间和时间的经济效应。

物流系统是由运输、储存、装卸、搬运、包装、配送、流通加工、信息处理等环节组成的，它们也称为物流的子系统。系统输入的是输送、储存、搬运、装卸、包装、物流情报、流通加工等环节所消耗的劳务、设备、材料等资源，经过物流系统的处理转化，以物流服务的方式输出系统。整体优化的目的就是要使输入最少，即物流成本最低，消耗的资源最少，而作为输出的物流服务效果最佳。物流系统服务性的衡量标准如下：

1）对用户的订货能很快进行配送。
2）接受用户订货时商品的在库率高。
3）在运送中交通事故、货物损伤、丢失和发送错误少。
4）保管中变质、丢失、破损现象少。
5）具有能够很好地实现运送、保管功能的包装。
6）装卸搬运功能满足运送和保管的要求。
7）能提供保障物流活动流畅进行的物流信息系统，能够及时反馈信息。
8）合理的流通加工，以保证生产费、物流费之和最少。

物流系统构建流程如图4-1所示。其中，可行方案的提出与建模是关键的一步，一般而言，需要通过资源整合的手段，提出物流组织网络、物流信息网络和物流基础设施网络的可行方案。

物流系统分析常用的理论及方法如下：

1）数学规划法（运筹学）。它是一种对系统进行统筹规划，寻求最优方案的数学方法。其具体理论与方法包括线性规划、动态规划、排队论和库存论等。这些理论与方

物流学导论

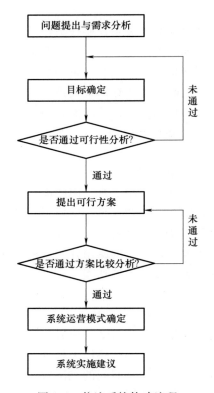

图 4-1　物流系统构建流程

资料来源：汝宜红. 循环物流系统［M］. 北京：中国铁道出版社，2009.

法是解决物流系统中物料储存的时间与数量问题的。

2）统筹法（网络分析法）。运用网络来统筹安排，合理规划系统的各个环节。它用网络图来描述活动流程的线路，把事件作为节点。在保证关键线路的前提下，安排其他活动，调整相互关系，以保证按期完成整个计划。

3）系统优化法。在一定约束条件下，求出使目标函数最优的解。物流系统包括许多参数，这些参数相互制约，互为条件，同时受外界环境的影响。系统优化研究，在不可控参数变化时，根据系统的目标来确定可控参数的值，使系统达到最优状态。

4）系统仿真。利用模型对实际系统进行试验研究。

上述方法各有特点，在实际中都得到广泛应用，其中，系统仿真技术是近年来应用最为普遍的。系统仿真技术的发展及应用依赖于计算机软硬件技术的飞速发展。今天，随着计算机科学与技术的巨大发展，系统仿真技术的研究也在不断完善，应用也在不断扩大。

第二节　物流组织网络

一、物流组织网络化

组织（Organization）是指依据既定的目标，对成员的活动进行合理的分工和合作，

第四章 物流系统

对组织所拥有的资源进行合理配置和使用以及正确处理内部人员相互关系的活动。物流组织（Logistics Organization）是指以物流经营和管理活动为核心内容的实体性或虚拟性组织，是物流活动的承担者和协调者，是物流活动得以有效进行的基础和保障，是指专门从事物流经营和管理活动的组织机构，包括企业内部的物流管理和运作部门、从事物流及其中介服务的部门、企业以及政府物流管理机构。

物流组织网络化是物流组织发展的必然趋势，是物流组织间协同发展的过程，物流组织网络是物流组织网络化的必然结果。物流组织的发展方向主要在于协同方面，这就要求打破单个物流企业的界限，通过相互协调为客户提供满意的物流服务。通过资源整合，物流组织网络中的若干节点（在物流组织网络中，我们将每个物流组织称为一个"节点"），由"相互'平行'、互不'相交'"发展为"相互协同，共同为客户提供一体化的物流服务"。

物流组织网络化是将物流组织中具有不同功能的要素通过调整和组合形成一个有机组织体的行为过程，其目的是使组织体的功能发生质的变化，实现最佳的整体效应。因此，物流组织网络化指的是在技术体系支持下，为了最大限度地使物流系统功能针对复杂多变的市场环境做出自适应调整，在物流组织目标和物流组织运行机制上、在物流组织结构和物流组织模式上、在时间和空间上所进行的旨在提高企业整体活力、提高物流组织性价比的管理活动。

物流组织网络化的主要内容、对象或范围是思想资源的整合、自然资源的整合、组织资源的整合、人力资源的整合、物质资源的整合、网络资源的整合和文化知识资源的整合。因此，成功的物流组织网络化是全方位、多层次、系列化的，缺少某一方面的整合都会影响系统整合的效果。

物流组织网络化过程中采取多种方法，如：组织内部整合与外部整合，组织横向整合与纵向整合，组织系统整合与局部整合，组织资源数量整合与结构整合，组织强势整合、弱势整合与等势整合，组织虚拟整合与杠杆整合，组织有形整合与无形整合。

物流组织网络化过程除了考虑组织整合内容、方法及模式外，组织结构的选择也不能忽视，原因是组织结构决定组织整合后的功能。物流组织从属于整个组织或公司，是组织中的一部分。对物流的任务和职权进行分解、组合，就形成了一定的组织结构，称为物流组织结构。由于成长背景、行业特征、信息化水平、企业规模等各种因素的影响，各企业的物流组织结构千变万化，不尽相同，物流活动的规模和水平也相差很大，其典型结构见表4-3。

表 4-3　物流组织典型结构

结构分类	特征	优点	缺点
顾问式	物流部门在企业中只是作为一种顾问的角色，只负责整体物流的规划、分析、协调和物流工程，并产生决策性的建议，对各部门的物流活动起指导作用	各部门决策有自主权	物流部门对具体的物流活动没有管理权和指挥权；物流活动仍分散在各个部门，所以仍会出现物流效率低下、资源浪费以及职权不明等问题

(续)

结构分类	特征	优点	缺点
直线式	物流总经理在管理下属各部门日常业务运作的同时,又兼顾物流系统的分析、设计和规划	物流总经理全权负责所有的物流活动,物流活动效率较高,职权明晰	物流总经理的决策风险较大
直线顾问式	物流部对业务部门和顾问部门均实行垂直式领导,具有指挥和命令的权力	消除了物流在企业中的从属地位,恢复了物流部门功能上的独立性	物流部门权力过大
矩阵式	物流业务仍由原部门管理,但水平方向上加入物流部门,负责管理物流业务,从而形成了纵横交错的矩阵式物流组织结构	提高物流运作效率,它可以允许物流经理对物流进行一体化的规划和设计,提高物流的整合效应	由于采取双轨制管理,职权关系受"纵横"两个方向上的控制,可能会导致某些冲突和不协调
第三方物流组织结构	资本密集型和技术密集型兼顾的企业,一般规模较大,资金雄厚,并且有着良好的物流服务信誉,为客户提供个性化的各种物流服务	物流服务的质量高;便于各部门互相比较,互相促进;分工明确,有利于发挥个人才能和创造性	第三方物流企业管理费用高

二、物流组织网络的构成

物流组织网络是指专门从事物流经营和管理活动的组织机构,既包括企业内部的物流管理和运作部门、企业间的物流联盟组织,也包括从事物流及其中介服务的部门、企业以及政府物流管理机构。物流服务是由多种主体组成的,例如物流服务直接提供者、物流服务资源整合者、物流活动监管者、物流活动支撑者等,将多方主体通过"纽带"有组织的联系起来称为物流组织网络(见图4-2)。

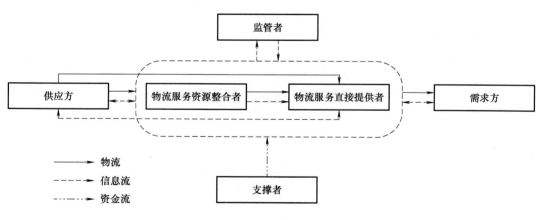

图 4-2 物流组织网络

在物流组织网络中,物流服务资源整合者主要是指沿线国家或地区货代及船代公司等,其作用是作为中介机构,将供应方与物流服务直接提供者联系起来,进行信息交换与货物承运活动;物流服务直接提供者主要是指沿线国家或地区物流运输服务企业等,

第四章 物流系统

其作用是直接对接供应方或者通过物流服务资源整合者对接供应方,为其提供物流服务;监管者是指沿线国家或地区的有关政府部门,如海关、检验检疫部门等,其作用是监管物流活动的全部环节,维持沿线国家或地区物流活动的合法正常运行,避免违法违规情况出现,保证沿线国家或地区参与其中的组织或企业合法经营;支撑者主要是指银行、保险公司等,其作用是为物流服务资源整合者与物流服务直接提供者提供投资与融资支持,保证物流活动的正常进行。

三、物流组织网络的机制

1. 连接规则

在物流组织网络中,供应商属于物流外包业务的源节点,物流企业属于物流外包业务的转接节点,客户集团属于物流外包业务的终端节点,各类物流外包业务节点按以下规则进行连接,形成物流组织网络的拓扑结构:

1)初始态 t_0 时刻。物流组织网络 $G(t_0)$ 由 m_1 个供应商、m_2 个物流企业、m_3 个客户集团构成,供应商和客户集团随机与物流企业发生外包业务联系。

2)增长。每个单位时间间隔 t,加入一个新节点 v_j,根据新节点的类型,将有三类事件发生:

① 以概率 p_s 向网络中新增一个供应商,与物流企业链接 m_s 条边。

② 以概率 p_c 向网络中新增一个客户集团,与物流企业链接 m_c 条边。

③ 以概率 $p_l(p_l = 1 - p_s - p_c)$ 向网络中新增一个物流企业,与整个网络连接 m_l 条边。

3)连接机制。根据加入新节点的类型,连接机制也将分为三种情况:

① 新加入节点为供应商 v_s,它与已存在的物流企业相连接,连接概率取决于各物流企业 v_i 拥有的客户集团数量 k_i^c,为 $\prod_i(k_i^c) = k_i^c / \sum_j k_j^c$。

② 新加入节点为客户集团 v_c,它与已存在的物流企业相连接,连接概率取决于各物流企业 v_i 拥有的客户集团数量 k_i^s,为 $\prod_i(k_i^s) = k_i^s / \sum_j k_j^s$。

③ 新加入节点为物流企业 v_l,它以概率 q 与已存在的供应商相连接,连接概率取决于各供应商 v_i 的度 k_{is}^l,为 $\prod_i(k_{is}^l) = k_{is}^l / \sum_j k_{js}^l$;以概率 r 与已存在的客户集团相连接,连接概率取决于各客户集团 v_i 的度 k_{ic}^l,为 $\prod_i(k_{ic}^l) = k_{ic}^l / \sum_j k_{jc}^l$;以概率 $1 - q - r$ 与已存在的物流企业相连接,连接概率取决于各物流企业 v_i 的度 k_{il},为 $\prod_i(k_{il}) = k_{il} / \sum_j k_{jl}$。

2. 物流组织网络化的重要特性

(1)度分布

采用平均场方法分析物流组织网络的度分布。节点度分布情况用分布函数 $P(k)$ 来描述:物流组织网络中一个随机选定的节点的度为 k 的概率。令 $k_i(t)$ 表示在物流组织网络中随机选择的节点 i 在时刻 t 的总度数,$k_i^{type}(t)$ 表示节点 i 在时刻 t 与类型为 type 的节点连接的度数,故 $k_i(t) = k_i^s(t) + k_i^c(t) + k_i^l(t)$,式中,$s$ 表示供应商;c 表示客户集团;l 表示物流企业。根据连接机制,$k_i^s(t)$,$k_i^c(t)$,$k_i^l(t)$ 分别满足以下方程:

$$\frac{dk_i^s(t)}{dt} = m_s p_s \prod(k_i^c(t))$$

物流学导论

$$\frac{\mathrm{d}k_i^c(t)}{\mathrm{d}t} = m_c p_c \prod(k_i^s(t))$$

$$\frac{\mathrm{d}k_i^l(t)}{\mathrm{d}t} = m_l p_l (q \prod(k_{is}^l(t)) + r \prod(k_{ic}^l(t)) + (1-q-r) \prod(k_{il}(t)))$$

式中，$k_{is}^l(t)$ 表示 t 时刻节点 i 是供应商的情况下，连接物流企业的度；$k_{ic}^l(t)$ 表示节点 i 是客户集团的情况下，连接物流企业的度；$k_{il}(t)$ 表示节点 i 是物流企业的情况下，连接（其他）物流企业的度。

当 t 足够大时，可以得到

$$\frac{\mathrm{d}k_i^s(t)}{\mathrm{d}t} = \frac{m_s p_s}{m_c p_c t} k_i^c(t)$$

$$\frac{\mathrm{d}k_i^c(t)}{\mathrm{d}t} = \frac{m_c p_c}{m_s p_s t} k_i^s(t)$$

$$\frac{\mathrm{d}k_i^l(t)}{\mathrm{d}t} = \left(\frac{q}{m_s p_s + m_l p_l q} + \frac{r}{m_c p_c + m_l p_l r} + \frac{1-q-r}{m_s p_s + m_c p_c + m_l p_l (2-q-r)} \right) \frac{m_l p_l k_i^l(t)}{t}$$

给定初值条件 $(k_i^s(t_0), k_i^c(t_0), k_i^l(t_0))^\mathrm{T} = (m_s p_s, m_c p_c, m_l p_l)^\mathrm{T}$，可以求得 $k_i(t)$：

$$k_i(t) = (m_s p_s + m_c p_c) \left(\frac{t}{t_0}\right) + m_l p_l \left(\frac{t}{t_0}\right)^a$$

式中，$a = \left(\frac{q}{m_s p_s + m_l p_l q} + \frac{r}{m_c p_c + m_l p_l r} + \frac{1-q-r}{m_s p_s + m_c p_c + m_l p_l (2-q-r)} \right) m_l p_l$。实际情况中，应有 $\min\{m_s p_s, m_c p_c\} \geq m_l p_l$，即一定时间段新增供应商与客户集团引出的边的期望多于新增物流企业，故 a 满足

$$a \leq \frac{q}{1+q} + \frac{r}{1+r} + \frac{1-q-r}{4-q-r} < \frac{2(q+r)}{1+q+r} + \frac{1-q-r}{4-q-r} < 1$$

记 $x = t/t_0$，则 $k_i(x) = cx + bx^a$ 为 R^+ 的单调增函数，式中，$b = m_l p_l, c = m_s p_s + m_c p_c$。若给定 k，使得 $k_i(x) = k$，则 $x = k_i^{-1}(k) = g(k)$。当 t 足够大时，度分布函数为

$$P(k) = \frac{\mathrm{d}P(K<k)}{\mathrm{d}k} \sim g^{-2}(k) g'(k)$$

而根据 $k_i(x)$ 的表达式，$g(k)$ 可以近似表示为 $g(k) = O(k^\theta)$，$\theta \in (1, 1+\varepsilon)$，故得下式：

$$P(k) \propto k^{-(1+\theta)} = k^{-r} \quad (2 < r < 3)$$

由此可知，基于度分布构建的物流组织网络的度分布为幂律分布，该网络具备"无标度"特性。

(2) 平均路径长度

物流组织网络平均路径长度的近似公式为

$$L \sim \frac{\ln((r-2)N)}{\ln((r-2)N^{(3-r)/r})} + 1$$

考察 ΔL 与 $\Delta \ln N$ 的关系，可以根据上式推导出

$$\Delta L \propto \frac{(2r-3)\ln(r-2)}{r\ln^2((r-2)N^{(3-r)/r})} \Delta \ln N$$

第四章　物流系统

当 N（即物流组织网络中的节点个数）不断增加时，$\Delta L \propto O(C) \Delta \ln N$，基于节点度的物流组织网络的平均路径长度具有"小世界"㊀特性。

（3）聚类系数

物流组织网络聚类系数的近似表达为

$$C \propto \frac{[\ln(t)]^2}{t}$$

物流组织网络聚类系数虽然不大，但是表现出了"物以类聚"的特征，可以认为其具有"高聚类"的特性。

3. 物流组织网络化的优势

物流组织网络化发展具备三个重要特性，即"无标度"、"小世界"和"高聚类"。基于三个重要特性，未来物流组织网络化发展的主要优势如下：

（1）基于"无标度"特性的高抗风险能力

物流组织网络化发展的"无标度"特性表明，在物流组织网络化发展过程中，各类物流企业向供应商、客户集团提供的物流外包业务具有不均匀分布的态势。其中，少数"轴辐式"物流企业将对大多数供应商与客户集团提供物流外包业务，然而大多数物流企业的物流外包服务对象不多，并且"轴辐式"的物流企业运行将对物流组织网络发展起到主导性作用。物流组织网络化发展优势符合马太定律。在现实世界中，大部分物流网络并不属于随机网络，少数物流企业拥有大量对外业务连接，而大部分节点却很少有对外业务连接。

物流组织网络化发展的"无标度"特性还表明，物流组织如果实现网络化发展，可以整体提升物流组织的抗风险能力。数量不多的物流企业即使遭受到一定的业务损失，也不会影响物流组织网络的整体发展，因为物流组织网络具有很强的容错能力，即抗风险能力。研究表明，物流组织如果实现网络化发展，需要注意加大对"轴辐式"物流企业的风险控制与扶持，以便保证物流组织网络的整体快速、健康发展。

（2）基于"小世界"特性的快速响应能力

物流组织网络化发展的"小世界"特性表明，未来在物流组织网络化发展过程中，即使增加更多的物流外包业务，物流企业与供应商、客户集团之间的物流外包业务联系将更加紧密，信息传递速度也将更快。

物流组织网络化发展的"小世界"特性还表明，未来的物流组织网络，可以通过加强物流外包业务市场监控、改善物流外包业务环境等手段，明显提升物流组织网络的效能。

（3）基于"高聚类"特性的物流集聚能力

物流组织网络化发展的"高聚类"特性表明，未来在物流组织网络化发展过程中，物流企业需重点培育物流外包的特色业务。因为研究结果表明，具有鲜明特色的物流外包业务，往往有很高的市场聚合系数，将出现更多的物流外包业务对象，包括供应商、客户集团，甚至其他物流企业。

㊀ 小世界网络是复杂系统的术语，表示一种网络类型，网络中的大部分节点不与彼此邻接，但大部分节点都可以从任一其他点经少数几步就可到达。

物流学导论

即使中小型物流企业，如果物流外包业务特色鲜明，不仅可以迅速显示其网络节点的聚集效应，还可能逐渐演化为物流组织网络中的"Hub"。

第三节 物流信息网络

一、物流信息网络化

1998年，张文杰等在《试论物流信息网络化》中提出物流信息网络化就是将物流信息通过现代信息技术手段使其在企业内、企业间乃至全社会达到共享的一种方式。2007年，卞文良提出物流信息网络包含两部分：一是企业内部信息网络；二是企业外部信息网络。企业内部的管理信息软件，即企业内部信息网络，起到信息共享、减少物流成本支出、提升经济效益等作用。企业外部信息网络，就是企业利用互联网的媒介作用，与其他企业进行资源、信息的交流与共享，利用互联网实现信息的更新，以求通过外部网络增加市场影响力。

二、物流信息网络的构成

随着物流信息网络化的不断发展，物流信息网络的构成有四个方面：①物流信息的传递者。物流信息的传递者是指有意识、有目的地通过不同形式传递信息流的个人或组织。它是信息流运动的前提。②物流信息传递的路线及信息。信息的流动是由传递者直接将信息传递给信息的接收者，或中间经过某些环节、某些组织机构才能传递到信息的接收者。③物流信息传递载体。物流信息的交流必须依赖一定的传递载体或工具才能进行。④物流信息的接收者。物流信息的接收者是指接收物流信息的个人或组织。

物流信息网络的总体框架如图4-3所示，它由接入层、数据层、平台层、应用层、体验层组成。

图4-3 物流信息网络的总体框架

第四章 物流系统

1. 接入层

接入层又称数据采集层,其作用是通过各种数据收集手段〔如 GPS、模拟摄像机、各种传感器、RFID（射频识别技术）、二维码、报警检测器、温度传感器、车载定位系统等〕获得数据,通过接入层就可以收集车辆与货物状态的动态信息,通过连续不断的数据收集,实现数据的积累,为大数据挖掘奠定基础。

2. 数据层

数据层是物流信息平台的重要组成部分,接入层利用物联网技术将收集到的海量未处理数据通过光纤网线传输到数据层,数据经过处理分类进入不同的数据库进行储存管理。此外,数据层利用外部接口可引入外部系统（包括物流企业、银行、保险、政务等）的数据,利用 EDI 实现数据交流共享,进而丰富数据库数据积累。数据层还利用各种先进的云计算数据处理技术对数据深入挖掘,为数据的决策应用做铺垫。

3. 平台层

平台层主要完成系统集成和数据处理。平台层需要利用技术手段将现有的各部门信息系统进行集成处理,并且将各个子系统收集的数据进行深层次自配置处理,通过数据库服务器、大型企业级数据库（如 Storm、MySQL 等）完成数据深层次处理与储存。平台层结合数据层既可完成信息平台的主要数据处理工作,又可实现各个系统之间的数据过滤、交换、分析、挖掘,为应用层不同用户的应用需求做支撑。同时,平台层还负责系统的定期维护、数据加密与安全防护。

4. 应用层

应用层即面向用户的服务层,主要包括公共信息门户、电子商务、电子政务、枢纽管理系统、物流业务管理系统和货场系统等应用系统。其中,枢纽管理系统是信息平台的辅助功能区,主要对物流枢纽进行信息化、智能化管理。物流业务管理系统（SaaS 应用群）作为基础系统,主要包括智能运输管理系统（TMS）、智能仓储管理系统（WMS）和智能配送管理信息系统三大核心模块。其中,智能运输管理系统为平台注册会员提供一体化运输信息管理服务,可实现车、货及人员的全程动态跟踪,并实现运输路线智能优化,最大限度地降本增效;智能仓储系统可外接企业 ERP 管理系统,为会员提供低成本、高回报的专业化仓储管理信息系统,实现精益库存管理。

5. 体验层

体验层可更加直观地表现智能物流枢纽信息平台的智慧服务,向社会用户、集团决策层展示系统的运行状态。用户可以通过网站、手机 App、调度中心大屏幕、IT 信息中心、终端体验设备等访问服务平台,体验智慧化服务,获得直观的报表数据,为业务处理、决策等提供依据。

第四节　物流基础设施网络

一、物流基础设施网络化

物流基础设施网络是指由物流节点集和线路集组成的集合。它包含了所研究区域的所有物流节点,以及所要研究的全部线路。物流节点包括物流园区、物流中心、配送中心、公共物流信息平台以及分布在生产制造、商贸流通以及交通运输领域的货场、仓库、码头、空港等。物流线路包括为物流服务的公路线路、铁路线路、水路线路、航空线路、管道线路及信息和通信线路。物流基础设施网络规模是物流服务能力的体现。

二、物流基础设施网络的构成

1. 物流通道

物流通道的含义主要有两方面：一方面是服务通道（如航班、车次、班列、班轮）组成的系统，其实例体现为一条班线；另一方面是运输通道（如公路、铁路、航空、水运和管道线路）组成的系统，其实例体现为一段线路。

2. 物流枢纽

物流枢纽是物流网络中货物流的重要集散中心，它不仅是关系全局的重要物流组织和生产基地，保证物流网络畅通、实施宏观调控的重点，同时还是物流网络中各节点设施相互联系、相互配合的重要环节，以及支持所在地区经济和社会发展的重要基础设施和联系纽带。物流枢纽在物流网络系统中具有特别重要的地位和作用。在经济全球化、市场国际化和济区域一体化的背景下，建设高效率、低费用、可持续发展的物流枢纽，对保证和促进城市之间、国家之间的经济贸易发展，适应和满足全社会物资流通的需求具有重要作用。

（1）物流枢纽的主要特性

1）空间布局。物流枢纽通常位于物流中心城市，个别也可位于重要物流节点城市；依托综合交通运输枢纽，围绕枢纽港口、机场、铁路货运站场、公路运输主枢纽进行布局，或直接与运输枢纽合二为一，最大限度地利用运输组织枢纽在货源集中和运输便利上的优势；衔接两种及以上交通运输方式，以便降低运输成本和减少迂回运输。

2）服务功能。物流枢纽是城市物流系统的骨架，一般不具备终端配送功能，其协同、整合能力强，对构成物流枢纽的物流节点设施进行协调与整合，提供满足区域经济社会发展需要的物流服务。物流枢纽主要承担区域物流中转、交换和衔接功能。

① 物流中转功能。区别于一般的物流节点城市，物流枢纽城市的主要功能是中转。中转功能是指区域内的物流节点城市间的物流活动无法由两个城市间直接的方式来进行，需要经过物流枢纽城市的中转服务来完成。

② 物流交换功能。物流枢纽承载着物流枢纽所在城市和其所覆盖和辐射的经济区域内的城市进行物流交换的枢纽作用。

③ 物流衔接功能。物流交换功能完成之后，城市所需的物流服务并没有完成，还需要物流枢纽来完成与本市的物流系统的衔接以及与周边辐射城市内物流系统的衔接，使物流活动得以延续和进行。

3）组成。物流枢纽的组成比较复杂，是集中多种运输方式衔接和物流服务功能的设施群，它包括两类物理实体：一类是相互间有紧密的作业联系、合理的业务分工协作、便捷的运输联系的物流节点设施，主要是指物流园区和某些专业的物流中心；另一类是货运枢纽，包括铁路的货运站和编组站、航空货运枢纽、公路货运站场，以及港口、泊位和码头。

4）载体。物流枢纽之间通常能组织直达班列（轮）运输，主要包括铁路直达班列、水运直达班轮、民航直达航班、公路直达班线。

5）规模。物流枢纽一般包括一个或多个物流园区、重要的专业物流中心以及货运枢纽，是各种设施的空间集聚体，因此其规模比较大。

6）功效。物流枢纽一般能够协调衔接两种或两种以上运输方式，通过对构成枢纽的各项物流设施进行合理分工、密切协调，通过信息共享和规模化管理，能够在区域范围内实现强大的集约互补功能及效率和效益的最大化。

（2）物流枢纽的类型

根据《国家物流枢纽布局和建设规划》，物流枢纽是集中实现货物集散、储存、分拨、转运等多种功能的物流设施群和物流活动组织中心。国家物流枢纽主要分为陆港型、港口型、空港型、生产服务型、商贸服务型、陆上边境口岸型六种类型。

1）陆港型。依托铁路、公路等陆路交通运输大通道和场站（物流基地）等，衔接内陆地区干支线运输，主要为保障区域生产生活、优化产业布局、提升区域经济竞争力，提供畅通国内、联通国际的物流组织和区域分拨服务。

2）港口型。依托沿海、内河港口，对接国内国际航线和港口集疏运网络，实现水陆联运、水水中转有机衔接，主要为港口腹地及其辐射区域提供货物集散、国际中转、转口贸易、保税监管等物流服务和其他增值服务。

3）空港型。依托航空枢纽机场，主要为空港及其辐射区域提供快捷高效的国内国际航空直运、中转、集散等物流服务和铁空、公空等联运服务。

4）生产服务型。依托大型厂矿、制造业基地、产业集聚区、农业主产区等，主要为工业、农业生产提供原材料供应、中间产品和产成品储运、分销等一体化的现代供应链服务。

5）商贸服务型。依托商贸集聚区、大型专业市场、大城市消费市场等，主要为国际国内和区域性商贸活动、城市大规模消费需求提供商品仓储、干支联运、分拨配送等物流服务，以及金融、结算、供应链管理等增值服务。

6）陆上边境口岸型。依托沿边陆路口岸，对接国内国际物流通道，主要为国际贸易活动提供一体化通关、便捷化过境运输、保税等综合性物流服务，为口岸区域产业、跨境电商等发展提供有力支撑。

3. 物流节点

（1）物流园区

物流园区是指为了实现物流设施集约化和物流运作共同化，或者出于城市物流设施空间布局合理化的目的，在城市周边等各区域集中建设的物流设施群，以及众多物流业者在地域上的物流集结地。物流园区是城市物流网络最重要的节点，是多个城市物流中心和众多物流企业在空间上集中布局的场所，具有较大规模和综合服务功能。

（2）物流中心

物流中心是指从事物流活动的场所或组织。物流中心是若干城市物流功能集中、部分相关城市物流企业集聚的专业型物流基础设施节点，主要面向社会提供公共的物流服务，既可以是多个物流企业的集结节点，也可以是单独的经济实体。

（3）配送中心

配送中心是指从事配送业务的城市物流场所或组织。

物流学导论

（4）传统物流基础设施节点

传统物流基础设施节点主要包括功能单一的货运站、货运交易市场和仓库等。传统的货运站是公路和铁路运输的节点，其功能主要停留在传统的仓储、运输服务上，信息网络体系不够健全，设施设备比较简陋，机械化程度不高。货运交易市场是货运交易的有形载体，主要服务于公路运输。

思考与练习

1. 随着信息技术的发展，陆续出现了"无人车""无人仓""无人配送"等，物流过程是否能够实现"无人化"？
2. 如何理解物流系统的效益悖反规律。
3. 查阅我国国务院、发展改革委、交通部、商务部等部门发布的有关规划文件，了解我国物流基础设施网络的布局情况。
4. 查阅相关文献资料，了解一个物流信息网络的实际案例。

第五章 物流企业

第一节 第三方物流

一、第三方物流的概念

自20世纪90年代以来，第三方物流（Third Party Logistics，TPL）作为一种新的物流服务模式，受到广泛关注。我国国家标准《物流术语》（GB/T 18354—2021）中，将第三方物流定义为："由独立于物流服务供需双方之外且以物流服务为主营业务的组织提供物流服务的模式。"这一定义明确了"第三方"的内涵，即物流服务提供者作为发货人（甲方）和收货人（乙方）之间的第三方，代表甲方或乙方来执行物流功能。

在美国的有关著作中，第三方物流的定义是："非货主企业通过合同的方式确定回报，承担货主企业全部或一部分物流活动。"第三方物流所提供的服务包括与运营相关的服务、与管理相关的服务以及两者兼而有之的服务。与国家标准《物流术语》相比，这一定义除了强调"第三方不拥有货物所有权"外，特别突出了第三方物流企业与传统运输仓储业的重大区别，即管理功能和契约式共同利益。

日本对于第三方物流的理解是：供方和需方以外不拥有商品所有权的业者为第三方，向货主企业提供物流系统，为货主企业全方位代理物流业务，即物流的外部委托方式。它强调物流全方位代理。

还有一些术语，如合同物流（Contrast Logistics）、物流外包（Logistics Outsourcing）、全方位物流服务公司（Full-Service Distribution Company，FSDC）等，也基本能表达与第三方物流相同的含义。

二、第三方物流的特征

1）第三方物流服务提供的主体是第三方，即非生产者自身或货主，也非最终用户，它所提供的产品并不是自己所有的。这是第三方物流最基本的内涵，即第三方物流经营主体。

2）第三方物流的服务是建立在现代信息技术基础之上的物流活动。现代信息技术是指基于电子计算机和移动通信的电子信息技术，是支持集成化物流、个性化物流管理的技术依托。在这一层次内涵中，经营主体可以根据客户需要、经济环境、技术环境等因素进行选择和组合，从而完成相应的管理职能，以实现和满足客户需求。

3）第三方物流提供者与客户方之间是现代经济关系，并以合同调整和约束现代经济活动行为和关系的法律形式为基础得以体现。现代经济关系包括体现个性化服务、合作双方或多方建立企业之间的战略联盟、业务联盟等形式，采用合同规范双方或多方的长期合作伙伴关系，一般可建立3～5年或更长时间的合作关系。

4）第三方物流为客户提供个性化的物流服务。第三方物流可以根据客户要求提供量身定制的服务。为了提高第三方物流服务水平，第三方物流服务提供商要提升自身的方案设计能力及物流运作的动态监控能力。

三、第三方物流的作用

1. 加快物流产业的形成和再造

从发展的观点来看，第三方物流应该是科学地设计组织体系，按市场机制进行运作，除了要避免市场供求及价格波动的风险外，还必须建立集成化的物流管理信息系统，使物流价值链上的各成员能做到信息共享、物流实时监控，以压缩物流流程，提高需求、供货预测精度。这样的革新和变化推动了物流业的发展，使诸多的物流企业汇聚起来，形成了一种新的产业。

2. 为企业注入新的资源，提高企业竞争力

第三方物流为其他企业提供了可以利用的外部资源，使后者能更好地发挥企业的优势和核心竞争力。企业利用第三方物流，除核心业务活动之外可以不参与其他物流活动，企业能集中资源用于核心活动，使企业各项目标得以更大限度地实现。

3. 承担风险和降低成本

利用第三方物流资源，实际上是企业对物流运行中的政策、经济、技术、市场和财务风险进行分解，能节约有限资源，更具灵活性和针对性地对市场变化做出反应。利用第三方物流，企业可有效地控制成本。许多第三方物流服务系统拥有专业技术和知识优势，能更好地完成物流运行。企业可与第三方物流服务组织分享扩大规模所带来的利润，对企业管理和控制提供有效帮助。

第二节　物流企业类型

一、物流企业的一般分类

1. 局部物流服务提供商

这类企业一般使用自有物流资产来为客户提供单一或部分物流功能服务，其主要经营资产为载货汽车、仓库或两者兼而有之。局部物流服务商主要提供部分线路快件货物、冷藏货物、集装箱货物的干线运输，以及仓储业务等。我国物流市场出现的一种新型物流业务——质押监管也属于局部物流服务商提供的业务。它是一种货主企业把商品存储在物流企业的仓库中，凭借仓库开具的仓单向银行申请贷款的业务，由仓库代理监管商品的物流业务。在质押监管中，物流企业为货主提供的是货物保管业务，而为银行提供的是监管控制业务。

第五章 物流企业

2. 网络物流服务提供商

这类企业通过所掌握的运输网络组织、网络信息技术、物流节点网络和物流管理信息系统等资源，为客户提供网络化的物流服务、数据库与咨询服务、管理服务，各运输或仓储环节的物流经营资产一般并非自己拥有，但能通过合同、租赁、联盟等方式获得使用权或将业务转包出去。这一层次物流服务市场进入壁垒相对较高，物流企业能利用自己的网络或联盟力量使得竞争者数量变少一些，受市场的冲击力相对较轻。

3. 系统物流服务提供商

这类企业拥有集成物流信息系统和一定的物流经营资产（如载货汽车、仓库等），能够为特定客户提供网络化、系统化的物流服务。这类企业特别强调有效的客户响应，注重与客户长期关系的建立和维护。企业与客户的关系通过信息技术、信息共享等实现，甚至可以做到"客户的业务发展到哪里，基于供应链管理中的物流服务就提供到哪里"。这类服务需要供需双方建立稳定的合作关系，一旦供需双方合作成功，受市场冲击就较小。有时因业务需要，物流企业也会向其他业者承租设施、设备或转包业务，但是能够利用其所掌握的信息技术来调度、控制相关物流资源，向客户提供系统的物流服务。

二、我国国家标准对物流企业的分类

一般而言，我国的物流企业分为运输型物流企业、仓储型物流企业和综合型物流企业。

1. 运输型物流企业

运输型物流企业应同时符合以下要求：
1）以从事运输业务为主，具备一定规模。
2）可为客户提供运输服务及其他增值服务。
3）自有一定数量的运输工具和设备。
4）具备信息服务功能，应用信息系统可对运输货物进行状态查询、监控。

运输型物流企业评估指标见表 5-1。

表 5-1 运输型物流企业评估指标

	评估指标	级别				
		AAAAA 级	AAAA 级	AAA 级	AA 级	A 级
经营状况	1. 年物流营业收入（元）	16.5 亿以上	3 亿以上	6000 万以上	1000 万以上	300 万以上
	2. 营业时间	5 年以上	3 年以上		2 年以上	
资产	3. 资产总额（元）	11 亿以上	2 亿以上	4000 万以上	800 万以上	300 万以上
	4. 资产负债率	不高于 70%				
设施设备	5. 自有货运车辆（辆）（或总载重量/t）	1500 以上（7500 以上）	400 以上（2000 以上）	150 以上（750 以上）	80 以上（400 以上）	30 以上（150 以上）
	6. 运营网点（个）	50 以上	30 以上	15 以上	10 以上	5 以上

（续）

评估指标		级别				
		AAAAA级	AAAA级	AAA级	AA级	A级
管理及服务	7. 管理制度	有健全的经营、作业、财务、统计、安全、技术等机构和相应的管理制度				
	8. 质量管理	通过国家或行业相关认证			具有规范的质量管理体系	
	9. 业务辐射面	跨省区以上			—	
	10. 物流服务方案与实施	提供物流系统规划、资源整合、方案设计、业务流程重组、供应链优化、物流信息化等方面的服务			提供整合物流资源、方案设计等方面的咨询服务	
	11. 客户投诉率（或客户满意度）	≤0.05%（≥98%）	≤0.1%（≥95%）		≤0.5%（≥90%）	
人员管理	12. 中高层管理人员	80%以上具有大专及以上学历，或通过全国性行业组织物流师认证	60%以上具有大专及以上学历，或通过全国性行业组织物流师认证		30%以上具有大专及以上学历，或通过全国性行业组织物流师认证	
	13. 基层物流业务人员	60%以上具有中等及以上学历或物流职业资格	50%以上具有中等及以上学历或物流职业资格		30%以上具有中等及以上学历或物流职业资格	
信息化水平	14. 信息系统	物流经营业务全部信息化管理			物流经营业务部分信息化管理	
	15. 电子单证管理	90%以上	70%以上		50%以上	
	16. 货物物流状态跟踪	90%以上	70%以上		50%以上	
	17. 客户查询	建立自动查询和人工查询系统			建立人工查询系统	

2. 仓储型物流企业

仓储型物流企业应同时符合以下要求：

1）以从事仓储业务为主，具备一定规模。
2）可为客户提供分拨、配送、流通加工等服务，以及其他增值服务。
3）自有一定规模的仓储设施、设备，自有或租用必要的货物运输工具。
4）具备信息服务功能，应用信息系统可对仓储货物进行状态查询、监控。

仓储型物流企业评估指标见表5-2。

表5-2 仓储型物流企业评估指标

评估指标		级别				
		AAAAA级	AAAA级	AAA级	AA级	A级
经营状况	1. 年物流营业收入（元）	7.2亿以上	1.2亿以上	2500万以上	500万以上	200万以上
	2. 营业时间	5年以上	3年以上		2年以上	
资产	3. 资产总额（元）	11亿以上	2亿以上	4000万以上	800万以上	200万以上
	4. 资产负债率	不高于70%				

第五章 物流企业

(续)

	评估指标	级别				
		AAAAA 级	AAAA 级	AAA 级	AA 级	A 级
设施设备	5. 自有仓储面积/m²	20 万以上	8 万以上	3 万以上	1 万以上	4000 以上
	6. 自有/租用货运车辆（辆）（或总载重量/t）	500 以上（2500 以上）	200 以上（1000 以上）	100 以上（500 以上）	50 以上（250 以上）	30 以上（150 以上）
	7. 配送客户点（个）	200 以上	150 以上	100 以上	50 以上	30 以上
管理及服务	8. 管理制度	有健全的经营、作业、财务、统计、安全、技术等机构和相应的管理制度				
	9. 质量管理	通过国家或行业相关认证			具有规范的质量管理体系	
	10. 物流服务方案与实施	提供物流系统规划、资源整合、方案设计、业务流程重组、供应链优化、物流信息化等方面服务			提供整合物流资源、方案设计等方面的咨询服务	
	11. 客户投诉率（或客户满意度）	≤0.05%（≥98%）		≤0.1%（≥95%）		≤0.5%（≥90%）
人员管理	12. 中高层管理人员	80% 以上具有大专及以上学历或通过全国性行业组织物流师认证		60% 以上具有大专及以上学历或通过全国性行业组织物流师认证		30% 以上具有大专及以上学历或通过全国性行业组织物流师认证
	13. 基层物流业务人员	60% 以上具有中等及以上学历或物流职业资格		50% 以上具有中等及以上学历或物流职业资格		30% 以上具有中等及以上学历或物流职业资格
信息化水平	14. 信息系统	物流经营业务全部信息化管理			物流经营业务部分信息化管理	
	15. 电子单证管理	100%		70% 以上		50% 以上
	16. 货物物流状态跟踪	90% 以上		70% 以上		50% 以上
	17. 客户查询	建立自动查询和人工查询系统			建立人工查询系统	

3. 综合型物流企业

综合型物流企业应同时符合以下要求：

1) 从事多种物流服务业务，可以为客户提供运输、仓储、货运代理、配送、流通加工、信息服务等多种物流服务，具备一定规模。

2) 可为客户制订系统化的物流解决方案；可为客户提供综合物流服务及其他增值服务。

3) 自有或租用必要的运输工具、仓储设施及相关设备。

4) 具有一定市场覆盖面的货物集散、分拨、配送网络。

5) 具备信息服务功能，应用信息系统可对物流服务全过程进行状态查询、监控。

综合型物流企业评估指标见表 5-3。

物流学导论

表 5-3　综合型物流企业评估指标

评估指标		级别				
		AAAAA 级	AAAA 级	AAA 级	AA 级	A 级
经营状况	1. 年物流营业收入（元）	16.5 亿以上	2 亿以上	4000 万以上	800 万以上	300 万以上
	2. 营业时间	5 年以上		3 年以上		2 年以上
资产	3. 资产总额（元）	5.5 亿以上	1 亿以上	2000 万以上	600 万以上	200 万以上
	4. 资产负债率	不高于 75%				
设施设备	5. 自有/租用仓储面积/m²	10 万以上	3 万以上	1 万以上	3000 以上	1000 以上
	6. 自有/租用货运车辆（辆）（或总载重量/t）	1500 以上（7500 以上）	500 以上（2500 以上）	300 以上（1500 以上）	200 以上（1000 以上）	100 以上（500 以上）
	7. 运营网点（个）	50 以上	30 以上	20 以上	10 以上	5 以上
管理及服务	8. 管理制度	有健全的经营、作业、财务、统计、安全、技术等机构和相应的管理制度				
	9. 质量管理	通过国家或行业相关认证			具有规范的质量管理体系	
	10. 业务辐射面	跨省区以上			—	
	11. 物流服务方案与实施	提供物流系统规划、资源整合、方案设计、业务流程重组、供应链优化、物流信息化等方面服务			提供整合物流资源、方案设计等方面的咨询服务	
	12. 客户投诉率（或客户满意度）	≤0.05%（≥99%）	≤0.1%（≥95%）		≤0.5%（≥90%）	
人员管理	13. 中高层管理人员	80% 以上具有大专及以上学历或通过全国性行业组织物流师认证	70% 以上具有大专及以上学历或通过全国性行业组织物流师认证		50% 以上具有大专及以上学历或通过全国性行业组织物流师认证	
	14. 基层物流业务人员	60% 以上具有中等及以上学历或物流职业资格	50% 以上具有中等及以上学历或物流职业资格		40% 以上具有中等及以上学历或物流职业资格	
信息化水平	15. 信息系统	物流经营业务全部信息化管理			物流经营业务部分信息化管理	
	16. 电子单证管理	100%	80% 以上		60% 以上	
	17. 货物物流状态跟踪	100%	80% 以上		60% 以上	
	18. 客户查询	建立自动查询和人工查询系统			建立人工查询系统	

第三节　物流企业运作

一、物流企业运作的基本要求

物流企业提供的服务范围很广，它可以简单到只是帮助客户安排一批货物的运输，

第五章 物流企业

也可以复杂到设计、实施和运作一个企业的整个分销物流系统。物流企业的物流服务成功运营具有以下基本性质:

1. 可靠性

物流企业要能始终如一地、以可靠的方式协同运作,提供客户所需的各种物流服务。

2. 灵活性

物流企业具有较强的柔性,能够通过创新改变系统服务的导向、内容,使系统能适应环境的要求和变化。

3. 效率性

物流企业以专业化、高效率、准时的运作方式向客户提供其所需的物流服务与信息。

4. 便利性

物流企业能得到合作者通力协作,根据客户需求的变化进行调节,使客户随时获得所需服务,方便、容易地处理物流业务。

5. 集成性

物流企业能提供广泛、综合、成系列、满足客户需要的服务项目及附加价值服务。

二、物流企业应具备的核心能力

物流企业需要拥有一定的物流经营资产,通过资产、技术、经济等关系形成较强的物流服务能力,从而能够为客户企业提供系统的集成物流服务。结合具体经营内容,物流企业应主要把握以下几方面的核心能力:

1. 环境感知能力

适应环境变化、洞察客户需求是企业基于市场导向的一种自觉活动,环境感知能力是物流企业通过扫描、搜寻、探索等方式主动且有目的地感知和解释环境变化、了解客户需要的响应能力。物流企业的竞争优势能否形成与持续,主要取决于其对环境变化趋势的有效感知和识别以及由此做出的快速反应。具体来说,这种能力又可分为市场感知能力、机会辨析能力和市场响应能力。

2. 组织学习能力

组织学习强调的是企业通过知识获取、创造和利用能动地改变运作惯例,实现学习提升的过程。物流企业必须时刻汲取外部新知识,经过消化、吸收、融合和利用,转换为组织创新能力,建立兼顾效率和柔性的组织结构,才能更新和重构其常规运作能力,重塑组织规范和惯例。

3. 网络整合能力

企业资源既可以自身拥有,又可以从广义的外部网络获得。物流网络包括实体网络、信息网络和组织网络,其中,组织网络既包含狭义物流网络,也包括广义社会网络。物流资源的识别和获取主要同网络的规划和构建能力有关,而资源的配置和使用重点解决的是网络的运作能力,物流企业的网络整合能力可从网络规划能力、网络构建能力和网络运作能力三方面去把握。

物流学导论

4. 价值共创能力

供应链管理视角下，核心企业和上下游成员强调服务价值的共享。物流企业与客户乃至服务生态系统的其他主体持续通过学习实现价值共创，短期可以提升企业的财务绩效，长期有利于改善企业的创新绩效和竞争力。

三、物流企业的商业模式

选择一个良好的商业模式是物流企业实现可持续发展的关键。商业模式选择应考虑的因素有企业内部因素和企业外部因素两个方面。企业内部因素包括企业管理水平、财务状况、成本优势、技术优势、物流服务水平、人力资源状况、特殊资源、资源整合能力、业务规模、销售渠道、品牌和信誉等方面；企业外部因素包括法律和政治环境、社会环境、经济环境、技术环境、物流业发展环境、产业结构、地理环境、居民收入水平、消费习惯、竞争状况以及经营风险等。物流企业常用的商业模式见表5-4。

表5-4　物流企业常用的商业模式

商业模式	特　点	问　题
以重资产为核心的商业模式	以重资产为核心，企业需具备强大的资金实力来提升自身的基础设施和设备能力	无法准确控制供需平衡，容易盲目扩张，导致资金断链，产生巨大经营风险
以组织货源为核心的商业模式	以货源为基础，以组织货源为核心，以完善的信息技术和信息网络为抓手，企业需具备提供一体化物流系统解决方案的能力，且在海外物流市场具有一定的口碑和信誉	无法准确预测物流对象的相关信息，短期内无法熟悉海外客户物流个性化需求，无法实现对现货资源的控制
以产品为导向的商业模式（物流整体外包模式）	以产品为导向，以产品物流特点为核心，站在客户需求角度为其提供产品全生命周期物流服务，企业需具备提供综合物流服务的能力	需根据产品特点及其物流特点，改进自身物流服务设施，短期内难以为客户提供有针对性的物流服务
基于物流增值服务的商业模式	以提供增值服务为核心，需物流企业熟悉客户所从事行业的基本特点、业务流程；把握业务流程的关键点，为客户提供相关增值服务，进而与客户建立稳定的合作伙伴关系	短期内无法熟悉业务流程及其关键点；短期内无法构建专业化的人才队伍和企业内部创新机制
供应链集中管控的一体化服务商业模式	以供应链一体化管理为核心，明确客户定位，抓住产业链链主，上下延伸，提供多项增值服务，协助客户更专注地从事核心业务，实现多方"共赢"	短期内无法完全熟悉客户供应链及供应链所支持产品的特点等；企业短期内难以具备强大的供应链整合能力
与外部同行结成战略联盟商业模式	以战略联盟为切入点相互进入各自市场，利用同行熟悉其本土业务的优势，使物流企业在短期内熟悉外部市场业务，并迅速发展壮大，实现"1+1>2"的效果	物流企业需熟悉同行的物流战略和相关业务，彼此业务具有较强的互补性，且彼此具有结成联盟的愿望

第五章 物流企业

（续）

商业模式	特 点	问 题
以物流金融为核心的商业模式	企业作为客户和金融机构的纽带，以物流金融为核心，明确客户定位，通过开展物流金融业务，帮助客户减少交易成本，通过增值服务从中获得收益	短期内无法熟悉客户供应链、基本业务及其信誉，无法与金融机构建立稳定的合作关系；难以结合客户需求不断创造新的融资模式
"电商+物流"商业模式	以电商和物流联动发展为核心，进行大规模基础设施投资和建设，完善相关配套设施，吸引国内外相关企业入驻，形成物流和电商联动发展、跨境电商和国际物流的重要基地	企业需具备强大的资金实力和融资能力；项目资金回收期较长；短期内入驻企业数量不足，难以形成规模优势
"平台+品牌"商业模式	以"平台+品牌"为核心，通过构建多边市场实现资源的集聚；当平台用户超过一定规模时，其网络外部性将大大增加，企业可通过对用户收费、为平台客户提供各种服务来盈利	物流企业需在人才、资金、客户资源等方面具有一定的积累；在平台商业模式建设初期，客户规模不足将是重要问题；在平台的运营中也会存在巨大的经营风险
生态圈商业模式	是平台商业模式的升级状态，是多个平台的建设和整合，业务范围很广，可为客户提供全方位可视化完全供应链服务	生态圈商业模式对物流企业的规模、供应链及海外市场的影响力、企业信息技术水平、人才等方面要求较高，构建难度大
复合型商业模式	在电商、传统物流、快递企业、生产企业、商贸流通企业都在做物流的互联网物流时代，单一的商业模式已不符合物流行业的特点，未来的物流项目商业模式应该是以上多种模式相结合的复合型商业模式	

四、物流企业成功经营的关键

1. 建立快速反应的体系

物流企业要将现有流程重新设计，利用实用信息技术把大量的运输、仓储、销售业务信息化，形成对生产企业、批发业、零售业等都有用的数据和信息管理系统，形成能够准时、有效地调配物流资源的控制力，这样就可以把顾客需求信息转化为对生产、运输、仓储与配送的指导，服务水平与库存量就可以同时得到改善。

2. 形成规模经济效益

由于拥有强大的购买力、货物配载能力、物流过程控制能力，物流企业可以通过资源整合能力、专业化服务做到更为低廉的物流服务报价，并集中配载很多客户的货物。

3. 运用电子信息技术

许多物流企业与独立的软件供应商结盟，开发了内部的信息系统，这使它们能够最大限度地利用运输和分销网络，有效地进行多式联运和货物追踪，进行电子交易，实施集中仓储策略，生成提高供应链管理效率所必需的报表，以及开展其他相关的增值服务。

物流学导论

4. 减少客户资本投入

制造商通过物流业务外包，可以降低因购买运输设备、租赁仓库等所必需的投资，从而改善企业的经营状况，把更多的资金投在企业的核心业务上，最终降低物流总成本。

五、物流企业运作的绩效指标

物流企业运作的绩效指标一般包括以下方面：

1）衡量数量正确性的指标。"数量正确性"是指物流过程中物流业务的实际数量与要求数量的符合程度。常见指标如仓储物品盈亏率、采购计划完成率、供应计划完成率等。

2）衡量质量正确性的指标。"质量正确性"是指物流过程中物品的实际质量与要求质量的符合程度。常见指标有仓储物品完好率、运输物品完好率、进货质量合格率等。

3）衡量时间正确性的指标。"时间正确性"是指物流过程中物品流动的实际时间与要求时间的符合程度。常见指标有采购周期、供货周期、及时进货率、及时供货率、发货故障平均处理时间等。

4）衡量地点正确性的指标。"地点正确性"是指物流过程中物品流向的实际地点与要求地点的符合程度。常见指标有送货正确率等。

5）衡量工作完善性的指标。"工作完善性"是指物流过程中物流业务工作的完善程度。常见指标有对用户问询的响应率、用户特殊送货要求的满足率、售后服务的完善性等。

6）衡量工作安全性的指标。"工作安全性"是指物流过程中人员和商品的安全程度。常见指标有事故等级、事故次数等。

以下是一些常用的物流绩效评价指标：

1. 物流服务类指标

（1）服务水平（F）

$$F = \frac{满足要求次数}{用户要求次数}$$

（2）满足程度（M）

$$M = \frac{满足要求数量}{用户要求数量}$$

（3）交货水平（$J_水$）

$$J_水 = \frac{按交货期交货次数}{总交货次数}$$

（4）交货期质量（$J_天$）

$J_天$ 以实际交货期与规定交货期相差天（小时）数表示，正号为提前交货，负号为延迟交货。

$$J_天 = 规定交货期 - 实际交货期$$

（5）商品完好率（W）

$$W = \frac{交货时完好商品量}{物流商品总量} \times 100\%$$

第五章 物流企业

(6) 物流吨费用（C）

$$C = \frac{物流费用}{物流总量}$$

2. 储存作业质量指标

(1) 仓库吞吐能力实现率（T）

$$T = \frac{期内实际吞吐量}{仓库设计吞吐量}$$

(2) 商品收发正确率（S）

$$S = \frac{某批吞吐量 - 出现差错量}{该批吞吐量} \times 100\%$$

(3) 商品完好率（$W_库$）

$$W_库 = \frac{某批商品库存量 - 出现缺损商品量}{该批商品库存量} \times 100\%$$

(4) 库存商品缺损率（$Q'_库$）

$$Q'_库 = \frac{某批商品缺损量}{该批商品总量} \times 100\%$$

(5) 仓库面积利用率（$M_总$）

$$M_总 = \frac{库房、货棚、货场占地面积之和}{仓库总面积} \times 100\%$$

(6) 仓库利用率（R）

$$R = \frac{存储商品实际数量或容积}{设计库存数量或容积} \times 100\%$$

(7) 设备完好率（$W_设$）

$$W_设 = \frac{期内设备完好总数}{同期设备总台数} \times 100\%$$

(8) 设备利用率（L）

$$L = \frac{全部设备实际工作时数}{设备工作总能力（时数）} \times 100\%$$

(9) 仓储吨成本（$C_仓$）

$$C_仓 = \frac{仓储费用}{库存量}$$

3. 运输作业质量指标

(1) 正点运输率（Z）

$$Z = \frac{正点运输次数}{运输总次数} \times 100\%$$

(2) 满载率（$M_运$）

$$M_运 = \frac{车辆实际装载量}{车辆装载能力} \times 100\%$$

(3) 运力利用率（Y）

$$Y = \frac{实际运输能力}{运力往返运输总能力} \times 100\%$$

案例分析

国内典型物流企业运作体系

1. 中外运：提供全程供应链管理解决方案

（1）企业定位与发展

2018 年，中国外运发动了中国合同物流行业的革命，通过聚合、整合、融合招商局物流集团有限公司、中国外运物流发展有限公司、中外运久凌储运有限公司的优势资源和行业影响力，打造成立"中外运物流有限公司"（以下简称中外运）。中外运秉承"成就客户创造价值"的经营理念，致力于全程供应链管理解决方案的提供及执行，帮助客户提高供应链运营效率，降低成本，使客户专注于自身核心竞争力的建设和发展。

（2）资源整合

中外运整合了海运、空运、公路和铁路运输、国际快递、船务代理等基础服务，提供端到端的全程供应链解决方案和一站式服务，并帮助客户优化货物流、信息流和资金流。

中外运长航的物流板块主要分为货运代理、专业物流和仓码汽运三部分，显现出较强的外向型特色，而招商物流板块中的快消物流、快运物流和会展物流等则透出浓浓的内生型气息，两者整合在一定程度上可以实现"以内养外"的良效。整合的关键不仅在于"合并同类项"，也在于"优势互补"。

（3）组织架构

中外运的组织架构体系由总部集群、行业集群、区域集群搭建而成，形成一套三维矩阵式管理结构。

1）总部集群。总部集群是行政管理主体，具体履行综合行政管理职能，实行"7+1"模式，即设置行政管理本部（党委办公室/党委组织部）、党群工作部（党委宣传部/工会办公室）、财务本部、战略发展部、运营管理本部、风险管理部（审计中心/监察部）、安全管理本部七个职能管理部门和北京管理部。

2）行业集群。行业集群是业务发展及销售主体，承担客户维护、新业务开拓的职责。依据公司物流业务的现状及未来发展，设立快消商超、汽车产品、科技电子、医疗健康、国际供应链、供应链金融六个事业部，拟筹建会展物流、时尚、电子元器件、军勤保障四个事业部。

3）区域集群。区域集群是运营实施主体，负责具体落实项目运作并达成业务目标。区域集群由位于东北、华北、西北、华东、华中、西南、华南七大区域的公司组成，对所负责区域的各城市公司实行统筹管理。

（4）业务体系

中外运的业务体系主要包括汽车产品、消费品、科技电子、医疗产品、海外物流、城市配送、国际供应链、供应链金融、军勤保障。

（5）质量与风险控制

根据公司总体战略经营目标，围绕公司核心业务，中外运统一规划了全面质量和风险管理工作。在安全、合同、保险、采购、资产管理、设施规划、项目实施、运营质量、ISO 体系及内部审计等方面，中外运不断加强意识引导、制度建设、技术指导、经

第五章 物流企业

验宣传以及实施管控，有效地保证了运作的平稳可靠，确保了各地团队管理、制度执行、业务规划、质量管控等各方面工作的健康、有序发展。

1）强调客户导向、充分参与和持续优化，为客户提供安全、可靠、灵活的专业化定制服务。

2）管理团队重视质量管理建设，建立了质量管理体系，已通过质量（ISO 9001）、安全（OSAS 18001）和环境（ISO 14000）三位一体的管理体系认证。

3）重视风险控制，建立了全公司各项风险管理制度，安全、合同、保险、采购、资产等综合统一管理，持续培养企业员工的风险文化和风险意识，规范统一各地管理秩序和质量标准。

4）组织团队重视切实可行、与时俱进的实施计划，持续开展三级宣传、培训、检查和改进工作，使各地全体员工具备主动的风险管理意识、知识和能力。

5）执行团队重视培养各地专岗管理人员，各项专职基础管理与业务剥离，确保了工作的有效开展。

2. 中远海运集团：综合性物流供应链服务集团

（1）企业定位

中国远洋海运集团（简称中远海运集团）秉承"一个团队、一个文化、一个目标、一个梦想"的理念，向着打造"更规模化、更全球化、更有竞争力、更具价值"的优秀企业前行，努力成为国家战略更好的践行者、客户更好的服务提供商、供应商更好的合作伙伴、广大员工更好的事业发展平台。

（2）资源整合

中远海运集团由中国远洋运输（集团）总公司与中国海运（集团）总公司重组而成。本次重组整合打破了过去把航运主业当作底线的定式，打造了一个金融控股的上市平台，从根本上提高了企业的抗周期能力。根据新的战略布局，中远海运集团将融合原中远、中海两大集团旗下优质金融资产，打造以"航运＋金融"为主的业务发展模式，依托航运主业，发展多元化租赁业务的综合性金融服务平台，实现战略转型。其目标是做大做强做优，不仅在规模上，更要在国际竞争力、全球资源配置、可持续发展上达到最强，要把规模优势转化为规模效益。

深化改革重组，不断优化资源配置。在产业布局中，中远海运集团通过"加减乘除"，优化资源配置，推进结构调整，提高市场竞争力，打好改革重组和转型发展的攻坚战。"加"，就是瞄准核心产业做"加法"。"减"，就是瞄准过剩产能做"减法"。"乘"，就是瞄准产业链协同做"乘法"。"除"，就是瞄准结构优化做"除法"。

（3）业务模式：航运＋金融

围绕"规模增长、盈利能力、抗周期性和全球公司"四个战略维度，中远海运集团着力布局航运、物流、金融、装备制造、航运服务、社会化产业和基于商业模式创新的"互联网＋相关业务"的"6＋1"产业集群，进一步促进航运要素的整合，全力打造全球领先的综合物流供应链服务商。

3. 中国储运集团：供应链服务＋公共物流平台

（1）企业定位

中国储运集团将以"打造现代综合物流旗舰"为愿景，依托通达全国、辐射海外的物流网络，不断拓展供应链服务空间，构建面向国内外的公共物流平台，为客户提供优质的服务。

（2）组织架构

中国储运集团的组织架构如图5-1所示。

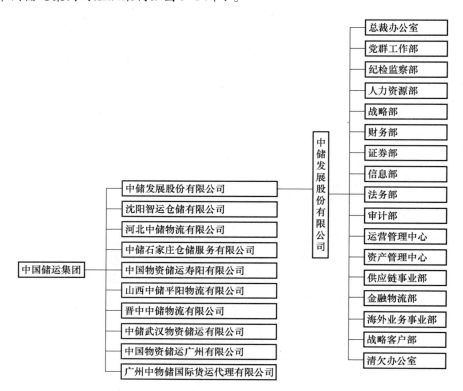

图5-1 中国储运集团的组织架构

（3）业务体系

中国储运集团的业务已由最初的仓储、运输向现代物流、大宗商品供应链服务转型升级。其最主要的特色服务产品有：以智慧仓储、智慧运输为基础的物流服务、贸易服务、金融服务、科技服务、信用安全服务，消费品物流园区的集约化管理服务。

4. 海尔日日顺物流：企业物流→物流企业，首个物联网场景物流生态品牌

（1）企业定位

海尔日日顺是为居家大件（家电、家居、出行产品等）提供供应链一体化解决方案的服务平台。

（2）经营管理模式

海尔集团整体实行阿米巴模式。阿米巴模式不仅是进行现场改善的工具，而且还是一套合理的、完整的管理体系。

（3）业务体系

海尔日日顺的业务体系如图5-2所示。

第五章 物流企业

图 5-2 海尔日日顺的业务体系

（4）发展历程——物流再造与资源整合

第一阶段：企业物流再造——打造家电供应链一体化服务能力。

第二阶段：物流企业的转型——为客户提供管理一体化解决方案。

第三阶段：平台企业的颠覆——打造大件物流信息互联生态圈。

（5）竞争优势

海尔日日顺的竞争优势主要表现在"科技化"基础物流能力、"数字化"供应链管理（SCM）定制方案、"场景化"社群服务平台。

5. 宝供物流：单一仓运服务→四流合一的供应链服务

（1）企业定位

宝供物流致力于成为世界知名的供应链一体化服务商。

（2）组织架构

宝供物流的组织架构如图 5-3 所示。

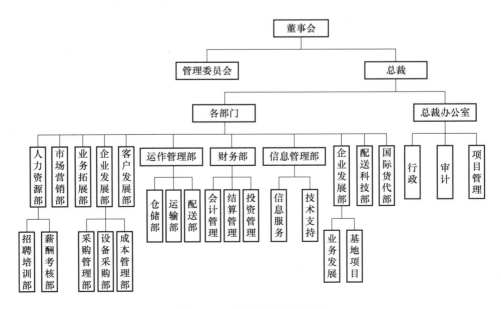

图 5-3 宝供物流的组织架构

物流学导论

（3）业务体系

宝供物流的业务体系如图5-4所示。

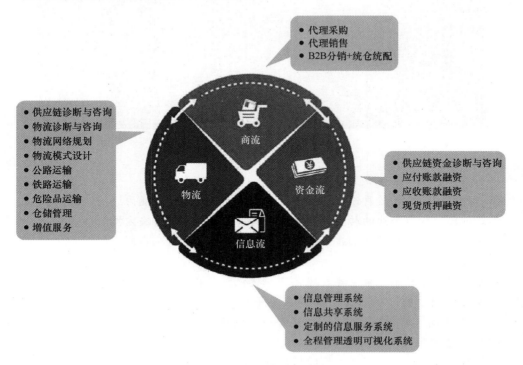

图5-4　宝供物流的业务体系

宝供物流在全国130多个城市建立了分支机构，在广州、上海、北京、沈阳、苏州、成都、合肥、南京、顺德、天津、西安等全国20个中心城市投资兴建了25个大型供应链一体化服务平台，形成了覆盖全国的业务运作网络和信息网络。

6. 怡亚通供应链：供应链商业生态圈

（1）企业定位

怡亚通致力于成为最具竞争力的整合型供应链综合运营服务商。

怡亚通以供应链服务为载体，以物流为基础，以互联网为共享手段，打造第三代互联网生态公司，实现了从行业服务向平台型企业及生态型企业的三次转型，努力构建一个共融共生的O2O供应链商业生态圈。

（2）业务体系

1）广度平台。怡亚通围绕核心企业及其上下游（1+N），承接企业从原材料采购到产品销售的供应链全程中的非核心业务外包，帮助客户优化供应链结构，提升供应链效率，降低运营成本，提升核心竞争力。同时，怡亚通联合各地企业，在地方政府支持下，共同搭建供应链综合商业平台，输出怡亚通的商业模式、品牌、网络、运营体系、技术及标准等优势资源与能力，推动各城市产业升级与城市经济增长。

2）380分销平台。遍布国内380个城市的流通分销服务平台，怡亚通帮助品牌商、农产品经营者构建扁平化渠道，快速直供终端，积极推动我国流通业整合与变革，构建扁平化、共享化、去中心化的新流通商业格局。

第五章 物流企业

（3）盈利模式

怡亚通利用其供应链生态圈的优势，通过极低的价格吸引客户入驻，然后通过供应链金融业务，如提供小额贷款业务等进行盈利。

7. 京东物流：企业物流→物流企业，向供应链服务发展

（1）企业定位

京东物流致力于成为全球供应链基础设施服务商。

（2）组织架构

京东物流的组织架构如图5-5所示。

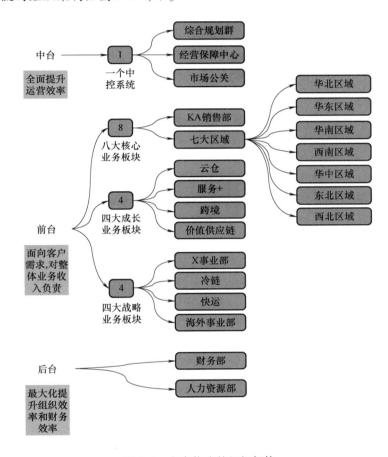

图5-5　京东物流的组织架构

（3）竞争优势

京东物流拥有庞大的物流体系和地面配送部队，这是其核心竞争力之一。通过结合云计算、大数据、物联网和人工智能等多项技术优势，京东物流逐步搭建起了"物流+互联网+大数据"相融合的一体化产业生态平台。京东物流还携手航空、铁路、海运、仓储、配送等各界合作伙伴共同全力搭建全球智能供应链基础网络（GSSC），在全球范围内进行采购、生产、设计、物流等全链条的优化。此外，京东县级服务中心和"京东帮"服务店也是其竞争优势之一，是京东发展农村电商的重要下沉渠道。

8. 菜鸟物流：社会化物流协同平台，从快递延伸到供应链

（1）企业定位

菜鸟物流是平台型物流企业，定位为社会化物流协同平台，构建仓、干、配等物流生态体系，强化与合作伙伴的关系，为客户赋能，不断推动物流行业效率提升。在阿里巴巴商业生态体系内，菜鸟物流承担起物流底盘的重要角色。

（2）业务体系

菜鸟物流基于"快递、仓配、跨境、末端、农村"五大核心网络开展物流服务。

（3）服务标准

全国24小时达，全球72小时达。

（4）竞争优势

菜鸟物流的竞争优势主要表现在"物流基础设施＋数据应用平台"、数据驱动、前沿科技、资源整合能力、物流生态体系、全球化的供应链能力。

9. 小结

当前，物流企业向综合性供应链管理服务企业发展，正在形成基于信息打通的新型综合物流服务模式。

（1）效率优化：供给侧改革下的前进

物流供给侧改革主要是物流服务供需链的改善，即从技术装备、业务模式等方面进行相应调整与改革，进而促进企业、物流行业以及社会经济的发展。在国家政策的推动和调整下，物流产业结构持续优化，无用物流成本消耗将减少。随着国民经济的发展及社会物流需求的上升，物流行业发展将持续繁荣景气，我国社会物流总费用与国内生产总值（GDP）的比率将会逐步下降。

（2）成本优化：加速供应链布局

①拓宽融资渠道，激发企业活力。政府相关部门加大对物流业的资金投入和政策扶持力度，积极支持物流企业上市。②组建增信平台，增强企业融资能力。由政府主管部门、行业协会、物流龙头企业、金融机构等共同发起设立担保公司或租赁公司，为一些轻资产型、中小型物流企业提供增信服务。③完善评估体系，提高企业资产利用效率。由政府主管部门牵头，行业协会及相关企业参与，制定物流业各细分行业的国家标准或行业标准。

（3）技术创新：智慧化平台，数字化运营

我国智慧物流处于起步阶段，存在管理机制不健全、物流信息标准体系不完善以及缺乏物流专业人才等问题。未来，随着大数据、云计算、物联网、5G网络等新兴科学技术的发展，自动化与电子化的进步，以及国家政策的完善，智慧物流将加速起步，催生一批拥有新模式的新企业，带动整体物流新业态。

（4）结构重建：行业边界模糊，跨界盛行

针对规模较大的企业（B端）客户和个人（C端）客户，由于需求的不确定性和多样性，物流企业需要持续不断地提升自身能力，满足可能超过业务范围的客户需求，以保证客户的稳定性以及自身的不可替代性。因此，各行业边界逐渐模糊，比如，快递和快运的边界模糊，共用全国网络；第三方物流和运输企业、仓储企业的边界模糊，业务互相渗透。第三方物流企业为节省成本、保障服务质量，从合同租用方式也逐渐转变为自营自建部分运力和仓储服务设备等。

思考与练习

1. 查阅相关资料，辨析"第三方物流""第四方物流"等概念。
2. 物流企业是否就是快递企业？
3. 物流企业如何更好地开展物流服务？

第六章　物流产业

随着世界经济的快速发展和现代科学技术的进步，物流产业作为国民经济中一个新兴的服务部门，正在全球范围内迅速发展。在国际上，物流产业被认为是国民经济发展的动脉和基础产业，其发展程度成为衡量一国现代化程度和综合国力的重要标志之一，被喻为促进经济发展的"加速器"。

第一节　物流产业界定

一、物流产业的形成过程

产业是一种社会分工现象，是随着社会分工的产生而产生，并随着社会的发展而发展的。其内涵也随着生产力的提高而不断充实，外延不断扩大。产业形成的物质条件是生产要素的支持，包括自然资源的稳定供给，科学技术在产业形成中具有革命性的作用。在现代经济生活中，产业的形成主要依靠市场机制的作用，但政府的产业政策也具有重要影响。一方面，政府的公共技术政策间接或直接地对产业的形成具有促进作用；另一方面，政府对幼小产业的保护政策直接支持了产业的正常形成。

世界经济和科技革命的发展，为服务业提供了新的技术手段和物质基础，使服务业发生了重大变革。现代服务业不仅在发展规模和深度上是以往时代难以比拟的，而且还带来了结构性变革。一方面，服务业的传统部门发生了革命性的进步；另一方面，崛起了众多的新兴服务业。物流产业就是其中一个引人注目的新型业态。

仓储、运输、装卸搬运、包装等物流管理活动是企业的基本功能，甚至在物流概念还没有出现时，企业就在从事物流活动。原先的那些管理运作，如货运管理和运输、仓储和存货管理等，都是企业日常的经营管理工作。传统上的物流活动分散在不同的经济部门、不同的企业以及企业组织内部不同的职能部门之中。随着经济的快速发展、科学技术水平的提高以及工业化进程的加快，大规模生产、大量消费使得经济中的物流规模日趋庞大和复杂，传统的、分散进行的物流活动已远远不能适应现代经济发展的要求，物流活动的低效率和高额成本已经成为影响经济运行效率和社会再生产顺利进行的制约因素，被视为"经济的黑暗大陆"。

20世纪50年代至70年代，围绕企业生产经营活动中的物资管理和产品分销，发达国家的企业开始注重和强化对物流活动的科学管理，在降低物流成本方面取得了显著成效。进入80年代后，随着经济全球化持续发展、科学技术水平不断提高以及专业化分工进一步深化，美国、日本和欧洲一些发达国家开始了一场对各种物流功能、要素进行整合的"物流革命"。它们首先将企业内部物流资源整合和一体化，形成了以企业为核心的物流系统，物流管理也随之成为企业内一个独立部门和职能领域。之后，物流资源

第六章 物流产业

整合和一体化不再局限于企业层面,而是转移到相互联系、分工协作的整个产业链条,形成了以供应链管理为核心的、社会化的物流系统。物流活动逐步从生产、交易和消费过程中分化出来,成为一种专业化的、由独立的经济组织承担的新型经济活动。在此基础上,发达国家经济中出现了为工商企业和消费者提供专业化物流服务的企业,即"第三方"物流企业。

我国物流业的产生与发展是和改革开放同步的。1978 年,由国家计划委员会、财政部、国家物资总局等人员组成的"中国物资工作者考察团"出访日本,了解"物资流通合理化","物流"的概念正式进入我国。40 余年来,我国物流产业蓬勃发展,其主要动力可以归纳为以下几个方面:

1) 国民经济持续增长,产生了巨大的物流需求,推动了物流总规模持续上升。

2) 国有大中型企业纷纷进行体制改革和业务改造,加大物流管理力度,提升了物流管理水平和物流技术水平。

3) 外资企业大量进入中国市场,90% 的外资企业选择物流外包,刺激和带动了第三方物流的发展。

4) 现代信息技术的发展与应用,促使物流运作与服务更加快捷、高效、安全、便利。

5) 物流在经济发展中的作用得到普遍重视,各级政府努力为物流发展提供有利的政策环境。

总体而言,我国物流产业的企业类型可以分为以下四种类型:

(1) 传统仓储运输企业转型的物流企业

原有的国有仓储运输企业,通过重组改制和业务转型,改变单一的服务内容,依托原有的业务基础和客户、设施、经营网络等方面的优势,通过不断拓展和延伸其物流服务,积极扩展经营范围,逐步向现代物流企业转型,已成为我国物流市场的骨干力量。

(2) 制造企业自身成立的物流子公司

在日益激烈的市场竞争条件下,制造企业认识到物流是"第三利润源泉",将自己的仓储运输部门独立出来,建立自己的物流体系,以整合分布在不同部门的物流资源,降低企业的物流成本,提高企业效益,促进企业物流合理化。同时,制造企业利用现有的市场网络和闲置资源对外开展第三方物流业务。

(3) 民营经济设立的物流企业

改革开放以来,民营企业从无到有、从小到大、从弱到强,成为拉动我国经济增长的一支重要力量。在庞大的民营企业队伍中,民营物流企业正异军突起,在短短几年间一些民营物流企业发展较快,年营业额达亿元甚至 10 亿元以上,形成了一支机制灵活、生机勃勃的现代物流生力军。

(4) 外资、港台资及合资设立的物流企业

改革开放,尤其是我国加入世界贸易组织(WTO)以来,一大批外资物流企业特别是世界知名的跨国物流企业纷纷进入我国物流市场,开设合资或独资物流企业,如丹麦马士基、美国总统轮船(APL)、英国英运、荷兰天地、日本通运、美国联邦快递和联合包裹(UPS 快递)、德国邮政等。此外,我国香港、台湾地区许多物流企业进入内地,如香港和记黄埔、嘉里物流、利丰集团,以及台湾大荣物流和长荣集团等。

二、物流产业的定义

根据《辞海》的解释，产业是指各种生产、经营事业；行业是指职业的类别。在过去一段时间里，产业是相对于工业而言的，如产业革命，主要指的是工业革命；行业是相对于工商业而言的，如零售行业，指的是商业。随着社会的发展和进步，对"产业"和"行业"这两个词的理解也在发生着一些变化，产业的涵盖范围不仅包括工业，还包括非工业，比如信息服务、商务服务、旅游业等。这就说明产业可以是工业以外的行业，并且可以是由多个相对独立但业务性质完全一致的行业组成的，或者说是由分散在多个行业、具有同样的业务性质的经济组织组成的。人们将国民经济各行业划分为第一产业、第二产业、第三产业。这里，产业的概念更加宽泛，产业概念的外延要大于行业。因此，本书采用"物流产业"的提法。

由于历史原因，人们对物流的理解不同，物流产业和企业的定义差别也很大，目前具有代表性的观点如下：①李学工认为，物流产业是指专门从事将商品或服务由起始地到消费地发生空间位移，对其进行高效率与高效益流动及储存为经营活动内容的营利性事业组织的集群。物流产业是集交通运输、通信、物资供应、仓储保管等产业的部分职能于一身的新兴产业部门，且绝非是各职能的简单加总。②丁俊发认为，物流产业是物流资源产业化而形成的一种复合型或聚合型产业。③王之泰认为，物流产业是指物流以及与物流密切相关行业、企业的集群。④汝宜红认为，物流产业是指铁路、公路、水路、航空等基础设施，以及工业生产、商业批发零售和第三方仓储运输及综合物流企业为实现商品的实体位移所形成的产业。

物流产业作为服务业中的新型业态，已经越来越具有独立的特征。根据现代物流发展的理念和实践，采用"以物流服务为产品"作为物流产业的分类标准是比较合适的。因此，本书采用的"物流产业"的定义为："物流产业是以物流服务为产品，从事生产经营的企业或单位的集合。"

三、物流产业的范围

由于我国物流产业的发展时间较短，产业边界并不十分清晰，因此各界对物流产业的构成尚有不同观点。有的学者基于物流要素的角度，将物流产业分为运输业、仓储业、包装业、流通加工业、装卸业、物流信息业以及邮政业等；有的学者基于物流系统的角度，将物流产业分为基础物流业、物流平台业以及物流经营服务业等。国家发展和改革委员会、国家统计局、中国物流与采购联合会联合发布的有关标准，以F门类（交通运输、仓储和邮政业等）为主划分物流产业的构成。

2018年，国家统计局根据党中央、国务院关于加快发展新产业、新业态、新商业模式的要求，制定了新的产业分类标准，其中，涉及物流产业的有：

1) 互联网生产服务平台。它是指专门为生产服务提供第三方服务的互联网平台，包括互联网大宗商品交易平台、互联网货物运输平台等。

2) 外贸综合服务。它是指现阶段具备对外贸易经营者身份的企业，接受国内外客户委托，依法签订综合服务合同（协议），依托综合服务信息平台，代为办理包括报关报检、物流、退税、结算、信保等在内的综合服务业务和协助办理融资业务。

3）现代铁路运输综合服务。
4）现代水上运输综合服务。
5）现代道路货物运输服务。
6）冷链物流服务。它是指为保持新鲜食品及冷冻食品等的品质，使其在从生产到消费的过程中，始终处于低温状态的配有专门设备设施的物流服务，仅包括道路运输业的冷藏运输、低温运输、恒温运输等活动，以及仓储业中的冷库仓储、低温库仓储、恒温库仓储等活动。
7）多方式联合运输服务。它是指多式联运经营者受托运人、收货人或旅客的委托，为委托人实现两种或两种以上运输方式一体化运输服务，以及提供相关运输物流辅助服务的活动。
8）现代装卸仓储服务。
9）供应链管理服务。它是指基于现代信息技术对供应链中的物流、商流、信息流和资金流进行设计、规划、控制和优化，将单一、分散的订单管理、采购执行、报关退税、物流管理、资金融通、数据管理、贸易商务、结算等进行一体化整合的服务。
10）物流信息和货运代理服务。它是指从事物流活动中各个环节生成的信息相关服务，一般随着从生产到消费的物流活动的产生而产生，与物流过程中的运输、储存、装卸、包装等各种职能有机结合在一起，包括咨询业中物流信息综合服务。
11）城市配送。
12）新型外卖送餐服务。它是指为消费者提供送餐服务，仅包括利用互联网平台（或通过电话预订等）接收用餐顾客订单，在餐饮制作企业取餐，送到用餐顾客指定地点的服务。
13）快递服务。它包括快递服务组织在承诺的时限内快速完成的寄递活动以及邮政企业和快递企业之外的企业提供的多种类型的寄递服务。
14）园区管理服务。它是指企业等市场主体为促进产业集聚和发展而创立的特殊区位环境的区域，包括物流园区、科技园区、众创空间园区、文化创意园区、总部基地、生态农业园区、现代农业产业园、特色小镇等。

第二节　物流产业统计指标体系

2010年，为了解我国物流活动的规模、结构和发展水平，及时反映我国物流运行状况，根据《中华人民共和国统计法》，由国家发改委、中国物流与采购联合会联合制定了《社会物流统计核算与报表制度》，初步建立了我国物流产业的统计指标体系。

一、社会物流总额

社会物流总额即报告期内，社会物流物品的价值总额。它包括五个方面：①进入需求领域的农产品物流总额；②进入需求领域的工业品物流总额；③外部流入货物物流总额，包括我国海关进口总额和从区域外流入的物品总额；④进入需求领域的再生资源物流总额；⑤单位与居民物品物流额。

社会物流总额在很大程度上决定社会物流产业活动的规模，它的增长变化在一定程度上反映物流需求的增长变化。

1. 农产品物流总额

农产品物流总额是指报告期内,由农业生产部门提供,进入需求领域,产生从供应地向接受地实体流动的全部农林牧渔业产品价值总额。它就是农业生产部门的农产品商品产值,但不包括不经过社会物流服务,由农业生产者直接通过集市贸易售与居民消费的部分。

计算方法如下:

农产品物流总额 = 报告期内农产品商品产值 − 农业生产者直接通过集市贸易售与居民消费的部分

2. 工业品物流总额

工业品物流总额是指报告期内,由国内工业生产部门提供,进入需求领域,产生从供应地向接受地实体流动的全部工业产品价值总额。简单来说,它就是工业生产部门的销售产值,但不包括不能以具体产品体现的工业性作业销售产值,或不能通过一般性运输、装卸、搬运等物流服务形式完成的电力、蒸汽、热水的生产与供应业销售产值、煤气生产和供应业销售产值、自来水的生产和供应业销售产值。

计算方法如下:

工业品物流总额 = 报告期工业销售产值 −(工业性作业销售产值、电力、蒸汽、热水的生产与供应业销售产值、煤气的生产和供应业销售产值、自来水的生产和供应业销售产值之和)

3. 外部流入货物物流总额

外部流入货物物流总额是指报告期内以人民币表示的通过我国海关进口和从区域外流入的物品总额。从区域外流入的物品总额是指报告期内,经社会物流服务、从本行政区域以外的地区送达本地区的物品价值总额。

4. 再生资源物流总额

再生资源物流总额是指报告期内,进入需求领域,经再生产加工后可重复利用的废旧物资总额。

计算方法如下:根据流通环节再生资源商品销售额计算,即

再生资源物流总额 = 流通环节的再生资源商品销售额

5. 单位与居民物品物流额

单位与居民物品物流额是指报告期内,进入需求领域,经社会物流服务,从提供地送达接收地的单位与居民的物品价值总额。它包括铁路、航空等运输中的计费行李、邮政与快递业务中快件、包裹、信函、报纸杂志等寄递物品,形成社会物流服务的社会各界的各种捐赠物,以及单位与居民由于搬家迁居形成的物品等。

二、社会物流总费用

社会物流总费用是指报告期内,国民经济各方面用于社会物流活动的各项费用支出。它主要包括:①支付给运输、储存、装卸搬运、包装、流通加工、配送、信息处理等各个物流环节的费用;②应承担的物品在物流期间发生的损耗;③社会物流活动中因资金占用而应承担的利息支出;④社会物流活动中发生的管理费用。

第六章 物流产业

社会物流总费用分为运输费用、保管费用、管理费用三部分。

1. 运输费用

运输费用是指社会物流活动中，国民经济各方面由于物品运输而支付的全部费用。它包括：①支付给物品承运方的运费（即承运方的货运收入）；②支付给装卸搬运、保管、代理等辅助服务提供方的费用（即辅助服务提供方的货运业务收入）；③支付给运输管理与投资部门的，由货主方承担的各种交通建设基金、过路费、过桥费、过闸费等运输附加费用。

运输费用的基本计算公式为

$$运输费用 = 运费 + 装卸搬运等辅助费 + 运输附加费$$

在具体计算运输费用时，根据铁路运输、道路运输、水上运输、航空运输和管道运输不同的运输方式及对应的业务核算办法分别计算。

1）铁路运输费用。铁路运输费用是指社会物流活动中，国民经济各方面因为物品经铁路运输而发生的全部费用。它包括支付给铁路运输部门的运费，为运输而发生的物品装卸、保管等延伸服务费用，以及由铁路运输部门按国家规定代收的铁路建设基金等。铁路运输费用也就是铁路运输部门取得的物流业务收入（即铁路部门现行收入统计中的货运收入、行李包裹收入、邮运收入和其他收入中的货运与行李包裹部分），铁路运输部门实际代收的铁路建设基金，以及铁路系统多种经营中的货运部分。

铁路运输费用的基本计算公式为

$$铁路运输费用 = 运费 + 装卸搬运、堆存保管、货运代理等延伸服务费 + 铁路建设基金$$

式中：

$$运费 = 铁路货物周转量 \times 铁路平均运价$$

$$延伸服务费 = 延伸服务计费作业量 \times 延伸服务平均价格$$

$$铁路建设基金 = 铁路货物周转量 \times 铁路建设基金征收率$$

2）道路运输费用。道路运输费用是指社会物流活动中，国民经济各方面因为物品道路运输而发生的全部费用。它包括：①支付给物品运输承运方的运费（即运输承运方的货运收入）；②物品装卸搬运、保管、代理等其他道路运输费用（即装卸搬运和其他道路运输的货运业务收入）；③由货主方承担的，支付给有关管理和投资部门按规定收取的各种管理费、通行费等。

道路运输费用既包括支付给专业物流、运输与辅助服务企业的货运业务费用，也包括生产、流通、消费企业自有车辆承担完成的，属于社会物流领域的物品运输业务，理应获得的收入部分。它不包括客运业务费用。

道路运输费用的基本计算公式为

$$道路运输费用 = 运费 + 装卸搬运费和其他道路运输费用 + 通行附加费$$

式中：

$$运费 = 道路货物周转量 \times 道路货物平均运价$$

$$装卸搬运费 = 道路货运量 \times 2 \times 货物装卸搬运平均运价$$

$$通行附加费 = \sum(每批货物计费作业量 \times 该批货物附加费率)$$

其他道路运输费用是指实际发生且由货主方承担的，未包含在前述几项费用之中的，属于运输费用之中的费用，如堆存保管费、代理费等。根据实际发生情况统计。

物流学导论

3）水上运输费用。水上运输费用是指社会物流活动中,国民经济各方面因为物品水上运输而发生的全部费用。它包括:①支付给物品运输承运方的运费(即水上运输承运方的货运业务收入);②支付给港口、码头等的物品装卸搬运、堆存保管、货运代理等其他水上运输费用(即港口、码头等的货运业务收入);③由货主方承担的,有关管理和投资部门按规定收取的各种航道维护费、港口建设费等附加费。

水上运输费用既包括支付给专业物流、运输与辅助服务企业的货运业务费用,也包括生产、流通、消费企业自有船舶承担完成的属于社会物流领域的物品运输业务理应获得的收入部分。

水上运输费用的基本计算公式为

水上运输费用 = 运费 + 港口(码头)装卸搬运费和其他水上运输费用 + 航道维护费、港口建设费等附加费

式中,

$$运费 = 水上货物周转量 \times 水上货物平均运价$$

$$港口(码头)装卸搬运费 = 水上货运量 \times 2 \times 水上货物平均装卸搬运费率$$

$$航道维护费 = 水上货物周转量 \times 航道维护费率$$

$$港口建设费 = 港口货物吞吐量吨数 \times 港口建设费率$$

其他水上运输费用是指实际发生且由货主方承担的,未包含在前述几项费用之中的,属于运输费用之中的费用,如堆存保管费、代理费等,根据实际发生情况统计。

4）航空运输费用。航空运输费用是指社会物流活动中,国民经济各方面因为物品航空运输而发生的全部费用。它包括:①支付给航空运输承运方的运费(即航空运输公司的货邮运输业务收入);②支付给机场地勤服务方的进港到达货物保管提取服务费、出港货物仓管装机服务费、地面运输服务费、包装物及包装服务费、特种货物检查费等。

5）管道运输费用。管道运输费用是指社会物流活动中,因为物品管道运输而发生的全部费用。它包括支付给管道运输承运方的输送费、装车装船费、储存保管费等,即管道运输单位的货运业务收入。目前,国内的管道运输业务主要是中国石油化工集团公司、中国石油天然气集团公司承担的石油与天然气输送业务。

2. 保管费用

保管费用是指社会物流活动中,物品从最初的资源供应方(生产环节、海关)向最终消费用户的流动过程中所发生的除运输费用和管理费用之外的全部费用。它包括:①物流过程中因流动资金的占用而需承担的利息费用;②仓储保管方面的费用;③流通中配送、加工、包装、信息及相关服务方面的费用;④物流过程中发生的保险费用和物品损耗费用等。

保管费用的基本计算公式为

保管费用 = 利息费用 + 仓储费用 + 保险费用 + 物品损耗费用 + 信息及相关服务费用 + 配送费用 + 流通加工费用 + 包装费用 + 其他保管费用

1)利息费用。利息费用是指社会物流活动中,物品从最初的资源供应方(生产环节、海关等)送达最终消费用户的过程中,因为流动资金的占用而需承担的利息支出。

第六章 物流产业

它包括占用银行的贷款所支付的利息和占用自有资金相应计算的利息成本。

利息费用的基本计算公式为

利息费用 = 社会物流总额 × 社会物流流动资金平均占用率 × 报告期银行贷款利率

式中,社会物流流动资金平均占用率是指报告期内,物品最初供给部门完成全部物品从供给地流向最终需求地的社会物流活动中,所占用的流动资金的比率,即

$$社会物流流动资金平均占用率 = \frac{报告期流动资金平均余额}{报告期社会物流总额}$$

2)仓储费用。仓储费用是指社会物流活动中,为储存货物所需支付的费用。

仓储费用的基本计算公式为

仓储费用 = 社会物流总额 × 社会物流平均仓储费用率

式中,社会物流平均仓储费用率是指报告期内,各物品最初供给部门完成全部物品从供给地流向最终需求地的社会物流活动中,仓储费用占各部门物流总额比例的综合平均数。

3)保险费用。保险费用是指社会物流活动中,为预防和减少因物品丢失、损毁造成的损失,与社会保险部门共同承担风险,向社会保险部门支付的物品财产保险费用。

保险费用的基本计算公式为

保险费用 = 社会物流总额 × 社会物流平均保险费用率

式中,社会物流平均保险费用率是指报告期内,各物品最初供给部门完成全部物品从供给地流向最终需求地的社会物流活动中,保险费用占各部门物流总额比例的综合平均数。

4)物品损耗费用。物品损耗费用是指社会物流活动中,因物品的损耗,包括破损维修与完全损毁而发生的价值丧失,以及部分时效性要求高的物品因物流时间较长而产生的折旧贬值损失。

物品损耗费用的基本计算公式为

物品损耗费用 = 社会物流总额 × 社会物流平均物品损耗费用率

式中,社会物流平均物品损耗费用率是指报告期内,各物品最初供给部门完成全部物品从供给地流向最终需求地的社会物流活动中,物品损耗费用占各部门物流总额比例的综合平均数。

5)信息及相关服务费用。信息及相关服务费用是指社会物流活动中支付的信息处理费用,包括支付的外部信息处理费用和本单位内部的信息处理费。

信息及相关服务费用的基本计算公式为

信息及相关服务费用 = 社会物流总额 × 社会物流平均信息及相关服务费用率

式中,社会物流平均信息及相关服务费用率是指报告期内,各物品最初供给部门完成全部物品从供给地流向最终需求地的社会物流活动中,信息及相关服务费用占各部门物流总额比例的综合平均数。

6)配送费用。配送费用是指社会物流活动中,用户根据自身需要,要求物流服务提供方完成对物品进行拣选、加工、分割、组配、包装等作业,并按时送达指定地点的物流活动,所需支付的全部服务费用。

配送费用的基本计算公式为

物流学导论

$$配送费用 = 社会物流总额 \times 社会物流平均配送费用率$$

式中，社会物流平均配送费用率是指报告期内，各物品最初供给部门完成全部物品从供给地流向最终需求地的社会物流活动中，信息及相关服务费用占各部门物流总额比例的综合平均数。

7）流通加工费用。流通加工费用是指社会物流活动中，为满足用户的消费需要，在流通环节对物品进行加工改制作业，所需支付的加工费用。

流通加工费用的基本计算公式为

$$流通加工费用 = 社会物流总额 \times 社会物流平均流通加工费用率$$

式中，社会物流平均流通加工费用率是指报告期内，各物品最初供给部门完成全部物品从供给地流向最终需求地的社会物流活动中，信息及相关服务费用占各部门物流总额比例的综合平均数。

8）包装费用。包装费用是指社会物流活动中，为保护产品、方便运输与储存、促进销售，采用容器、材料和辅助物对物品按一定技术方法进行分装、集装、运输包装等作业，所需支付的费用。

包装费用的基本计算公式为

$$包装费用 = 社会物流总额 \times 社会物流平均包装费用率$$

式中，社会物流平均包装费用率是指报告期内，各物品最初供给部门完成全部物品从供给地流向最终需求地的社会物流活动中，信息及相关服务费用占各部门物流总额比例的综合平均数。

9）其他保管费用。其他保管费用是指在社会物流活动中，实际发生且由货主方承担的，未包含在前述几项费用之中的，属于保管费用之中的费用，如进口物品的清关、保税等服务费用。根据实际发生情况统计。

3. 管理费用

管理费用是指社会物流活动中，物品供需双方的管理部门，因组织和管理各项物流活动所发生的费用。它主要包括管理人员报酬、办公费用、教育培训、劳动保险、车船使用等各种属于管理费用科目的费用。

管理费用的基本计算公式为

$$管理费用 = 社会物流总额 \times 社会物流平均管理费用率$$

式中，社会物流平均管理费用率是指报告期内，各物品最初供给部门完成全部物品从供给地流向最终需求地的社会物流活动中，管理费用占各部门物流总额比例的综合平均数。

三、社会物流业务总收入

社会物流业务总收入是指报告期内，物流相关行业参与社会物流活动，提供社会物流服务所取得的业务收入总额。它反映国内物流市场总规模。它包括参与社会物品物流过程中运输、储存、装卸搬运、包装、流通加工、配送、信息处理等各个方面业务活动的收入。

与社会物流总费用指标体系的核算相对应，社会物流业务总收入根据参与过程，也可以简单划分为运输收入和保管收入两大部分来计算。

第六章 物流产业

1. 运输收入

运输收入是指社会物流活动中，物流相关行业参与物品运输而取得的全部收入。它包括物品运输承运企业的货运收入、装卸搬运保管等辅助服务企业的货运业务收入、货运代理服务企业的货运代理业务收入。运输管理与投资部门收取的各种交通建设基金、过路费、过桥费、过闸费等货物运输附加费用，虽然不能直接计入物流相关行业的业务收入之中，但属于社会物流运输活动的成果，应计入社会物流业务总收入中。

具体计算方式方法与费用的计算相同。

2. 保管收入

保管收入是指社会物流活动中，物流相关行业参与物品配送、流通加工、包装、信息及相关服务、仓储保管和其他属于保管环节活动，所取得的业务收入。

具体计算方式方法与费用的计算相同。

四、物流相关行业固定资产投资完成额

物流相关行业固定资产投资完成额是指报告期内，物流相关行业建设项目累计完成的全部投资。

1. 铁路营业里程

铁路营业里程又称营业长度（包括正式营业和临时营业里程），是指办理客货运输业务的铁路正线总长度。

2. 公路里程

公路里程是指在报告期内实际达到《公路工程技术标准》规定的等级公路，并经公路主管部门正式验收交付使用的公路里程数。

3. 内河航道里程

内河航道里程又称内河通航里程，是指在报告期内，能通航运输船舶、排筏的天然河流、湖泊、水库、运河及通航渠道的长度。

4. 民用航空航线里程

民用航空航线里程是指在报告期内，民用运输飞机飞行的航线长度。

5. 输油（气）管道里程

输油（气）管道里程是指油（气）实际输送的距离。

6. 民用货运汽车拥有量

民用货运汽车拥有量是指在公安交通管理部门注册登记并领有本地区民用车辆牌照，用于运送货物的汽车，一般分为重型、中型、轻型和微型四种。

7. 民用运输船舶拥有量

民用运输船舶拥有量是指报告期内，全社会实际拥有的可用来进行水上运输且由航政部门和港务监督部门掌握的领有船舶牌照的民用船舶数量，包括具有运输、旅游双重作用的旅游船数量。

8. 铁路货车拥有量

铁路货车拥有量是指报告期内，用于装运货物的铁路车辆数量。

第三节 物流产业经济特征

一、物流产业是复合型产业

汪鸣在国内较早提出了物流产业是"复合产业"的概念。丁俊发进一步指出,物流资源包括运输、仓储、装卸、搬运、包装、流通加工、配送、信息平台等。运输又包括铁路、公路、水运、航空、管道五种资源。这些资源产业化就形成了运输业、仓储业、装卸业、包装业、加工配送业、物流信息业等。这些物流资源分散在多个领域,包括制造业、农业、流通业等。把产业化的物流资源加以整合,就形成了一种新的服务业,即物流服务业。所以,物流产业是一种复合型产业,也可以称为聚合型产业。复合型产业的基本特征是:

(1) 对相关产业及部门物流资源的整合性

物流产业的产生与发展是建立在与国民经济各产业部门资源整合的基础之上的,将社会较为零散的物流资源进行重组与整合,并向社会各产业部门提供具有个性化、差异化、标准化的物流服务。

(2) 与国民经济各产业结构融合化

产业结构融合化又称产业结构重叠化或产业结构软化,是指在知识分解和融合的基础上,由于大量新技术日益趋同而形成的知识产业群。物流是生产、消费和传统物流中知识分解,产业间物流知识和技术趋同与生产、消费和传统物流中知识渗透组合共同衍生出来的新的知识和技术密集型的产业。它借助于信息技术,将以前分属于多个行业的物流资源整合。

(3) 网络性

在现代经济和技术条件下,物流服务呈现的整合和集成特征是物流系统网络化的结果。现代物流在网络化基础上谋求物流过程的高效率、协调性和总体经济性。

二、物流产业主要是生产性服务业

在国际上,一般把50%以上产品用于生产的服务部门称为生产性服务业,50%以上产品用于消费的服务部门称为消费性服务业。在发达国家,生产性服务业在整个服务业的比重超过60%,其发展速度也明显快于消费性服务业,特别是金融、物流、运输、信息、商务服务发展最快。"十一五"以来,工业品物流总额一直占社会物流总额的80%以上,说明当前我国物流产业最主要的需求者是制造业,验证了物流产业作为"生产性服务业"的特征。物流产业主要作为生产性服务业,并不排除在一定条件下、一定地区物流产业的主要服务对象是消费者,如快递、网上订餐等,此时,物流产业就具有消费性服务业的性质。

三、物流产业是国民经济的基础产业

基础产业是指在产业体系中为其他产业的发展提供基础条件并为大多数产业提供服务的产业,一般包括电力、石油、煤炭等工业,以及交通运输、邮电通信等基础服务业。物流产业主要作为生产性服务业，既覆盖了公路、水运、铁道、航空等运输行业，也包括储备、邮政、电信等公共行业，在国民经济中具有关键作用，将原材料、燃料等输送给生产者，使其得以保证生产过程正常进行，又将产品运送给不同需要者，以使这些需要者的生产、生活得以正常进行，物流产业维系着生产与需求之间的相互依赖关系，国民经济也因此得以成为一个有内在联系的整体。因此，从这个意义上讲，物流产业从总体上具有基础性作用，可以作为国民经济的基础产业。

对于物流产业的基础性，需要进行两点说明：

1）并非物流产业的所有构成行业都具有基础性。由于物流产业是复合型产业，高速公路、货运枢纽、港口、园区等物流基础设施的运营与管理行业，是城市经济发展的硬约束条件，具有显著的基础性，这已经成为各界的共识；而对于货代、配载、装卸、快递、运送等服务行业，由于不拥有基础设施，则不明显具有甚至不具有基础性。事实上，正是由于在实践中往往将这些提供简单物流服务的行业等同于物流产业，才使得人们对物流产业的基础性认识不足。

2）仅仅认识到物流产业具有基础性是不够的。认识到物流产业在国民经济中的基础性，只是强调了物流产业的不可或缺性，如果不对物流产业的发展给予足够重视，则会制约城市经济发展。《物流业调整和振兴规划》指出，物流产业涉及领域广，吸纳就业人数多，促进生产、拉动消费作用大，在促进产业结构调整、转变经济发展方式和增强国民经济竞争力等方面发挥着重要作用。由此可见，如果仅仅将物流产业定位为国民经济的基础产业，则还不足以充分发挥物流产业在国民经济发展中的广泛引导和带动作用。

四、物流产业可以成为特定区域的支柱产业

支柱产业是指在产业体系中总产出占较大比例的产业，往往是一个区域财政收入的主要来源产业，对国民经济发展具有重要作用。

物流产业在一定条件下可以成为国民经济的支柱产业。处于特定地理位置或特定产业结构条件下的国家或地区，物流产业能够成为国家或地区财政收入的主要来源，能形成新的就业领域，能成为科技进步的主要发源地和现代科技的应用领域。例如欧洲的荷兰、亚洲的新加坡和中国香港地区、美洲的巴拿马等，特别是日本以流通立国，物流的支柱作用显而易见。

对于我国而言，由于经济发展水平总体上仍然处于工业化时期，第二产业占经济总量的50%左右，物流产业增加值仅占GDP的6.9%左右。这就决定了从总体上物流产业尚不能作为我国国民经济的支柱产业。但是，对于处在全国综合交通运输体系中物流节点位置的某些地区和城市，甚至城市的区、县等，则可以通过建设大型、综合型的物流园区、物流中心等基础设施，大力发展物流产业，提高物流产业产值在财政收入中的比重，有可能使物流产业成为这些区域的支柱产业。

五、物流产业正成为国民经济的主导产业

主导产业是指在产业体系中起主导作用的产业，往往是具有较大发展潜力、引入技术创新或管理创新、产业关联度高，对一定阶段的技术进步和产业结构升级转

物流学导论

换具有重大的导向作用和推动作用,对经济增长具有很强的带动性和扩散性的产业。

根据产业经济学理论,一个产业能否作为国民经济的主导产业,主要从以下几方面来考虑:

1. 产业关联角度

美国经济学家赫希曼提出,发展中国家应首先发展那些产业关联度高的产业,即应选择关联效应高的产业作为主导产业,通过政府重点支持和优先发展,以带动整个经济的发展。理论研究与实践经验表明,物流产业是产业关联较高的产业,其对国民经济的带动作用机理如图 6-1 所示。振兴物流产业,从基础设施建设、信息平台搭建等方面增加投资,能够完善城市物流服务体系、优化物流网络、提升物流服务水平、降低物流服务成本,从而提升国民经济集聚效应与扩散效应,带动相关产业发展与国民经济水平提高,进一步形成新的物流需求,刺激投资增长,使国民济与物流产业相互推动,形成良性循环。

对于我国而言,依托综合交通运输体系,物流产业对于国民经济发展的带动作用尤为明显。通过科学规划、建设物流园区和货运枢纽设施等,不断完善物流服务体系,不仅有助于以汽车、冶金、机械、化工等为支柱的工业体系进一步降本增效、优化布局、协调发展,还有助于批发零售业、房地产业、餐饮业、旅游业等服务业的快速发展。因此,从产业关联角度看,物流产业可以作为我国的主导产业。

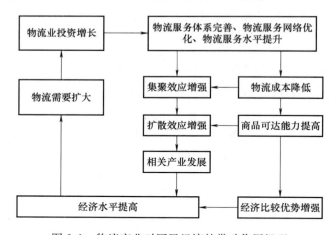

图 6-1 物流产业对国民经济的带动作用机理

2. 增长潜力角度

产业增长潜力是指在国际和国内市场上,某种产品或服务的需求增长率与国民收入增长率之比,比值大于 1 的产业,其增长速度将高于国民收入增长;比值小于 1 的产业,其增长速度将低于国民收入增长。随着人均国民收入的增长,增长潜力大的产业在产业结构中的比重逐渐提高,选择将这些产业作为主导产业会促进整个产业持续高增长率,有利于创造更多的国民收入。2008 年以来,我国社会物流总额一直是国内生产总值的 3 倍左右,可见物流产业是当前阶段增长潜力较大的产业之一,因此可以将物流产业作为我国的主导产业。

第六章 物流产业

3. 技术进步角度

日本经济学家筱原三代平指出,要选择技术进步快、技术要素密集的产业作为主导产业,优先发展这些产业,有利于全社会技术进步、提高创汇能力、改善贸易条件和经济结构,提高整个社会经济资源的使用效率。

我国物流产业正在由传统物流向现代物流转型,综合型第三方物流企业近年来取得了长足发展。与提供简单仓储、运输服务的传统物流企业相比,综合型第三方物流企业规模大、技术新、设施设备先进,能够提供高附加值的综合物流服务,具有良好的带动作用。因此,从技术进步的角度,我国可以将物流产业作为主导产业,通过大力培育大型、现代化的综合型第三方物流企业,提升物流产业的技术水平,进而带动国民经济整体技术进步与产业升级。

4. 促进就业角度

我国人口众多,劳动力相对过剩,这是劳动力资源丰富的优势,但也造成了巨大的就业压力。因此,我国的主导产业应具有强大的劳动力吸纳能力,能创造大量的就业机会,这样既可以缓解就业压力,又能充分发挥我国劳动力资源丰富这一比较利益优势。

近年来,我国交通运输、邮电仓储业的单位从业人数占我国总从业人数的5%左右,高于批发零售业与金融服务业的从业人数比例。除此之外,考虑到个体运输、快递等行业大量人员没有纳入统计范围,可以预计我国物流产业发展对劳动力、管理人才和技术人才有着较强的吸纳能力。同时,物流产业的关联带动作用不仅会增加相关产业的就业能力,如物流基础设施的规划与建设,还会刺激建筑业就业增长;物流服务体系的完善,会吸引汽车、冶金、机械等产业集聚与优化,同样带动就业增长。因此,从促进就业的角度,可以将物流产业作为我国的主导产业。

5. 可持续发展角度

发展循环经济,实现经济、社会、资源、环境的可持续发展,是建设社会主义和谐社会的要求,是我国的基本国策,因此,主导产业的选择必须考虑产业的可持续发展性,要选择能耗低、污染小、有利于促进资源循环的产业作为主导产业。

理论研究与实践经验表明,发展物流产业可以正确指导社会生产和生活消费过程中的物质资源使用和废弃。对于不利于自然生态系统的行为,可以通过物流系统采取特殊手段,中断其原材料(或产品)的来源,禁止其产品(废弃物)的流出,以促进循环型社会的实现。因此,对于我国而言,无论重点产业还是市民生活,均存在资源的正向物流和逆向物流。如果将物流产业作为主导产业,促进我国的正向物流与逆向物流系统合理整合,不仅可以提高有限的物流基础设施设备,如运输车辆、仓储设施、包装物等的利用效率,而且可以从循环经济和环境保护的角度,以较少的国土、能源等资源消耗,形成环境共生型的物流系统。

六、物流产业是能源密集型产业

能源密集型是指对能源(燃料)依赖性较强的产业。在我国,物流产业是重要的"能源需求者"。据统计,美国物流产业能耗占一次能源消费量的27%,是第二大耗能部门;我国物流产业能耗也占到总能耗的10%左右,仅略低于钢铁、化工、建材等传统高耗能产业。

能源是人类社会赖以生存和发展的物质基础，能源安全问题是关系国家政治安全、经济安全的重大战略性问题。进入21世纪，随着工业化、城镇化进程的加快，我国能源供需形势发生了显著变化，能源安全的主要矛盾由供需总量平衡矛盾转化为由温室气体排放与环境保护压力引发的能源结构矛盾。2020年，我国基于推动实现可持续发展的内在要求和构建人类命运共同体的责任担当，宣布了碳达峰、碳中和目标愿景。物流产业作为国民经济的重要组成部分，为满足"双碳战略"的要求，迫切需要转变增长方式，走低碳化发展道路。

七、物流产业是资金密集型产业

资金密集型产业又称资本密集型产业，是指在单位产品成本中，资本成本与劳动成本相比所占比重较大，每个劳动者所占用的固定资本和流动资本金额较高的产业。资本密集型工业主要分布在基础工业和重加工业，一般被看作发展国民经济、实现工业化的重要基础。

第四节　物流产业政策

一、制定物流产业政策的目的

政府制定物流产业政策，主要通过公共政策来弥补市场自发发展物流的缺陷。在制定物流政策的过程中，政府应利用行政权力为物流市场的运行、发展创造种种必要的条件，提供多方位的服务。同时，政府也要依法对物流市场的活动进行管理和监督，通过调剂和协调全社会物流活动中的各种社会经济关系等，达到通过发展物流促进国家经济发展、提高国家经济竞争力的目的。

在弥补市场自发发展物流缺陷的过程中，政府应以公平竞争为原则，在公平的市场环境、公平的分配机制下发展物流产业。

制定公正的物流政策需要考虑以下因素：

1. 物流政策利益的表达形式

实现社会公正的实质是利益的划分，这就要求物流政策的制定与执行者认清什么是发展物流中的社会利益。一般认为，利益有多种表达形式，依表现形式可以是实物、地位、心理激励；依时间可以是眼前利益和长远利益等。

2. 涉及的利益主体

物流政策涉及的利益主体主要有地方政府、国家各部委（尤其是与口岸、港口、运输、商务、生产、存储相关的部委）、企业（尤其是与物流发展相关的企业）等。在制定物流政策时，政府应多方面考虑各利益主体的要求，做到公正。

3. 价值标准的配套

物流政策涉及不同的利益主体，由于它们所处的具体情境不同，所持的价值观不同，对不同形式的利益要求也不同。每个利益主体出于自身认知，将不同形式的利益进行排序，分出优势利益、一般利益等。也正是由于这一原因，利益才有协调的可能。物流政策的制定要加以多方考虑。因此，确定物流政策的价值标准时，首先要弄清各不同

第六章 物流产业

利益主体的利益要求，然后加以系统地分析，制定成套的物流价值标准，价值标准的配套是横纵交织的配套，它不仅要有横向的领域划分，还要有层次的差别。

二、物流产业政策体系

物流作为复合产业，国家制定物流发展政策时，应在物流的不同领域充分考虑其发展与相关领域的协调和配合，从而达到共同提高物流效率与效益的目的。从整体性看，发展现代物流的政策体现在物流政策是一个体系，涉及物流发展中各个方面的市场缺陷和公平性，政策的配套和政策与国家其他的经济、法律政策的协调是必须考虑的。从超前性看，发展现代物流的政策体现在物流政策的导向性应符合我国未来一定时期的经济发展要求，具体政策的内容也应具有前瞻性，特别是要考虑新经济和市场经济等条件。从合法性看，发展现代物流的政策体现在政策本身的合法性和政策制定过程的合法性上。具体来看，由于物流对国家和地区的经济发展具有重要作用，因此物流产业本身在发展中应该由政府进行必要的调节，政府应制定市场的准入政策、对物流市场的管理政策、有关物流基础设施的建设政策、物流技术发展与应用政策。同时，由于物流的发展涉及经济、技术、管理的方方面面，涉及许多现存的产业和部门的复合性产业，因此，其政策体系也要涉及与物流相关产业的管理政策、发展区域物流政策等方面。物流发展的政策体系如图6-2所示。

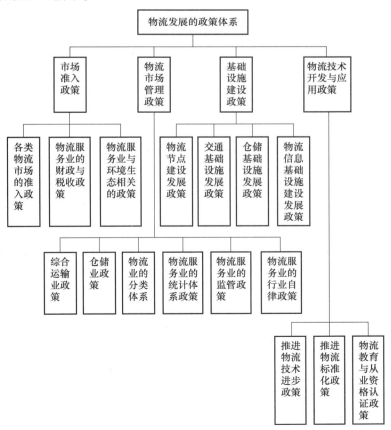

图6-2 物流发展的政策体系

三、我国发展物流产业的政策导向

未来一段时期,我国经济长期向好的基本面不会改变,物流产业平稳增长的态势也不会改变。物流产业发展方式、质量要求和治理能力提档升级,将全面迈入高质量发展新阶段。

1. 保障产业链供应链自主可控、安全高效

今后一段时期,全球产业链供应链将加快重构。疫情暴露国际国内供应链弹性不足、控制力偏弱的短板。供应链核心企业将更加关注解决物流等关键环节,加强物流集中管理,寻找可替代物流解决方案,增强供应链弹性和可靠性,做好供应链链长,提升产业链现代化水平。物流业将深度嵌入产业链供应链,助力产业链供应链稳链;增强供应链一体化服务能力,促进产业链供应链补链;创造物流服务供应链新价值,推动产业链供应链强链。自主可控的国际物流资源积累和服务能力将得到加强,提升产业链供应链国际竞争力,维护经济社会安全稳定。

2. 做强扩大内需战略支点

当前,内需已经成为并将长期成为我国经济增长的根本支撑。培育完整内需体系,将有利于激发我国超大规模市场优势,稳住经济增长"基本盘"。物流产业作为连接生产与消费的重要环节,将成为扩大内需的战略支点。与居民生活和食品安全相关的即时物流、冷链物流、电商快递、城市配送等领域仍将保持较快增长速度;共同配送、仓配一体、逆向物流等服务模式将快速发展;配送中心、智能快递箱、前置仓、农村服务站点、海外仓等民生物流配套设施投入力度加大,消费物流服务网络和服务能力加快形成。

3. 推进物流业制造业深度融合

当前,我国作为世界第一制造大国,制造业智能化、服务化是提升制造业质量效益的必然选择,也是构建现代产业体系的必由之路。物流业与制造业深化融合,将从简单的服务外包向供应链物流集成转变,通过内部挖掘降本增效潜力,外部提升综合服务能力,增强产业链韧性;从物流与制造空间脱节向制造业与物流业集群发展转变,发挥物流枢纽集聚和辐射功能,吸引区域和全球要素资源,带动区域经济转型升级;从物流与制造资源分散向平台化、智能化、生态化转变,扩大企业边界,转变生产方式,优化资源配置,创造产业生态体系。工业互联网将带动物流互联网兴起,实现供应链全程在线化、数据化、智能化,助力智能制造创新发展,推动我国产业迈向全球价值链中高端。

4. 加速物流数字化转型

近年来,世界主要经济体正进入以数字化生产力为主要标志的全新历史阶段,我国以数字经济为代表的新动能加速孕育形成。传统物流企业数字化转型和新兴数字企业进入物流市场同步推进,物流商业模式和发展方式加快变革,拓展产业发展新空间。现代信息技术从销售物流向生产物流、采购物流全链条渗透,将助力物流业务在线化和流程可视化,增强全链条协同管理能力。数据和算法推动物流大数据利用,传统物流企业加速数字化、智能化、网络化,智慧物流模式将全方位提升管理效能。依托新型基础设施,数字物流中台全面发展,智能化改造提速,将带动传统物流企业向云端跃迁,上下游企业互联互通,中小物流企业加快触网,构建"数字驱动、协同共享"的智慧物流

第六章 物流产业

新生态，更好地实现与实体经济融合发展。

5. 夯实物流基础设施网络

党的十九大提出要加强物流基础设施网络建设，2020年政府工作报告提出重点支持"两新一重"建设，传统基础设施将加快与新型基础设施融合。我国交通与物流基础设施投入加大，但是城市群、都市圈、城乡间、区域间、国内外物流网络尚未全面形成，国家物流枢纽、区域物流园区、城市配送中心和城乡末端网点对接不畅，多层次、立体化、全覆盖的物流基础设施网络还有较大发展空间。随着物流设施网络与区域经济协同发展，物流基础设施补短板和锻长板将成为重要投资方向。5G网络、人工智能、大数据、区块链等现代信息技术与物流设施融合，实现线上线下资源共享，互联高效、网络协同的智能物流骨干网有望形成，将成为现代化基础设施体系的重要组成部分。

6. 助力更高水平的对外开放

今后一段时期，我国作为第一货物贸易大国的地位更加巩固，国内国际双向投资与世界经济深度互动，吸引国际商品和要素资源集聚，离不开全球物流服务保驾护航。国际航运、航空货运等助力打通国际大通道，中欧班列、陆海新通道等国际物流大通道将加快建设，带来更高水平、更大范围、更深层次的物流开放新局面。国际航空货运、铁路班列受疫情刺激将进入快速发展期，并逐步与国内网络实现有效衔接和双向互动。国际快递、国际航运、国际班列服务商将加速向全程供应链物流整合商转变，提供供应链一体化解决方案。具有国际竞争力的现代物流企业日益增多，将跟随国内外大型货主企业"抱团出海"，立足国际物流枢纽建设，加大境内外物流节点和服务网络铺设，参与国际物流规则制定，在全球物流与供应链网络中发挥更大作用。

7. 挖掘区域协同发展潜力

近年来，区域发展协调性持续增强，中西部地区经济增速持续高于东部地区，相对差距逐步缩小。新发展格局将推动我国经济发展的空间结构深度调整，促进各类生产要素合理流动和有效集聚，将带动物流区域布局协同发展，物流要素区域集中化、规模化趋势显现。中西部地区作为未来新型城镇化、新型工业化的主战场，物流资源将加速集中集聚，较快形成规模经济。东部地区物流设施现代化改造升级提速，物流布局与产业布局协同发展。粤港澳大湾区、"一带一路"建设、长三角、京津冀、长江经济带等区域发展重大战略全面推进，将带动区域物流基础设施布局优化，区域覆盖全面、功能配套完善、技术水平先进的物流基础设施建设先行，将提升区域物流服务水平，释放枢纽经济红利，打造区域经济新增长极。

8. 补齐"三农"物流短板

当前，脱贫攻坚战取得决定性成就，"三农"工作重心转向全面推进乡村振兴，重点是解决农业质量效益和竞争力不高的矛盾问题。农业和农村物流作为农业产业化的重要支撑，具有很强的发展潜力。产地物流基础设施将得到重点支持，交通、供销、邮政、快递等存量资源充分利用，助力农村物流服务网络建设。县域经济农业规模化发展提速，农产品深加工和存储保鲜技术发力，提升农业产业化水平。销地批发市场加快转型升级，冷链、物流、加工、交易等多种功能叠加，提升农产品服务价值。产地直销、销地直采、农超对接等多种物流模式减少流通环节，打通农产品上行通道，将切实增加农民收入，有力推进乡村振兴。

9. 抓紧物流绿色可持续发展

习近平总书记在第 75 届联合国大会期间提出，中国二氧化碳排放力争于 2030 年前达到峰值，努力争取 2060 年前实现碳中和。这一减排承诺引发国际社会热烈反响，也对持续改善环境治理提出了更高要求。物流业作为重要的移动排放源，环保治理压力将进一步加大，倒逼传统物流生产方式变革，绿色环保、清洁低碳成为发展新要求。绿色物流装备将得到全面推广，绿色包装、绿色运输、绿色仓储、绿色配送等绿色物流技术将加快普及应用。集装箱多式联运、托盘循环共用、甩挂（箱）运输、物流周转箱、逆向物流等绿色物流模式得到广泛支持，绿色物流质量标准将严格执行，一批绿色物流企业将加快涌现，促进经济社会全面绿色化转型。

10. 完善协同治理营商环境

营造市场化、法治化、国际化的营商环境，是实现治理体系和治理能力现代化的内在要求。物流产业营商环境将持续改善，充分激发市场主体活力。混合所有制改革在物流领域将进一步深化，探索提升做强、做优、做大国有物流资本。企业兼并重组和平台经济将更加规范，防范垄断和资本无序扩张。物流降本增效深入推进，放管服改革将进一步深化，数字化监管和治理兴起，跨部门协同共治将深入推进，更好发挥全国现代物流工作部际联席会议机制的作用，推动行业综合协调和机制创新。标准、统计、教育、培训、信用等行业基础工作稳步推进，行业社团组织协同治理体制将发挥更大作用，维护社会公共利益和会员正当权益，推进社会治理现代化发展，高效规范、公平竞争的物流统一大市场将加快形成。

思考与练习

1. 物流产业对于国民经济有哪些作用？
2. 查阅有关统计资料，核算我国物流产业各统计指标，并分析变化趋势。
3. 应如何构建我国物流产业政策体系？

第七章 铁路物流

第一节 铁路供应链

铁路是一种现代陆地运输工具。狭义地讲,铁路是由路基、道床、轨枕和钢轨构成的运输线路,包括铁路桥梁、铁路隧道和各种辅助设施。广义地讲,铁路是指铁路运输系统或铁路运输企业。铁路运输系统的技术设备除线路外,还有机车、车辆和通信、信号、调车、装卸车设备等。铁路运输系统的生产经营活动有行车组织、客货运业务以及各项有关的组织和管理工作。本书所说的"铁路供应链",是以铁路运输企业为核心企业形成的供应链,包括两种形式:①铁路建设与运营角度的铁路物资供应链,其物流活动表现为各种物资的供应物流;②从铁路生产经营角度的铁路运输服务供应链,其物流活动表现为以铁路运输为主要运输方式的社会物流。

一、铁路物资供应链

铁路物资是铁路运营生产所需要的有形物质资料,可分为生产资料和生活资料。生产资料又可分为建设物资和运营物资,具体包括金属材料、非金属材料、燃料、机械设备及配件、电气设备及器材、仪器仪表及计量器具、电子设备及元器件、通信信号器材、线路设备及配件、接触网设备及零件、机车车辆配件等。生活资料则包括职工的劳动保护用品、客运服务中的餐饮器具、旅客座卧用品,以及日常消耗的洗涤、通信、照明器材等。铁路物资具有需求量大、品种繁多、专业性强、分布地域范围广、使用资金密集等特点。例如,2018 年,我国铁路物资采购总额超过 3300 亿元,其中运营物资超过 1900 亿元、建设物资超过 1300 亿元。

铁路物资供应链包括运营物资供应链和建设物资供应链,其涉及主体主要包括国铁集团、中间代理商和供应商,以及建设物资涉及的建设项目分包方。在所涉及的主体中,内部机构为国铁集团,承担物资采购的管理职责;外部机构则为中间代理商、供应商以及建设物资涉及的建设项目分包方,中间代理商承担物资采购代理工作,供应商负责具体物资的供应,建设项目分包方承担建设项目的管理责任。铁路物资供应链如图 7-1 所示。

二、铁路运输服务供应链

铁路运输是以固定的轨道作为运输道路,由轨道机械动力牵引车辆运送旅客和货物及由动车组运送旅客的运输方式。其中,铁路货物运输具有运量大、速度快、运费较低的特点。在铁路运输服务供应链上,提供物流服务的主要有以下几种类型的企业:

1) 铁路干线运输企业。铁路干线运输企业主要从事以铁路干线运输为主的经营活

物流学导论

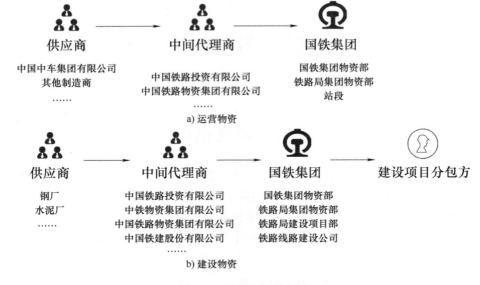

图 7-1　铁路物资供应链

动,拥有我国铁路货运干线的承运权以及铁路线路资源。它主要包括以特种货物运输为主的铁路货运企业,如中铁特货运输有限责任公司、铁路局集团有限公司;以铁路集装箱运输为主的大型集装箱企业,如中铁集装箱运输有限责任公司。

2)铁路物资管理仓储企业。它是由原来专门为铁路干线运输企业提供仓储服务、物资供应的相关企业转变而来的。其优势是有较大规模的铁路仓储资源,有利于货物的仓储与配送。这类企业目前已经发展成为依托铁路专用线和铁路仓储资源的专门物流企业,主要包括铁路系统的仓库、站场等。

3)铁路行包快递企业。它是为零散客户提供国内城际的包裹、邮件、行李等的快运业务,主要包括中铁快运等企业。

4)铁路多经物流企业。它主要从事运输、仓储、装卸、配送以及代理等铁路运输延伸服务项目,是依托铁路干线运输主业进行辅助性多种经营的企业。

5)综合性物流企业。它主要向大型零售企业和制造企业提供专业化综合物流服务。这类企业拥有铁路运输企业背景,但是不局限于铁路运输形式,而是以第三方物流运作模式向客户提供综合物流解决方案,进行定制化服务。这类企业主要有中铁联合物流有限公司、中铁现代化物流科技股份有限公司等。

第二节　铁路物资管理

一、铁路物资管理的含义

铁路物资管理是指铁路生产经营活动中,对消耗的有形物质资料进行连续补充和供给,是需求计划、采购组织、仓储配送、运用监控和报废处置等活动的总称。铁路物资管理的职能是"管供、管用、管核销、管节约、管修旧利废、管报废回收"。

第七章 铁路物流

铁路物资管理涵盖了物资的全生命周期，一般包含采购管理、库存管理、发料或配送管理、现场管理、安装使用后按照定额进行物资核销管理，以及报废回收处置等物资使用的全过程。铁路物资管理一般采用分类、分级管理模式，要按照物资的自然属性和使用特性进行分类管理，各类物资的管理权限由铁路物资目录进行严格界定，各类物资的采购、管理及处置权限分别属于国家铁路集团、铁路局集团公司和基层站段，对于施工企业和铁路工业制造业而言，物资的采购、管理及处置权限，也按照组织架构和相应的行政级别进行分级管理，而对于基本建设和重大的技术改造项目，可由项目主管部门负责组织管理项目所用物资。对于大宗物资和铁路专用物资，大都由高级管理层进行专门的管理和控制，而一些地方供给物资的采购管理权限，如砂石料和杂备品等低值易耗品，下放到基层、工地，强调加强对这类物资的现场消耗管理。

二、我国铁路物资管理沿革

铁路物资管理的发展基本可以分为从新中国成立到改革开放前阶段（1949年—1978年）、改革开放初期阶段（1979年—2003年）、路局自管阶段（2004年—2013年）、深化改革阶段（2014年至今）。

1. 新中国成立到改革开放前阶段（1949年—1978年）

以1949年3月中央军委铁道部成立材料局为标志，铁道部对全路的物资管理进行统筹管理工作。材料局于1965年改名为物资管理局（1979年实行企业化管理对外称中国铁路物资总公司）。材料局于1953年颁发了《铁路材料供应制》，确立了"集中领导、分级管理"的物资供应体制和以计划分配为核心的各项规章制度。20世纪60年代，物资管理局制定了《铁路材料工作条例》，强调了"管供、管用、管节约、管回收"的铁路物资管理职责。1976年后，物资管理局组织物资储备定额的重新查定和申编各部门的物资消耗定额；组织清仓挖潜、调度调剂、节约利废、废金属回收；调整供应体制，疏通料源渠道等。这一阶段，铁路物资管理的范围除了包括铁路运输企业（铁路局）的物资管理外，还包括铁路建筑企业和铁路工业企业的物资管理。为保障供应，铁道部在南口、昌平、永济、天津等地建设了一批配件厂。

这一时期进行的物资分类和分级管理，对解决铁路物资繁多、品类用途不一，以及使用地域广泛、重要性各不相同等问题提供了较好的思路。

2. 改革开放初期阶段（1979年—2003年）

党的十一届三中全会后，全国进入改革开放时期，铁路物资管理全面推行了地区供应负责制，把原来铁道部物资管理局掌握的物资供应分配权、本地区物资调度权、机动物资安排权和部分库存物资动用权下放给各大区物资办事处。同时，在铁路局、站段实行集中储备，物资部门就近组织供应；工程局物资部门变局、处、段三级储备为局、处两级储备等。1980年，铁道部修建京秦铁路，开创了铁路招标采购的新局面。

与此同时，铁路局层级的物资管理部门也开始了改革，有的由职能机构转变为独立核算的经济实体，有的担负双重职能，还有的在减少工作层次，调整储备分工。这期间，铁道部制定了《铁路物资采购供应暂行规定》，对重要专用物资由铁道部（中国铁路物资总公司）组织供应、统管专供，对市场资源较充裕的重要物资由铁道部（中国铁路物资总公司）协调供应，一般性物资进入市场，放开经营。在强调各级物资管理部门主渠道建设，实行分级放权、统放结合的同时，全路物资实行路内供应合同制、推行代理制，并提出以需订购、以消定储的库存管理方针。1998年，物资总公司与铁道部实施结构性分离。

这一时期，铁道部系统地进行了铁路物资行业的规章、制度、标准的制定，为后续铁路物资管理的规范性奠定了基础，为疏通料源渠道探索出了条块结合的供应体制，该体制被很多国有大型企业集团采纳。

3. 路局自管阶段（2004年—2013年）

2004年1月，中国铁路物资总公司从铁道部剥离后，铁道部的物资管理工作进入了各路局自行组织管理的阶段。

到2013年铁路总公司成立前，铁路物资的管理工作由铁路局各自进行。各铁路局在物资管理制度、管理内容、管理机构、管理方法等方面各有不同，有的铁路局保留了物资管理处，有的铁路局成立了物资公司，有的铁路局放到多种经营中，事实上这形成了铁路物资的分散管理，也导致了专业队伍流失、管理方式方法不一的情况。

4. 深化改革阶段（2014年至今）

中国铁路总公司物资管理部于2013年随铁路总公司正式设立时成立，作为全路物资管理的责任部门，各路局物资部在物资部的指导下开展工作。

物资部自2014年起陆续制定了中国铁路总公司物资管理的一系列办法和规章制度，为总公司及各路局物资管理工作奠定了基础。《中国铁路总公司物资管理办法》于2014年印发，规定铁路物资管理遵循归口管理、分类指导、分级负责、采供分离的原则，总公司及所属企业的物资管理部门按照物资管理目录分别承担各自的物资管理责任。总公司还提出了"三级管理-两级采购"和"管采分离"的铁路物资管理模式，并逐步加以完善。物资部自成立以来，在归口管理、制度建设及降低库存和采购管理、供应商管理等方面进行了卓有成效的工作，"大物资"格局雏形已基本形成。

三、铁路物资管理的地位

1. 物资管理是铁路建设和运营的基础支撑

铁路物资的准时供应是铁路建设和运营的基础。铁路建设和运营需要消耗大量的、种类繁多的物资，由于铁路建设和运营必须按计划准时进行，准确地供应铁路建设和运营所需物资的数量、规格，达到对物资需求的质量、时间、地点要求。物资管理是铁路高质量建设和运营的基础。

铁路物资采购和供应质量是铁路建设和运营的保障。铁路建设和运营所使用物资的品质，直接影响着铁路建设和运营质量，小到扣件、道岔，大到轮轨、动车，其物资本身质量和供应质量是铁路建设和运营的保障。

2. 物资管理是"交通强国、铁路先行"的战略支撑

"交通强国、铁路先行"就是要铁路通过高质量的建设与运营成为交通系统的典范。铁路的高质量建设与运营，更需要铁路物资先行达到高质量的管理，成为铁路先行的先导。铁路物资管理对"交通强国、铁路先行"具有战略支撑作用。

3. 物资管理是防范国铁集团运营风险的关键环节

每年数千亿元的铁路建设和运营物资采购金额、众多的物资管理环节和参与方，意

第七章　铁路物流

味着大量的安全、廉政、财务风险。铁路物资管理部门历来是企业内部控制和监管的重点部门。因此，铁路物资管理是防范国铁集团运营风险、保障客货运输业务的安全高效运行、保障国有资产保值增值的关键环节。

四、我国铁路物资管理架构

自2013年国铁集团物资部成立以来，物资部通过规范物资管理、强化采购管理、推动降本增效、提升物资管理信息化水平等工作，在保障铁路物资供应、提升物资管理水平、促进国铁集团降本增效提质等方面取得了较好的效果。按照归口管理、分类指导、分级负责、采供分离的原则，国铁集团物资部是国铁集团物资管理的归口部门，对运营和建设物资的管理工作进行分类指导，承担各类物资管理责任。

1. 组织架构

国铁集团物资管理的组织体系已经建立并实现了三级管理的组织架构，即国铁集团物资部、铁路局集团公司物资部和站段材料科。

（1）国铁集团物资部

国铁集团物资部是国铁集团物资管理的总体管理部门。其下设综合管理处、调配管理处、采购管理处、运行监督处，全面负责国铁集团层面的物资管理工作，并代表国铁集团对铁路局集团公司的物资管理进行指导、协调和监督。其主要工作职责有：①贯彻执行国家法律法规，制定国铁集团物资管理制度；②指导和监督所属企业物资管理工作；③制定和发布物资管理目录；④组织国铁集团直接管理物资的集中采购和供应管理；⑤制定统一的物资采购规则，协调所属企业联合采购；⑥组织协调企业间物资调度调剂工作；⑦组织实施国铁集团废旧物资处置工作；⑧制订物资管理信息化发展规划，统筹物资管理信息系统建设，组织协调物资信息公开发布；⑨建立统一的供应商评价体系，组织管理供应商信息，协调供应关系；⑩建立物资管理廉政风险防控机制；⑪完善物资管理绩效评价体系，组织开展物资管理工作绩效评价。

（2）铁路局集团公司物资部

铁路局集团公司物资部是铁路局物资管理的负责部门。负责铁路局集团公司层面的物资管理工作，并代表铁路局集团公司对站段材料科的物资管理工作进行指导、协调和监督。其主要工作职责有：①贯彻执行国家法律法规，即国铁集团管理规定；②完善物资管理制度，加强物资基础工作；③健全物资管理机构，明确物资管理职责分工，落实归口管理责任；④组织自主管理物资的采购供应，负责国铁集团集中采购物资，组织本企业内部物资调配，盘活限制物资；⑤组织本企业废旧物资处置；⑥按规定进行供应商关系管理；⑦建立健全物资管理内部控制机制，落实物资管理廉政风险防范责任；⑧接受国铁集团物资管理工作指导和监督，指导、监督下属单位规范开展物资管理工作。

（3）站段材料科

站段材料科是基层使用物资单位的物资管理部门。它主要执行铁路局集团公司物资部的管理规定和操作流程，负责本站段物资需求的收集、汇总和上报，在铁路局集团公司授权下，负责少量的站段零星自采物资的采购，负责站段仓库收发作业及管理工作，负责站段废旧物资信息上报，接受上级物资管理工作指导和监督。

2. 运行模式

在运行模式上,国铁集团物资管理实行"管采分离"的模式。

"管"是指管理职责。物资管理职责总体是由国铁集团物资部负责。国铁集团物资部确定物资管理的总体规章制度、管理方式和管理流程;铁路局集团公司按照国铁集团物资部的总体规章制度、管理方式和管理流程要求,根据各自铁路局集团公司的特点,进行管理制度、管理方式和管理流程的细化并实施管理。在物资管理各业务环节,国铁集团主要是按照物资分类和分级划分国铁集团和铁路局集团公司分别负责具体管理的物资范围,国铁集团物资部、铁路局集团公司物资部在物资分类和分级的基础上,具体进行各物资管理业务环节的管理,主要包括物资需求汇总、物资需求计划申报、采购计划、采购执行、物资供应、财务结算、储备定额管理、废旧物资处理、绩效评价等。

"采"是指采购执行,具体分为三类:①国铁集团物资部负责采购的物资由中国铁路投资公司进行采购,采购合同由使用物资的铁路局集团公司物资部或供应段签订;②铁路局集团公司负责采购的物资由铁路局集团公司的采购所负责采购,采购合同由集团公司物资部或者供应段签订;③站段材料科根据所在铁路局集团公司物资部的规定,在物资部的审核批准下,进行零星物资的网上采购。在采购中,根据采购资金的来源(运营、大修和更新改造项目)和物资项目(国铁集团统筹采购、铁路局集团公司集采、站段材料科自采)的不同,会有不同的申报和审批节点和流程,但一般都会经过预算(定额)、计划、审批、采购、供应、考核等基本环节。

五、我国铁路物资供应过程

国铁集团物资部并不直接从事物资仓储和物资供应工作,但作为全路物资管理的总负责部门,对各个铁路局集团公司的仓储和供应工作进行管理规章制度的建立和监督检查。目前国铁集团物资部的主要工作为针对运营维修配件建立区域配件中心库,并对相关的管理规章制度进行制定。

1. 运营物资

目前,铁路运营物资由各铁路局集团公司负责组织供应,具体负责情况见表7-1。大部分物资是由供应商直接发送到站段的,但物资供应合同的管理、结算等供应管理工作是由供应段或者物资公司负责的;有物资供应段或物资公司的铁路局集团公司能够在一定范围内实现铁路局集团公司内的物资存储和供应的统筹。站段内与仓储供应相关的部门主要有材料科、技术科等,其中,材料科主要负责站段检修车间的生产物流、车间配送以及线边库的管理,技术科主要进行质量检验等。

表7-1 运营物资供应负责情况

情况	物资供应段	物资公司	物资供应负责单位	实际供应
情况1	有	无	物资供应段	由供应商直接送货到各站段,各站段形成一定库存
情况2	无	有	物资公司	
情况3	无	无	—	

铁路运营物资的运输与配送主要包括场外运输、场外配送和场内配送。场外运输是采购物资运输到铁路仓库的过程;场外配送是物资在铁路物资仓库网络内部进行分拨与

第七章 铁 路 物 流

配送的过程;场内配送是将物资从站段内的仓储设施配送至车间工位或工地的过程。

铁路运营物资供应重点有机辆、线路、油品三大类别。目前,铁路的运营物资供应基本以供应商直送上门为主,极少量采取上门自提的方式。比较独特的是油品和线路的场外运输与配送。

(1) 油品的场外运输与配送模式

油品的场外运输模式主要有以下三种:

1) 基本运输方式。目前,内燃机所需油品都是从炼油厂通过铁路直接运输到各机务段,采用大批量、低频次运输,运输距离一般在500km以上,运输周期长、运输成本较高,库存持有成本高。

2) 汽车配送模式。油品的配送采用本地化配送模式,如中石油、中石化在各个地区都有销售公司,但主要是为加油站提供服务,其他富余油品会涉及为铁路提供相应的服务。铁路各个机务段产生用油需求时要到附近的销售点购买,或者尝试本地油库直接配送。其中涉及选择使用自营的车队还是使用社会上的车队。

3) 汽车配送加注模式。近年来,随着机务段生产力布局的不断调整,部分地区站段油库停止使用,甚至拆除。为解决内燃机车的整备上油问题,需通过汽车配送加注作业来满足站段燃油需求。铁路燃油汽车配送加注模式是在汽车配送模式的基础上引入准时制(JIT)思想,即根据各站段需求,采用油罐车到指定油库提油,运送到需求站段,并直接为机车加注的燃油供应模式。该模式主要针对拆除油库后的站段燃油需求以及长途空跑加油的调车机燃油需求。

(2) 线路的场外运输与配送模式

线路物资运送主要基于响应及时、安全送抵的配送原则,结合供应商—局联储库—段联储库的网络层级关系,针对不同物资的类别,采取相应的配送模式。按照是否中转,线路物资配送模式可以分为一次配送模式和二次配送模式(见图7-2)。一次配送模式的配送工作可由供应商负责,由企业自身组织配送,也可以委托第三方物流公司负责。

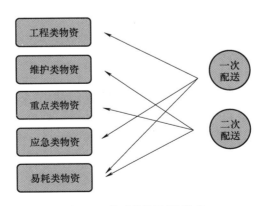

图7-2 线路物资配送模式

机辆检修车间等站段需要从配件库获取配件,以便进行机辆零部件的更换和修理。从配件库向车间工位进行配件的配送属于场内配送,现在采用的模式包括传统式配送、智能车配送、必换件模板化配送、偶换件自助微库配送。

物流学导论

2. 建设物资

建设物资的供应按类别由不同单位进行管理，具体供应情况如图 7-3 所示。

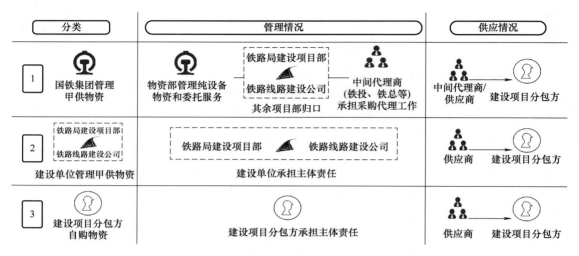

图 7-3　建设物资供应情况

甲供物资的供应组织由建设单位负责，建设单位可委托物资代理公司协助进行物资采购、供应组织和质量监控等服务工作。建设单位根据建设项目施工组织节点工期安排和采购合同约定，及时组织编制并向物资供应商提出供货计划，并根据施工组织变化、变更设计等及时调整物资供应。供应商按照采购合同和供货计划组织物资生产和供应，建设单位跟踪物资生产制造、包装、装运等工作，组织对必须实行监造的物资实施驻厂监造。自购物资由施工单位作为采购人自主进行采购，承担主体责任。

施工单位和监理单位是物资进场验收的责任主体。供应商将物资运抵指定交货地点后，施工单位和监理单位依据合同约定对进场物资的品名、规格、型号、数量、外观、检测报告、合格证书、认证或许可证书、监造证明、质量保证承诺（包括产品质量保证期和产品缺陷召回、经济损失责任赔偿的承诺等）进行检查验收，并按规定进行检测。施工单位是承担物资保管与储备工作的责任主体。物资验收合格后，由施工单位按规定存放、保管；直接移交运营单位的物资，由运营单位负责保管。

第三节　铁路货物运输服务

一、铁路货物运输的属性

1. 公共属性

公共性一般是和私人性相对而言的，具有非排他性、非营利性、非竞争性等特点，私人或私企不愿提供或无法提供而必须由政府或国企或事业单位提供的商品或服务。铁路货物运输在国民经济中处于重要地位，经过市场化改革，尽管在社会物流总量中的占比逐年下降，但是在大宗物资尤其是煤炭运输方式中依旧占据核心地位。在能源保障和区域经济发展（如西部大开发）、巩固国防建设和部分林场矿区农资扶持等方面，铁路

第七章 铁路物流

货物运输的社会公共性相当明显。

2. 政治属性

在国防保障铁路线、军事专用铁路线、扶贫扶持铁路线、地区开发铁路线等运营的铁路货物运输，是国防保障体系的一部分，其主要目的是维护保障国家利益，促民生、求发展、增进社会稳定等。我国铁路货运长期建有重点运输保障机制，实行运力倾斜政策，其中主要针对电煤、粮食、化肥、农药以及救灾物资、军事物资、军运等重点物资运输的保障能力，确保了关系国计民生的重点物资运输。

3. 公益属性

我国铁路行业属于国民经济基础产业，大部分的客运、货运都属于公用事业，铁路货物运输服务具有显著的公益性。

4. 经济属性

在市场化的大环境下，随着经济建设的发展，铁路行业的经济属性也越来越明显。因此，在强调铁路货运服务公益性的同时，其作为我国日益发展的大物流业体系的必要组成部分，也需要重视其经济性。长期以来，铁路货物运输已经形成了基本良性的经济运行机制，而随着社会的变革，铁路的经济性在未来发展也会愈加重要。

二、适合铁路运输的货物

现行铁路货运物资可以分为大宗商品货物和非大宗商品货物。其中，大宗商品货物可以细分为煤炭、焦炭、矿石、钢铁、粮食、化工、矿建、糖类、蔬菜、日用品、电子电器、纸与纸浆、文教用品、化肥、水泥、石油、棉花、饲料、木材、饮食品、酒类、水果、纺织品、有色金属和工业机械。

根据原铁道部颁布的《铁路货物运输品名检查表》，铁路货物品类分为28个大类，其中，煤炭、石油、焦炭、金属矿石、钢铁五大品类由于运量较大、货源稳定均衡，能够提前确定运输需求，被称为"大宗稳定货物"。

按运输条件，货物分为普通货物、特殊条件运送的货物两类。

普通货物是指在铁路运送过程中，按一般条件办理的货物，如煤、粮食、木材、钢材、矿建材料等。

特殊条件运送的货物是指由于货物的性质、体积、状态等在运输过程中需要使用特别的车辆装运或需要采取特殊运输条件和措施，才能保证货物完整和行车安全的货物，如超长、集重、超限、危险和鲜活等货物。

1）阔大货物。阔大货物是指长度长、重量重、体积大的货物，包括超长货物、集重货物和超限货物。

2）危险货物。危险货物是指在铁路运输中，凡具有爆炸、易燃、毒害、腐蚀、放射性等特性，在运输、装卸和储存保管过程中，容易造成人身伤亡和财产毁损而需要特殊防护的货物。

3）鲜活货物。鲜活货物是指在铁路运输过程中需要采取制冷、加温、保温、通风、上水等特殊措施，以防止腐烂变质或死亡的货物，以及其他托运人认为须按鲜活货物运输条件办理的货物。鲜活货物分为易腐货物和活动物两大类。易腐货物主要包括肉、鱼、蛋、奶、鲜水果、鲜蔬菜、鲜活植物等；活动物主要包括禽、畜、蜜蜂、活鱼、鱼苗等。

4）灌装货物。灌装货物是指用铁路罐车运输的货物。

随着经济发展，国家铁路集团有限公司出于货主的便利性又推出了其他的一些分类提法：

1）散堆装货物。散堆装货物是指煤炭、焦炭、钢铁、矿石、矿建、木材、散装粮食、散装水泥和其他散堆装货物。

2）批量成件货物。批量成件货物是指棉花、化肥、盐、袋装粮食、袋装水泥、化工品、农副产品和其他批量成件货物。

3）液体货物。

4）集装箱货物。集装箱货物是指以集装箱为单元积载设备而投入运输的货物。除通用 20ft（1ft = 0.3048m）和 40ft 集装箱以外，集装箱货物还包括干散货箱、液体罐箱、水泥罐箱、沥青罐箱、冷藏箱等特种集装箱运输服务。

5）快运货物。

① 零散快运货物：重量不足 30t 且体积不足 60m^3 的所有品类货物（限制类货物除外）。

② 批量快运散货：重量在 30t 以上或体积在 60m^3 以上的成件包装货物。

③ 适合行包快运和高铁快运的货物（一般为快递）。

6）特殊需求类货物。它包括汽车车辆、超长、超限、集重货物、冷藏货物、危险品货物、过境货物、出口货物。

三、铁路货物运输服务内容

铁路货物运输服务可分为营销服务、收费服务、货物装载加固服务、装卸作业服务、货运事故处理服务、专用线（专用铁路）管理服务六大类。其中，每一类服务还可进一步细分为更多的服务子项。

通常情况下，铁路货运服务中的各类要素缺一不可且环环相扣，只有全面涵盖各类客体才能保证高水平的铁路货运服务，因此需要在质量监测、评价分析过程中加以注意。

四、铁路货物运输企业

我国铁路货物运输企业一般包括以下五类：

1. 铁路干线运输企业

这类企业主要从事以铁路干线运输为主的经营活动，拥有我国铁路货运的承运权以及铁路资源。它包括 18 个铁路局集团公司，以及以特种货物运输为主的铁路货运企业，如中铁特货运输有限公司；以铁路集装箱运输为主的大型集装箱企业，如中铁集装箱运输有限责任公司等。

2. 铁路物资仓储企业

这类企业是原来专门为铁路提供仓储服务、物资供应的相关企业。随着铁路"主辅分离"的转变，它利用铁路专用线和铁路的仓储物资，发展成为以仓储服务为主的物流企业。它主要包括铁路局系统的仓库、站场，原中国铁路物资集团系统（2021 年 12 月已更名为"中国物流集团"）的各铁路材料厂等。

第七章 铁 路 物 流

3. 铁路行包快运企业

这类企业的主要业务是为零散客户提供以国内城际的包裹、邮件、行李等为主的快递业务，以提高运输效率、增加附加价值、延伸铁路服务范围为目标。它主要包括中铁快运系统。

4. 铁路多经物流企业

这类企业主要从事运输、仓储、装卸、配送以及代理等铁路运输延伸服务项目。它是依托于铁路运输主业，进行辅助性多种经营的企业。

5. 综合性物流企业

这类企业主要向大型零售业和制造业提供全方位一体化的物流服务。这类企业拥有雄厚的铁路背景，依托铁路但又不拘泥于铁路运输形式，以第三方物流运作模式为经营理念，优化和解决运输方案及进行定制化服务。它主要有中铁联合物流有限公司、中铁现代化物流科技股份有限公司等。

五、铁路货物运输设施设备

为支撑铁路货运服务的安全运行，必须具备良好的设施设备，作为提升铁路货运服务质量的物质基础。铁路货运服务设备设施可分为铁路货场、货物交接场所及设施以及特殊设施三大类监测对象。铁路货运企业必须具有以上三类设备设施才具备铁路货运服务资质和竞争力。

1）铁路货场。铁路货场应环境整洁、绿化良好、道路通畅，设有必要数量的进出货物的大门。货场内的所有建筑设施应符合国家消防、安全、建筑、卫生、环保方面的规定和标准。货场内应配备营业厅（室）、货物储运、监控设备、装卸机具、通路、计量检测等设施。

2）货物交接场所及设施。国家铁路运输企业应在必要的站点设立交接场所，并配备必要的货物整理换装设施，铁路运输企业对承运的货物和准备交付的货物应配有与货主交接的场所和必要的设施。不同性质的铁路运输企业相互间办理直通运输的，双方应有固定的货物交接场所和必需的办公设施。

3）特殊设施。铁路运输企业应根据服务种类的特点配备与之对应的特殊设施。例如：铁路运输企业应在必要的站点配备为活动物上水的设施；铁路运输企业应在必要的站点配备为冷藏货运所需的加冰、加油设施；铁路运输企业应设置必要的货车洗刷除污设施，并符合国家有关卫生、环保、安全方面的规定。

六、我国铁路运输服务发展方向

1. 提高铁路零担物流业务信息化水平

（1）物流信息集成与共享

强化数据采集质量管理和数据整合，构建物流信息交换与共享的标准体系，推进现有货运信息系统整合应用，搭建铁路共用物流信息平台，实现铁路内外部物流信息资源共享共用和互联互通，促进铁路与社会物流信息资源的有效整合。

（2）先进信息技术在物流领域的应用

充分应用物联网、大数据、云计算、北斗导航、移动互联等技术，整合铁路物流资

物流学导论

源，实现铁路网、配送网、电商网、物联网、信息网"五网"集成；开展射频识别（RFID）技术的应用，从高端物流入手，采用无线射频标签，逐步实现对货物的自动识别与追踪。

（3）95306电商平台建设

加快货运电子商务二期工程建设，推进集网上营销、网上招标、网上交易、网上支付、信息交互、行业资讯、物资采购与招商等功能于一体的中国铁路95306综合物流网络平台建设，推动物流与商流、资金流、信息流的集成化运作。

（4）铁路物流信息系统建设

以铁路物流全链条、全过程信息化服务与管理为目标，建设完善运输生产信息系统、接取送达信息系统、物流配送信息系统、仓储管理信息系统、物流调度管理系统、客户关系管理系统、客户服务信息系统等，提高物流效率，降低物流成本。

（5）货物全程追踪与可视化

借助铁路运输管理信息系统（TMIS），实现在途货车或货物的跟踪，同时利用全球定位系统、北斗卫星定位系统和地理信息系统，对货车进行监控和调度，实现对货物运输的全过程监控和视频记录。

2. 打造品牌化铁路物流产品

（1）健全铁路快捷物流产品谱系

整合铁路快运资源，按货物品类、规模、时限等信息，紧贴市场持续优化快运产品设计，构建包括高铁快递、特快班列、快运列车等在内的阶梯式快运产品谱系。以特快、快速、快运班列为载体，以货物快运网络为依托，深化与社会快递、物流企业的深度合作。

（2）建设快捷物流服务通道网络

在全国主要经济区域、中心城市之间，建立起20条以上骨干铁路快捷物流服务通道，采用"客车化"开行模式，推广应用货运"动车组"、160km/h快运棚车等车辆，充分发挥其大运量、高时效性、高性价比、安全可靠等特点，树立铁路快捷物流的核心竞争优势。

（3）大力拓展货物快运市场

优化调整零散货物快运列车开行方案，加强跨局快运列车无缝衔接，大力拓展长距离、高附加值的零散白货物流业务，不断扩大零散快运货源吸引范围。探索开行铁路城际物流快线，根据客户需求提供安全可靠的物流服务。针对快运班列产品，采用"量价捆绑，量大价优"的原则，集成组合稳定货流，形成快运班列产品的品牌效应。

（4）扩展行包运输网络

充分利用行李车，全面开办时限快运，增加市内营业网点，扩大行包运输网络覆盖面，向社会公布行包办理站间运输时限。

（5）加快高铁快递发展

完善高铁客运站货运设施设备，提供装卸、搬运、分拨、暂存等物流服务。扩展高铁行包经营服务网络，优化完善运输组织。充分运用确认车、客运动车组、货运动车组等形式组织运输，提高高铁资源运用效率。

（6）发展国际集装箱班列

① 大力开拓中欧铁路新通道。在巩固西、中、东三条中欧铁路大通道的基础上，

积极开拓中-哈（萨克）-土（耳其）中欧班列西南部通道。②优化中欧班列运输组织模式。在开好既有中欧班列的基础上，采取中转集结方式，组织国内各主要城市对欧洲节点城市的往返中欧班列，构筑覆盖全国的中欧班列大通道。③建立健全国际联运价格机制。以中欧班列、中亚班列为载体，最大限度地利用价格杠杆，拓展国际联运市场，提高境外铁路价格话语权。④推进通关便利化。协调国家海关、质检部门共同与沿线国家开展合作，进一步压缩中欧班列、中亚班列运行时间。⑤加快推进电商邮包运输。以《国际铁路货物联运协定》取消对集装箱运送邮包限制为契机，大力推进电商邮包集装箱国际联运工作。⑥打造中欧班列、中亚班列国际物流品牌。开通班列信息平台，全面提升集装箱国际联运服务质量，将中欧班列、中亚班列打造成"快捷准时、安全稳定、绿色环保"国际物流知名品牌。

3. 提升铁路物流业务服务水平

（1）加大市场经营与开发力度

建设现代化零担货运营销和客服中心，加强营销渠道建设与管理，实时掌握客户的供应链服务需求，匹配物流服务；加强营销宣传，提升铁路物流品牌的知名度；加强95306网络营销平台建设，实施铁路物流网络营销。

优化业务受理模式，全面强化敞开受理，随到随办，丰富线上受理服务渠道，积极拓展线下受理覆盖面，一站式受理客户的全部物流服务要求；减少乃至取消货物受理中间环节，实现直接办理。

实行市场化定价策略，全面实行市场化"一口价"，创新价格形成机制，建立科学规范的货运和物流服务价格决策、调整、监督管理体系。

推进物流节点经营与开发，围绕新建和改扩建的铁路物流中心，设计符合地域经济特点的经营方案，进行全面招商，变货场为市场；积极发展代理采购、仓储管理、流通加工、城市配送等经营业务，扩大增值服务空间。

（2）提升铁路物流全程服务能力

提高干线运输组织水平，针对铁路货运新形势，优化全路系统的车流组织，突破满轴满长限制，变车流集结为货流集结，提高规划运输比例，提升运行速度。

加强接取送达体系建设，形成以铁路局物流配送调度为组织核心、站段物流调度、货运站配送值班员、配送员和接取送达司机为主要机构岗位的接取送达服务组织体系。

强化全程运输时限保障，明确不同货运产品规定的运到期限及预期送达时间标准，强化班列化产品固定时刻运行的执行机制，建立分路局、分区段的运输时限分配办法，完善保障运到期限的管理考核机制。

（3）提高铁路物流服务满意度

强化铁路物流服务理念，坚持"以客户为中心"，按照"高效、安全、诚信、便捷"的原则，全面满足客户的功能性、时效性、安全性、可靠性、经济性、增值性、管理性服务要求。

提升铁路物流硬件服务水平，加快淘汰老化严重、效率低下、不易操作的设施设备，快速配备作业能力大、自动化程度高、功能匹配性强的系列化新型物流设施设备。

加强投诉处理，强化货物理赔服务，加快铁路物流客户服务中心建设，明确铁路物流理赔细则,畅通铁路物流投诉、理赔渠道,提高客户满意度。

完善服务质量监管和评价体系,积极开展质量标杆与示范活动,推广先进质量管理技术,推进先进质量管理模式和方法在铁路物流中的应用。

思考与练习

1. 铁路物资管理有哪些作用?
2. 铁路运输企业如何优化物资供应体系?
3. 如何提升我国铁路运输服务水平?

第八章 国 际 物 流

第一节 国际供应链

国际供应链(International Supply Chain)是指一个国际化的企业通过全球掌握最经济的原料,在最经济的国家生产,以最经济的方式满足全球的需求。一个能掌握国际供应链的国际化企业,不但能降低产品的成本,更能缩短顾客的订货时间,提高顾客的满意度。

一、国际供应链与国内供应链的区别

如果供应链的运作自原料、制造、运输至消费均在一国境内完成,那么便是国内供应链;如果供应链的运作涉及跨国境的作业流程,那么便是国际供应链的范畴了。由于国际供应链涉及跨国境的活动,因此国际供应链相对于国内供应链来说,要处理的问题阶层与复杂度都较高。

国际供应链与国内供应链的区别主要表现在运输方式、信息传递、文件、风险、组织、文化等方面,见表8-1。

表8-1 国际供应链与国内供应链的区别

项 目		国际供应链	国内供应链
运输方式		海运、航空与多式联运	公路或铁路
信息传递		电报、信函、EDI等,信息标准化高	语音、短信等即时通信为主,标准化程度低
文件		涉及大量文件需求	涉及数量较少
风险	货物运输	较长的运输时间与货物换手处理,风险高	运输距离相对较短,风险较低
	财务	汇率风险高	基本没有汇率风险
组织	委外组织	大量业务需要委托货运代理、经纪、报关等中介机构	一般为第三方物流企业
	政府	主要面对海关、商务、进出口与交通运输方面的管制	主要面对危险物品、重量、安全与税收等方面的管制
文化		文化的差异产生产品与市场需求的不同	相同

资料来源:田源. 物流管理概论[M]. 3版. 北京:机械工业出版社,2017.

由于国际供应链涉及跨国境的活动,因此较国内供应链来说需要更长的交通运输时间和更多样化的运输工具,前置时间也较长。前置时间的延长,造成企业必须有较高的

存货以维持相同的服务品质,财务风险也较高,而较长的运输时间和多样化的运输工具也增加了货物遗失或损坏的风险。

在信息传递方面,国际供应链较国内供应链来说,对信息的标准化要求更高。另外,因为跨国运作涉及通关与法令问题,文件的种类与复杂性也较高。

在组织方面,因国际供应链涉及的物流活动跨越国界且较为复杂,一般企业较难全部自行运作,所以物流作业需依赖跨国物流组织共同完成,例如报关业及货代业。在政府组织方面,由一国境内的管理单位变为多国政府的管理单位,涉及层面更广。

在文化方面,国际供应链因为各国文化与市场需求的不同,还需处理产品设计改变与供应链结构变动等问题。

二、国际供应链的重要性

在企业国际化的同时,企业面临消费者对产品品质要求的提高,以及产品生命周期日益缩短等外在因素,这些因素促使企业必须积极整合上下游国际企业,快速响应消费者的需求。国际供应链整合上下游厂商与通路商,能够达到成本的最佳化并快速响应市场需求,因此成为跨国企业建立竞争优势的重要策略之一。

国际企业需利用国际供应链建立竞争优势的原因有以下几点:

1. 产品高品质成为市场竞争的必要条件

高品质逐渐成为企业立足市场的基本条件,而非企业的竞争策略。良好的国际供应链运作能使企业在维持高品质产品的同时,仍能保有低成本优势,以保持国际企业的竞争力。

2. 消费者喜好变化加快,产品生命周期缩短

消费者喜好快速改变,使厂商无法正确掌握消费者的需求,也使产品的生命周期缩短,压缩新产品由研发至上市的周期。国际供应链管理能增加生产的弹性,并针对消费者的需求快速响应,将适量与适宜的产品提供到市场上,因而成为国际企业重要的竞争优势。

3. 时间效率的要求

顾客需求趋向多样化,产品的更新速度也在不断提高,能在消费者需求发生的瞬间就加以满足是企业获利的重要手段,即满足瞬间需求的时间效率性成为企业成功的重要关键因素。为达成快速的时效性要求,国际企业一方面必须提高订单传送的速度,另一方面则必须提升成品在运输及流通上的时间效率。国际供应链通过整合信息与实体流通,能有效达到国际企业满足时效性要求的目的。

4. 降低成本的必要性

市场竞争激烈使提高营收的难度增加,要想提升企业获利,便要从降低成本着手。Peter Drucker 认为企业若要提升成本效率,关键在物流,因为物流成本一般占企业营收的 5%~35%,能有效降低物流成本对整体成本的降低将有很大的效果。

以往企业用存货来应付市场的不可预测性,但存货也代表了成本的支出。因此,制造业为解决存货问题便要求供货商以 JIT 的方式供料,以减少对原料及零件的存货要求。另外,减少仓库数目可通过全球性或区域性配送中心配送速率的提升来达成。因此,对国际企业来说,整合性的国际供应链管理能有效降低国际运作的成本,从而使企业获利增加。

5. 物流业务外包

为了使仓储与配送成本更低，并提升消费者的服务水平，越来越多的制造商与通路商建立起长期合作关系，希望能快速对消费者的需求变化做出响应；同时，为了降低成本及增加资源使用效率，越来越多的企业把之前由自身运作的仓储及运送作业外包，专注于企业最具竞争优势的核心产品与作业上。物流服务需求的增加，使专业化的物流企业应运而生，而专业化的物流企业能在国际供应链运作上取得更好的效果。

6. 售后服务的必要性提高

科技进步使产品的复杂度与维修的需求增加，另外，随着消费者对品质要求的提高，售后服务成为企业必要的竞争优势。产品的复杂度增加（如汽车或计算机）使维修的难度提高，企业无法一次备齐所有零件，导致零件的更换时间增加，时间的延迟常造成顾客的抱怨，若为解决顾客抱怨而增加零件的存货需求，又将使企业的成本增加。解决此项问题的办法之一是将需要的零件储放于区域型配送中心，利用电话订货隔夜配送到修理厂商，若消费者位于几个区域或国家，跨国调度与配送考验着企业国际物流的能力。国际供应链管理能为企业同时解决时间与成本的问题，提高企业的国际竞争力。

7. 资金周转的复杂性增加

资金的周转对企业的运作至关重要，在企业国际化后，各项收付款作业因为有了国界的阻隔，常有汇率、对保、付款条件等作业需要处理，这延长了企业收款的时间，使国际企业需要更多的资金准备以应付国际化的运作；国际供应链管理能同步处理国际供应链中物品移动与资金流动的作业，通过供应链中的金融合作伙伴既能降低国际企业资金准备，又能降低国际企业的运作风险。

案例分析

IBM 公司的供应链改造

IBM 公司在世界许多地区都有业务。随着 IBM 公司业务全球化的不断深入，国际化业务的管理问题逐渐凸显。在业务管理上能否做到连贯一致，能否做到集中化，是许多类似 IBM 公司这种把自己的制造和采购业务转移到其他国家的企业所面临的共同难题。企业开展国际化业务是为了削减成本，但现在却不得不面临着管理一个跨越全球的复杂供应链的问题。

1. 背景分析

大部分企业处理跨越全球的复杂供应链问题的思路是首先采取业务外包的策略，然后逐步理顺整个供应链上各个环节之间的关系。按照美国市场分析公司 Aberdeen 集团高级研究副总裁贝思·恩思陆（Beth Enslow）的说法，国际供应链的信息化程度远比美国国内供应链的信息化程度低。跨境联络的过程中很多工作主要是通过电话、传真和电子邮件这样的方式完成的。以这样的方式进行联络，要实时、准确地完成重要的数据交换几乎是不可能的。不仅如此，国际物流对于大多数企业来说，在体制上属于一个独立的部门。在权力体系中，国际采购经理的职位也要比国内采购经理低。在企业购买实施

物流学导论

企业资源计划（ERP）系统或制造计划和预测软件时，美国国内的供应链部门的受重视程度也远比国际供应链部门要大得多。除此之外，国际供应链资金预算方面的限制也是打造国际供应链的障碍之一。过去IBM公司的体制结构也使其很难对自己的全球运营进行集中控制。

2. 解决方案

为了对IBM公司的供应链进行一次大的改革，IBM公司的综合供应链部门负责全球运营的副总裁卡洛尔设计了一个能够满足全球化经营要求的全球供应链体系。

卡洛尔说："10年前，我们有30条不同的供应链，也就是30位首席采购官。就连找出一个提高效率的方案都很难，更别说什么一致性了。"于是，卡洛尔围绕两个轴心对公司的供应链进行了改造，一个轴心是"职能"，另一个轴心是"品牌认知"。

按照职能轴心的方法，卡洛尔首先找出了IBM公司在一个端对端的供应链内部所存在的各种不同"支柱力量"因素。这些离散的因素包括客户满意度、全球采购、全球物流、全球制造、全球工程、业务转型、信息技术，以及所有硬件制造部门的供应需求和存货管理。每项职能都由一位副总裁负责监督，物流业务则由首席采购官负责。

同时，卡洛尔还创造了三个"品牌支持中心"，其中，由一位副总裁负责IBM公司Z系列、I系列和P系列高端服务器的供应链，另外一位副总裁负责X系列和储存产品的供应链，还有一位副总裁负责零售店、打印机系列和软件产品的支持活动。这些部门独立报告自身盈亏情况，集中行使各种不同的职能，以确保公司能够满足全球客户的需求。

一般的跨国模式下全球供应链都是由本地化的设计、研究、制造和服务部门来支持本地区的客户。但是在IBM公司新的全球供应链体系中，设计、研究和制造部门分别集中设置在某个地区，构成了一个真正覆盖"全球"的供应链网络。比如，一家位于爱尔兰都柏林地区的工厂可能会为全球的客户生产某种型号的产品。同样，IBM公司在世界各地可能会有客户服务中心，但是这些服务中心的服务范围却不仅仅局限于当地或某一个品牌或某一个规格型号的产品。哪一个服务中心支持哪些客户是由语言、时区和其他因素决定的。

在完善了自身的全球供应链体系之后，IBM公司开始帮助其他拥有类似的全球化供应链体系的企业。对其他企业来说，这个过程中最大的障碍是害怕迈出第一步。卡洛尔说，那些不愿做出改变的企业会各有各的理由。但是，除非那些通过多次收购而成长起来的企业，它们生产的产品是一些相互没有关联的产品，否则，企业对自身的供应链管理采取全球化的方式通常都是非常必要的。企业本身则需要进行一次彻底的体制改革。

（资料来源：张海燕，吕明哲. 国际物流［M］. 大连：东北财经大学出版社，2014：263-264. 经整理加工）

思考：

（1）实行全球供应链的障碍有哪些？

（2）IBM公司是如何进行全球供应链改造的？我国企业可从中得到哪些启示？

第八章 国际物流

第二节 国际物流的类型与特点

一、国际物流的类型

1. 国际贸易物流

国际贸易物流是指一般意义上的商品国际物流,是随着国际贸易的发展而产生和发展起来的,并已成为影响和制约国际贸易进一步发展的重要因素,是生产和消费分别在两个或两个以上的国家或地区独立进行时,为了克服生产和消费之间的空间隔离和时间距离,对物资(商品)进行物理性移动的一项国际商品贸易或交流活动,从而达到国际商品交易的最终目的。

随着生产力的发展、科学技术的进步和国际经济联系的增强,当代"国际贸易"这一概念所包含的内容得到进一步扩大。从前,国际贸易实际上只包括实物商品的交换;现在,它还包括服务和技术等非实物商品的交换。所谓实物商品交换,是指原材料、半制成品及工业制成品的买卖;服务交换是指在运输、邮政、保险、金融、旅游等方面为外国人提供服务,或本国工人、技术人员在国外劳动、服务,从而获得外国货币报酬;技术交换包括专利、商标使用权、专有技术使用权的转让以及技术咨询和信息等的提供和接受。

国际贸易按照货物的流动方向,可划分为出口贸易、进口贸易、国境贸易。以国境和关境为划分进出口的标准,国际贸易可分为总贸易和专门贸易。依照商品形态,国际贸易可分为有形贸易和无形贸易。依照货物运送方式,国际贸易可分为陆路贸易、海陆贸易、空路贸易、邮政贸易。依据有无第三者参加贸易,国际贸易可分为直接贸易、间接贸易、转口贸易。依照清算工具的不同,国际贸易可分为自由结汇方式贸易和易货贸易。

由于世界范围的社会化大生产必然引起不同的国际分工,任何国家都不可能包揽一切,因而需要国际合作。国际商品和劳务流动是由商流和物流组成的,前者由国际交易机构按照国际惯例进行,后者由物流企业按照各个国家的生产和市场结构完成。为了克服它们之间的矛盾,就要开展与国际贸易相适应的国际物流。

2. 国际军火物流

军品采购或军品销售超出一国国境,就产生了国际军事物流。国际军事物流是指军用品作为商品及物资在不同国家或地区间的买卖和流通。其中,国际军品贸易是特殊的国际贸易,是广义国际物流的一个重要组成部分。国际军品贸易既包括军事专用品的贸易,又包括军民通用品的贸易,但一般主要是指军事专用品的贸易,又称为国际军火贸易。

国际军火贸易,就交易的内容来说,主要包括四类:①可直接用于军事消费或战争消费的武器装备;②可直接或间接用于武器装备生产的军事生产资料和军事战略物资;③可直接或间接用于军火生产的军事科学技术;④与军火买卖有关的军事投资和军事劳务。这些军火交易内容,除了无偿援助外,在一个国家内部无论采取商品形态还是非商品形态,它们在国际上的交换本质上都是商品交换,包含在国际物流之中。

3. 国际展品物流

国际展览会是以固定的地点、在特定的日期和期限里,通过展示实现产品、服务、信息交流的社会形式。其中,以信息交流为主,比如宣传成就、宣传政策、普及科学知识、建立公司形象、分析市场发展趋势等。有人描述展览会是用最短的时间,在最小的空间里,用最少的成本做出最大的生意。国际展览的种类包括综合展览会、贸易展览会、消费展览会、国际展览会、地方展览会、农业展览会、经济活动展览会、独家展览会、流动展览会、国际贸易中心、虚拟展览会等。

展品运输是筹办展览的主要业务工作,也是国际展览物流的重要环节。业务范围主要包括制订展品运输工作方案、确定展品类型、数量,安排展品的征集、制作、购买,安排展品、道具、宣传品、行政用品的运输,协调安排展品等货物的装箱、开箱、清点、保管,协助安排展品和展台布置,安排有关展品运输的调研、评估、总结。

4. 国际邮政物流

国际邮政物流是指通过各国邮政运输办理的包裹、函件等。每年全世界通过国际邮政所完成的包裹、函件、特快专递等数量相当庞大,因此,国际邮政成为国际物流的一个重要组成部分。邮政运输是一种较简便的运输方式。世界各国的邮政包裹业务均由国家办理,我国邮政业务由邮电部门负责办理。国际上,各国邮政之间订有协定和公约,通过这些协定和公约,使邮件包裹的传递畅通无阻,四通八达,形成全球性的邮政运输网,从而使国际邮政运输成为国际物流中普遍采用的运输方法之一。

国际邮政运输的特点体现在以下几个方面:

1)具有广泛的国际性。国际邮政是在国与国之间进行的,在大多数情况下,国际邮件需要经转一个或几个国家。各国相互经转对方的国际邮件,是在平等互利、相互协助配合的基础上,遵照国际邮政公约和协定的规定进行的。为确保邮件安全、迅速、准确地传送,在办理邮政运输时,必须熟悉并严格遵守本国和国际的各项邮政规定和制度。

2)具有国际多式联运性质。国际邮政运输过程一般需要经过两个或两个以上国家的邮局,通过两种或两种以上不同的运输方式的联合作业才能完成。但从邮政托运人的角度来说,它只要向邮局照章办理一次托运,一次付清足额邮资,并取得一张邮政包裹收据,全部手续即告完备。至于邮件运送、交接、保管、传递一切事宜均由各国邮政局负责办理。邮件运抵目的地后,收件人即可凭邮政局到件通知收据向邮局提取邮件,手续非常简便。因此,可以认为国际邮政运输是国际多式联运的一种方式。

3)具有手续简便、费用不高的特点。各国邮政机构遍及世界各地,邮件一般可在当地就近向邮局办理,邮件到达目的地后,收件人也可在当地就近邮局提取邮件。所以,邮政运输基本上可以说是"门到门"运输,手续简便,费用不高。

二、国际物流的特点

1. 物流环境差异性

各国物流环境的差异性是国际物流的重要特点,尤其是物流软环境的差异。不同国家的不同物流适用的法律不同,使国际物流的复杂性远高于一国的国内物流;不同国家的不同经济和科技发展水平会造成国际物流处于不同科技条件的支撑下,甚至有些地区

第八章 国际物流

根本无法应用某些技术而迫使国际物流全系统水平下降；不同国家的不同标准，也造成国际物流"接轨"的困难，因而使国际物流系统难以建立；不同国家的风俗人文也使国际物流受到很大局限。物流环境的差异迫使一个国际物流系统需要在多个不同法律、人文、习俗、语言、科技、设施的环境下运行，这无疑会大大增加国际物流的难度和系统的复杂性。

2. 经营范围国际性

国际性是指国际物流系统涉及多个国家，系统的地理范围大。这一特点又称为国际物流系统的地理特征。国际物流跨越不同国家和地区，跨越海洋和大陆，运输距离长，运输方式多样，这就需要合理选择运输路线和运输方式，尽量缩短运输距离，缩短货物在途时间，加速货物的周转并降低物流成本。

3. 运作具有风险性

国际物流运作具有一定的风险性，主要包括政治风险、经济风险和自然风险。政治风险主要是指由于所经过国家的政局动荡，如罢工、战争等原因造成货物可能受到损害或灭失；经济风险主要是指从事国际物流必然要发生的资金流动，因而产生汇率风险和利率风险；自然风险则是指物流过程中，可能因自然因素（如海风、暴雨等）而引起的风险。

4. 国际化信息系统支持

国际化信息系统是国际物流非常重要的支持手段，建立国际化信息系统的根本目的是对物流企业全球供应链管理信息实行高度集成、动态查询、快速处理和资源共享，为客户提供快捷、安全、经济、合理的服务。没有国际化的信息网络和网络节点上的信息化建设，国际物流企业在全球物流的运作中将寸步难行。

5. 实施国际标准化操作

在国际物流活动中，要使国际物流畅通起来，必须执行国际统一标准。如果没有统一的标准，国际物流水平将难以提高。目前，美国、欧洲基本实现了物流工具、设施的统一标准，集装箱的几种统一规格及条码技术等，大大降低了物流费用，降低了运转的难度。而不向国际标准靠拢的国家，必然在转运、换车等许多方面耗费更多的时间和费用，从而降低其国际竞争力。

第三节 中国物流"走出去"

一、物流企业"走出去"的基本现状

作为竞争性服务，物流是我国最早实行对外开放的领域。目前，国内几乎所有的物流业务都已向外资开放，在国际快递、国际海运、国际空货、物流地产等领域，外资企业所占市场份额明显超过国内企业。我国政府将按照准入前国民待遇加负面清单的方式，进一步放宽海运及其辅助业、道路运输等领域对外资的限制，以开放促改革，加快包括现代物流在内的现代服务业量的增长和质的提升。相对于外资物流企业在国内的蓬勃发展，国内物流企业"走出去"相对缓慢。

物流学导论

1. 物流企业"走出去"的发展历程

1997年党的十五大前后,党中央提出了更好运用国内外两个市场、两种资源,积极参与经济全球化,加快实施企业"走出去"战略的决定。本书认为,回顾历程,国内物流企业"走出去"大致可分为三个阶段。

第一阶段,20世纪80年代,中远、中外运等作为行业窗口型企业,最早一批到中国香港、日本、欧美等地区设立网点(办事处、子公司等),服务于自身航线经营或代理业务的需要。

第二阶段(2001年—2013年),2001年我国加入世界贸易组织(WTO)开启了我国经济融入全球经济的进程。得益于这一时期国民经济的持续快速发展,我国逐渐成为全球第二大经济体,2013年成为全球货物贸易第一大国,对外工程承包、对外投资等上游行业快速增长,促使物流企业顺势而上,加快在海外布局。例如,中远集团控股经营希腊比雷埃夫斯港,招商局集团控股或参股经营尼日利亚的拉各斯、斯里兰卡的科伦坡、东非的吉布提等港口和码头,民营企业林德物流集团并购德国帕希姆国际机场。更多的物流企业如中国外运长航等进入亚洲、非洲等新兴市场,布局海外网络,开展工程物流等业务,中国邮政和顺丰速运等快递企业纷纷到境外设立海外仓和物流中心,经营快递和跨境电商物流等业务。

第三阶段,以2013年9月提出"一带一路"倡议为标志,我国对外开放进入有质量的"引进来"和大规模"走出去"的第三阶段。与此相适应,物流企业"走出去"将迎来主动作为、群体走出的第三阶段。轻重资产并重、海外属地化经营比重加大、物流业务多元等是这个阶段的基本特点。

跨国化指数(Transnationality Index)是综合评价企业国际化程度的重要指标。现阶段,除中国远洋海运集团、招商局集团这两家重资产的大型交通运输企业跨国化指数较高(大约为40%)外,其他多数物流企业的海外经营规模小,跨国化指数低,网络布局缓慢,运营水平不高,发展缓慢,整体处于"走出去"的初级阶段。

2. 物流企业"走出去"的特点

(1)多采用跟随方式"走出去"

物流是重要的生产性服务业。Ivar Kolstad和EspenVillanger(2008)指出,生产性服务企业"走出去"对外投资的直接动因在于追随客户、寻求市场。服务的异质性造成服务质量信息不对称,上游客户选择服务供应商存在信息风险,它们一般会偏好选择熟悉的本国服务供应商。采用跟随战略是欧美、日本等国家的很多跨国物流公司实施国际化的成功经验,很多国内物流企业,特别是轻资产的国际货代物流企业,一般是跟随上游客户"走出去"的。但从实践看,物流企业"走出去"的节奏慢,多数落后于上游工商企业的需要。

(2)通过商业存在完成服务"出口"

根据世界贸易组织《服务贸易总协定》(GATS)的界定,服务贸易有四种方式:跨境交付(Cross-border Supply)、境外消费(Consumption Abroad)、商业存在(Commercial Presence)、自然人流动(Movement of Personnel)。服务具有不可储存性、生产和消费的同步性等特点,这使得运输等物流服务很难直接出口,往往是通过商业存在(即在第三国设立分支机构)的方式来实现间接出口,物流企业对外投资与物流服务贸易相

第八章 国际物流

互促进,网络对跨境物流服务的重要性可见一斑。这是近些年国内物流企业紧抓机遇,纷纷"走出去"加快海外布局的基本动因。

(3)业务性质不同使得海外经营各有侧重

物流是融合运输、仓储、货代、信息等产业的复合型产业,领域广、业务性质的不同使得企业获取和经营物流资源的方式不同。交通运输重资产经营的性质使得获取和经营港口、码头、物流园区等实体物流资源成为业务发展的重点。邮政快递业务既需要全球网络布局,又需要关键的资产设施,所以,中国邮政、顺丰速运等购买或租赁飞机等运力设施,建立海外仓和分拨中心,构建国内外实体和信息网络。货代业和物流业为综合服务,多为轻资产经营,以中国外运为代表,适度投资车辆、仓储等运营设施,重在经营网络的布局和相关资源的整合。

二、物流企业"走出去"的机遇

从外部看,物流企业"走出去"致力于推动世界经济复苏和全球和平包容发展,打造我国同亚欧沿线国家的利益、命运和责任共同体;从内部看,物流企业"走出去"着眼于构建开放型经济新体制,形成海陆统筹、东西开放的对外开放新格局。"一带一路"是未来10~20年我国实施全方位对外开放的总抓手和总纲领。不同于前两次对外开放强调贸易和投资,"一带一路"建设涉及贸易、投资、产能、金融、生态、海上六大领域,这大大丰富了"走出去"战略的内涵,并为新一轮企业"走出去"提供动力和空间。"一带一路"建设的基本框架如图8-1所示。

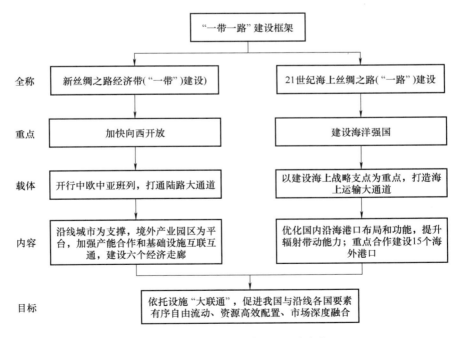

图 8-1 "一带一路"建设的基本框架

2015年3月,经国务院授权,国家发改委、外交部、商务部联合发布《推动共建丝绸之路经济带和21世纪海上丝绸之路的愿景与行动》(以下简称《行动》),提出共建"一带一路"的重点是加强我国同沿线国家的"政策沟通、贸易畅通、设施联通、货币流通和民心相通"。而物流是实现贸易畅通和设施联通的保障,这"五通"建设的加快将给物流企业发展带来难得的历史机遇。

1. 加强政策沟通有利于物流企业"走出去"软环境的建设

加强政策沟通是"一带一路"建设的重要保障。我国政府已经与多个国家和国际组织签署了共建"一带一路"合作文件,这对于外方支持与认可中国的战略动机、落实项目实施能力、营造企业"走出去"良好的软环境等有重要意义。

根据《行动》,我国与沿线国家将通过加强海关和商检的"三互"(信息互换、监管互认、执法互助)合作、商签自贸区协定、建立双边和多边经贸合作机制等一系列制度安排,加大相互市场开放,提升通关、贸易和投资便利化水平,从而为沿线物流企业的投资和经营创造良好的软环境。供应链战略正成为美国等发达国家的核心战略。我国已是全球物流大国和海运大国,借"一带一路"建设的机会,加强多边政策协调,增强我国在统一铁路等运输工具的标准、相关海运政策等上的话语权,以促进包括物流和供应链在内的区域与全球经济治理,构建开放、包容、共赢、安全、持续等国家供应链体系,这应是打造我国软实力的重要标志和难得机遇。

2. 畅通的经贸合作将拓展国际物流的经营空间

贸易和投资是物流发展的前提。李琪(2007)认为,现代服务业演进的规律在于消费者需求的变化带来消费的多样化,这会促使行业规模随市场需求的规模、技术进步和交易频率的提高而日趋扩大,从而加剧产业分工并带来服务的多元化发展。因此,经贸合作总量的扩大不仅为沿线集装箱、散杂货运输、海铁联运、跨境电商物流等业务的可持续增长带来空间,也为催生新的物流业态和品牌提供了机会。以中欧班列为例,据中铁多式联运有限公司统计,2020年,中欧班列持续保持逆势增长和安全稳定畅通运行,开行12 406列,首次突破"万列"大关,是2016年开行量的7.3倍。这其中既有政府的推动,也有客户需求升级的拉动。中欧班列的开通增加了客户多样化的消费选择权,名副其实地成为中欧之间除传统海运外的另一条快捷、安全、便利的运输大通道。

3. 基础设施的互联互通推动工程物流大发展

"一带一路"沿线国家的道路、铁路、港口、轨道交通等基础设施薄弱,火电等传统能源缺乏,风电、太阳能等新能源急需开发,油气、天然气等能源管道开发和光缆等通信建设需要各方参与。加快基础设施的互联互通是"一带一路"建设的重中之重和优先领域。

国际产能合作已成为我国对外经济合作的重点。中亚、中东欧、东南亚、南亚等沿线区域是输出铁路、核电、工程机械等高端装备及钢铁、水泥、建材、轻纺等国内过剩优势产能,在境外建立产业园区,并配套建设上下游生产线,进而实现全产业链"走出去"的重要市场。2015年5月,国务院颁布《关于推进国际产能和装备制造合作的指导意见》。该意见指出,国际产能合作不仅能够促进我国装备"走出去",同时能够带动我国的技术、标准和服务"走出去"。这是同步扩大我国的建筑、设计咨询、运输等服务贸易"走出去"的良机。

设施联通给物流业带来的直接机会在于海外工程项目拉动带来的工程物流市场的扩

第八章 国际物流

大，这是专业化分工的结果。现阶段，在国际物流中传统低端的国际货代服务比重大，而工程物流是基于功能整合、全程服务和价值增值的中高端服务。工程物流服务个性化、定制化特点突出。产品供应链管理关注的核心是库存，而物流服务供应链是一种以能力合作为基础的供应链，是产品供应链的子供应链，重点研究物流服务集成商能力的获取、配置和协调。要管理和运作好这个供应链，选择好上下游分包商、优化流程管理、发挥核心企业网络集成化运作优势、处理好同链上成员的利益分配关系、构建供应链绩效评价体系、有效管理供应链风险等是其中关键环节。

4. 资金融通助力物流企业"走出去"

资金融通是"一带一路"建设的重要支撑。除亚洲基础设施投资银行（AIIB）、金砖银行和丝路基金这三大金融机构外，国家开发银行、中国进出口银行、中国建设银行、中国工商银行、中国银行等这些大型国有政策性和商业性银行纷纷推出巨额融资计划，不断加快海外机构布局，全力支持"一带一路"建设。另外，随着我国同沿线国家双边本币互换、结算范围的扩大，人民币国际化进程得以加快，这些将为国内物流企业的海外经营和跨境并购带来便利。

资金缺口是"一带一路"建设的一大难题。跨境融合的趋势增强使得物流、供应链管理和金融服务交互的供应链金融可尝试作为破解难题的一种新模式。与传统单个企业融资相比，供应链金融着眼于提升以核心企业为主的整条供应链的资金平衡和经营绩效。近年来，我国许多政策鼓励金融机构在风险可控的前提下创新金融产品和服务，开展供应链融资、海外并购融资、应收账款质押贷款、仓单质押贷款、融资租赁等业务。对一些熟悉上下游行业、风险管理得当的大型商贸物流来说，"走出去"到沿线低风险国家开展供应链金融业务是一个机会。

5. 民心相通提升物流企业"走出去"的软实力

民心相通是"一带一路"建设的社会根基。物流经营是一个知识、技能等动态无形资源的整合协调过程。民心相通一方面降低了物流企业"走出去"的协调难度，另一方面促进了沿线不同国家企业间信任关系的建立，降低了企业间的交易成本。

另外，随着"一带一路"建设的推进，我国与沿线国家人员交流日趋活跃。从近些年全球并购案例来看，文化融合对企业成功推动国际化、实施跨国并购意义重大；我国物流企业参与"一带一路"建设的过程也正是培养复合型中高端海外经营管理人才，加快同不同民族、种族、地域、文化的交流和融合的过程。

三、物流企业"走出去"的层次和对策

（一）物流企业"走出去"的层次

"一带一路"建设是加快物流企业"走出去"的重大机遇。物流企业主要以商业存在（网络）的方式输出服务，网络化经营是物流企业打造动态能力的内在要求和外在表现。因此，推动物流企业国际化的过程实质是推进物流企业网络化演进升级的过程。这其中有三个循序渐进的层次（阶段）："走出去""走进去""走上去"。处于这三个层次的企业分布呈金字塔形结构，越往上走，企业数量越少。物流企业网络化经营的三个层次见表8-2。

物流学导论

表 8-2 物流企业网络化经营的三个层次

层次	内涵	特点
"走出去"	物流企业建立一个覆盖区域或全球的海外实体网络和信息网络,以支撑国内主业经营的需要,这是网络化经营最基本的层次	通过代理、自建、合资与并购等方式加快海外网络布局;海外经营以跟随上游客户走出去、服务国内主业为主;重点强调与国内网络的合作;多数以轻资产经营为主;跨国化指数在10%以上
"走进去"	物流企业拥有海外关键资产设施,开展属地化经营,并能对海外区域内物流资源进行有效整合和合理配置,海外业务和海外资产、海外人员的比重大幅提升,较好履行社会责任	跨国化指数在30%以上;强调国内外网络的协调、对接及对外部开放;轻重资产经营并重;在海外区域内实现人员、资产、信息、业务的优化配置
"走上去"	物流企业在全球范围内实现资产、知识、信息、人才等资源的最优配置,以中高端物流服务为主,实现规模经济、范围经济和网络经济,成为核心竞争力突出的跨国公司。这是网络化经营的最高阶段	跨国化指数在50%以上;实现海外大区域化管理,总部对全球资源有统一调配权;全球范围内实现统一的交易规则和服务规范;以其为核心构建上下游企业服务生态圈

1. 通过"走出去"加快物流企业海外网络布局

物流企业性质的不同使得基础设施网络的内涵不同,既包括轻资产的货运代理型网络,又包括重资产的港口、码头等实体资源型网络。货运代理型网络重在网络数量和覆盖面,实体资源型网络应兼顾资产的质量和覆盖面。从物流服务的重点来看,首先是加快"走出去"以构建一个覆盖全球的货运代理型网络。

从网络建设的方式来看,前些年,国内物流企业多采用同境外同行建立代理关系或签署协议的方式,但近年来,自建网络的步伐明显加快。从表8-3可以看出,全球领先的跨国物流公司多数是通过资本并购的方式快速布局全球网络,开辟海外新市场,进入业务新领域,特别是基华物流(CEVA)和中东致力物流(Agility)经营物流的历史不长,通过并购,一举从区域性公司成为全球十强物流企业。国内一些大型物流企业可从中借鉴,目前,世界经济乏力,我国的海外投资动力足,增速快,或许是并购重组的良机。

表 8-3 全球领先的跨国物流公司的并购之路

主导者	时间	并购事件
德国邮政(Deutsche Post)	1999年3月	花费11亿美元控股收购瑞士丹莎物流集团(DANZAS)的海运和空运业务,创立集团物流板块
	2001年	出资11.4美元收购美国航空货代公司-环球捷运公司(AEI)
	2002年	购买汉莎公司股份,完成对美国物流企业DHL 100%的收购,快速整合集团的快递和物流业务
	2003年	收购美国安邦快递(Airborne),使得DHL一跃成为美国第三大快递供应商,从此确立其在全球快递业务上的龙头地位
	2005年12月	以55亿欧元(66亿美元)的现金加股票收购全球最大的合同物流企业——英国英运物流公司(Exel),并购后以全球50万员工和500亿欧元的年营业额成为全球第一大物流公司

第八章 国际物流

(续)

主导者	时间	并购事件
基华物流（CEVA）	2006年8月	全球五大私募基金之一 APOLLO 管理公司以 14.8 亿美元现金加债务并购全球大型合同物流公司——原荷兰邮政集团（KPN）的三大业务板块之一的 TNT 物流，更名为基华物流（CEVA）
	2007年8月	CEVA 物流以 20 亿美元并购美国海空综合货代公司 EGL，改变了前者欧洲重、美国轻的客户结构，服务领域拓宽至高科技和电子、医疗保健、能源和政府，一举成为全球十强物流公司
中东致力物流（Agility）	2005年和 2006年	2005 年年初，中东最大的卡车运输和仓储供应商——PWC 物流，并购亚洲货运代理公司 TRANSLINK，4 月并购项目物流公司 TRANSOCEANIC，并更名为 Agility。2006 年，又以 4.54 亿美元收购美国智傲物流（Geo Logistics），通过并购，Agility 市值增长了 3 倍，一跃从中东区域性公司成为当年收入超过 50 亿美元的全球十大物流公司
美国联合包裹公司（UPS）	2001年和 2004年	2001 年 3 月，以 4.33 亿美元新股收购美国飞驰（FRITZ）；同年 5 月，并购美国第一国际银行（First International），将其改造成 UPS 金融部门（UPS Capital）；2004 年以 2.6 亿美元现金加债务收购美国万络（MENLO）国际货运代理公司，构建海空全球物流网络，打造成全程全能的物流巨头
DB 辛克物流（Schenker）	2006年1月	辛克母公司——德国铁路（DB）以 12 美元并购美国知名海空综合货代公司佰灵顿（BAX），提升了其在北美和亚太地区市场份额，进一步完善了辛克物流的全球网络

2. 通过"走进去"推动物流企业属地化经营

属地化经营是企业国际化经营的必经阶段。国内外学者对属地化经营的动因进行了大量研究，成本差异、市场拓展、文化冲突、员工发展等都是其中的重要动因。这几大因素同样构成了物流企业属地化经营的动因。在"一带一路"背景下，市场拓展的动因更大一些。欧美市场需求大，物流服务发达，但市场竞争充分。整体看，"一带一路"区域市场潜力大，物流服务多数落后，是国内物流"走进去"开展属地化服务的好机会。为此，应抓住"一带一路"建设带来的产能输出和资本输出的机会，以境外产业园区为载体，加紧培养复合型海外人才，积极开展属地化的工程物流、商贸物流、综合货代等物流服务，输出我国本土的物流标准、技术和服务，不断提升海外业务的比重，以改善运输逆差，这是物流企业实施"走出去""走进去"和"走上去"海外战略的关键一步。

网络研究强调"节点"和"关系"。因此，协调是网络化有序运作的必要手段。徐杰、李弘等认为，依据网络协同的内涵，可将物流网络划分为三个由低到高的阶段：合作物流网络阶段、协调物流阶段和协同物流网络阶段。随着网络规模的扩大、交易频率的增加以及业务类型的增多，如何构建机制，确立规则，实现国内外网络的有效对接，实现不同物流节点和不同类型之间物流资源的高效配置，这是"走进去"阶段需要解决的一个重大理论和实践问题。

网络具有服务性和开放性。在"走进去"阶段，还要解决好物流企业内部网络同上下游企业（如客户、船公司、海外分包商等）外部网络的开放合作问题。同时，结合实际，走军民融合的路子，服务中国军队海外后勤保障体系建设，以扩大国内物流企业自有海外网络的使用范围和效率。

3. 通过"走上去"谋划物流企业跨国化经营

实现"走上去"这个层次，虽然资产等有形资源不可或缺，但知识、技能等无形资源更为重要。企业可通过企业网络间学习、获取和整合知识等资源从内外部获得新的资源和能力。服务主导逻辑观同企业动态能力观异曲同工。推动物流企业的国际化经营，一方面要加强海外网络建设，另一方面要加强组织学习，利用知识、技能等动态操作性资源获取持续竞争优势，二者相互促进，相得益彰。知识、技能、信息等无形性动态资源镶嵌在网络化运作中，是物流企业实施国际化经营、打造核心竞争力的根本。这里举一个较有说服力的例子：美国罗宾逊物流作为美国最大的公路运输商，2014年营业额为135亿美元。作为"无车承运人"的典型，该公司每年投入巨额财力以研发和建设信息系统。通过这些系统，该公司不仅管理280多家办事处和1.2万多名员工，还整合了6.6万家运输商的运力并为4.6万家客户提供国际联运、新鲜农产品运输服务，使得其凭借信息网络产生用户黏性，通过运力整合和增值服务创造价值，被公认为轻资产运作的商业模式的行业标杆。

"走上去"作为物流企业国际化经营的最高层次，追求的正是这样一种开放的生态系统。客户、作为服务集成商的物流企业及其上下游的服务分包商作为系统参与者，实现各自利益最大化不再是它们的最终目的，而提高整个服务生态系统的适应性和可持续性是系统的终极目标。

（二）物流企业"走出去"的对策

1. 坚持跟随战略，同上游企业"抱团出海"

采用跟随战略是物流等生产性服务业"走出去"的理论依据，也是欧洲、美国、日本等发达国家和地区跨国化经营的一条成功经验。例如日本在抢占东南亚国家铁路建设市场时，具有技术经验的各铁路公司、擅长制造车辆的川崎重工等、擅长土木工程的大承包商、负责金融和协调的综合商社等组成联盟，共同参加竞标活动。

"一带一路"建设项目的综合化、大型化、高端化日趋明显，对国内企业的资源整合能力、集成管理能力、产业协调能力等提出了更高要求，"抱团出海"，有序布局全球供应链网络，实现全产业链"走出去"，这既是新形势下党中央对国内企业"走出去"的客观要求，也是整体提升我国上下游企业"走出去"水平的根本之策。为此，应借鉴国际成功经验，结合典型案例，吸纳政府近些年在推动制造业和物流业联动上取得的好做法，系统研究上游企业如何提升全球供应链管理水平和物流企业如何实施跟随战略等重大问题。

2. 产学研互动，提高企业应对和处置风险的能力

"一带一路"沿线国家多为不发达国家，政治上不稳定、经贸政策上存在壁垒、法律社会环境不健全、意识形态上有偏见。总结这些年国内企业"走出去"的失败案例，一个共同特点就是前期调研不足，或风险应对不当。为此，物流企业应加强市场调研和尽职调查，在对政治、经济、文化、社会、法律、民族等风险进行合理分类、评估、防控的基础上，分积极、谨慎、暂缓三大类别，制定不同的国别经营投资策略。

第八章 国际物流

鉴于"一带一路"建设是前所未有的开创性探索,可产学研互动,将风险管理作为重要课题立项研究。重视发挥智库在资政建言、前瞻研究、舆论引导等方面的重要作用,将企业的积极实践、政府的有效引导和智库的真知灼见有机地结合起来,不断提升企业"走出去"的风险防控能力和经营管理水平。

3. 分类指导,出台具体可操作的政策措施

渐进地建立健全政策支撑体系,发挥好政府部门在推动物流企业新一轮"走出去"中的引领作用不可或缺。商务、财政、发改、交通运输等部门应加强顶层设计和统筹协调,结合国家"十三五"规划和上述国务院文件精神,围绕海外网络体系布局、国际物流通道和战略节点建设等重点任务,立足当前,兼顾长远,加紧研究出台一系列看得见、易操作的政策措施。针对行业实际,政策设计应兼顾以下原则:

1)分类指导,区别对待。在坚持补足短板、增加有效供给的原则下分类施策。对于中国远洋海运、招商局集团等重资产的国有大型骨干企业,支持它们以重组为动力,积极参与"一带一路"国际物流通道、六大经济走廊和15个海上战略支点建设的投资和经营,共建临港产业聚集区;对于广大物流服务类企业,重点是支持它们以承接海外项目为抓手,加快构建一个覆盖沿线区域和全球的运营网络,引进物流服务供应链管理模式,不断提升服务效率和客户满意度。

2)先行先试,突出重点。鉴于网络对物流经营的重要作用以及中国外运长航、中铁集装箱公司、中国邮政、顺丰速运等行业领先企业长期以来在外贸运输、国际铁路联运、快递和跨境电商等国际物流经营中发挥的主渠道作用,研究施行相关"先行先试"政策,赋予它们一定的财税优惠政策或融资支持。

思考与练习

1. 国际物流有哪些特点?
2. 我国物流企业"走出去"面临哪些机遇和挑战?
3. 查阅我国发布的"一带一路"倡议的有关规划,分析我国国际物流的发展趋势。

第九章 电商物流

第一节 电子商务与物流

一、电子商务

电子商务是一个不断发展的概念。IBM 公司于 1996 年提出了 Electronic Commerce（E-Commerce）的概念。1997 年，该公司又提出了 Electronic Business（E-Business）的概念。我国在引进这些概念时都翻译成"电子商务"，但这两个概念及内容是有区别的，E-Commerce 是指贸易过程中各阶段贸易活动的电子化，E-Business 是利用网络实现所有商务活动业务流程的电子化。

电子商务涵盖的范围很广，一般可分为代理商、商家和消费者（Agent、Business、Consumer，ABC），企业对企业（Business to Business，B2B），企业对消费者（Business to Consumer，B2C），个人对消费者（Consumer to Consumer，C2C），企业对政府（Business to Government），线上对线下（Online to Offline，O2O），商业机构对家庭（Business to Family），供给方对需求方（Provide to Demand），门店在线（Online to Partner，O2P）等模式，其中主要的有企业对企业和企业对消费者两种模式。

电子商务是降低成本、提高效率、拓展市场和创新经营模式的有效手段，是满足和提升消费需求、提高产业和资源的组织化程度、转变经济发展方式的重要途径，对于优化产业结构、支撑战略性新兴产业发展和形成新的经济增长点具有重要作用。

二、电子商务与物流的关系

从商业角度看，电子商务的发展需要具备两个重要的基础条件：①货款的支付；②商品的配送。目前支付问题正在逐步解决，而商品的配送则是制约电子商务发展的瓶颈。其主要原因是消费者在网上商店购买商品后，为消费者送货所花费的配送成本太高，时间太长。这个问题如果不解决就会影响电子商务优势的发挥。网上购物不管如何快捷方便，可以减少一些贸易环节，但却不能减少物流配送的环节，商品的配送服务如不能与电子商务的交易效率相匹配，网上交易就不能发挥初期方便快捷的优势。所以，许多人认为电子商务的瓶颈是"三座大山"：支付系统、配送系统和安全系统。

电子商务的快速发展过程中，在观念、经营、管理与服务方面尚存在着诸多的问题。特别是电子商务企业与物流行业的不协调状况，严重影响着网络经济给双方带来的市场机遇，这需要从以下方面入手，处理好电子商务与物流服务之间的关系：

1）观念。电子商务企业对物流的理解是从电子商务本身需求的角度提出的，这对

第九章 电商物流

物流企业来说则是市场机会。解决电子商务的配送环节不仅仅是物流企业的问题,更需要电子商务企业的积极参与和协助,电子商务企业不应过多地追求物流服务低价格、高送货实效以及提供遍布全国甚至全球的服务体系。

2)规模。电子商务的配送需求很难达到物流企业所需的规模化运作要求,在少量的供给条件下,物流企业无法分摊较高的固定成本而难以降低服务价格,这是诸多物流企业面临的主要难题,物流企业也不应等到电子商务达到规模经济以后再参与其中,而应及早地介入电子商务以抢得先机。

3)网络。互联网的无边界性特点导致了电子商务客户区域的分散与不确定性,但过于分散的配送网络不利于物流企业集中配送降低成本。从物流企业角度看,电子商务企业应从区域与市场上对客户服务网络进行定位与相对集中,指定配送的地区与服务对象,这有利于物流企业将配送资源适度集中,进而降低配送成本。

4)资源。电子商务对物流的需求与物流企业所提供的供给间差距很大。对物流企业而言,电子商务对配送需求的多样性与分散性,为物流企业整合系统内资源提供了内在的动力与外在的需求,成立全国性的、遍布城乡的物流配送体系,适应电子商务物流配送的需求已迫在眉睫。

5)费用。对电子商务企业与物流配送企业来说,配送的需求与供给间的协议价格差距仍然较大,配送成本过高加剧了电子商务企业与配送企业在费用分摊方面的矛盾。

6)服务。电子商务企业不仅希望物流企业提供配送服务,还希望其最终成为电子商务企业的客户服务商,协助电子商务企业完成售后服务,提供更多增值服务内容,如跟踪产品订单、提供销售统计和报表等,进一步增加电子商务企业的核心服务价值,物流企业要改变单一的送货观念。

7)管理。电子商务企业的资金大多来自海外的风险投资,其领导者具有较高的知识与管理水平,对企业的配送要求也较为严格,物流企业也应考虑适应不同档次客户的需求,提高管理水平以适应电子商务企业高标准的要求。

8)人员。电子商务企业从业人员多数接受过国内或国外高等教育,相对来说,国内物流企业人员素质相对较低,在一定程度上存在沟通与交流障碍,不利于双方的长远合作与发展,物流企业应注意提高自身人员的素质。

9)关系。从各方的反应来看,配送企业与电子商务企业的关系并不是很和谐。从任何角度来讲,双方若不能建立长远友好的合作关系,必将影响双方在未来的投资。

10)协议。目前,电子商务企业与配送企业签订的协议以短期居多,而长期协议几乎没有,不利于物流企业制订长远的投资与服务计划,短期协议制约物流企业对配送体系的投入热情与采用新技术,不利于降低配送成本。

电子商务作为一种新兴的经济模式,发展潜力是不容低估的。解决电子商务配送的最佳模式是,将电子商务的配送与传统商务的配送共同化,电子商务独自投资建立配送体系将形成重复投资造成资源浪费,二者的集中有利于将分散的配送资源有效集中、优化物流配送网络,进而降低配送成本。电子商务企业也应充分利用第三方物流、配送服务体系,将有限的资金用于扩大电子商务网络建设,实现网络经济的规模效益。

三、电商物流的特点

1. 虚拟性

虚拟性是指在信息网络构筑的虚拟空间中进行的物流活动（物流的虚拟性源于网络所具有的虚拟性），它通过对物流活动的现实虚拟，生成各种虚拟的环境，作用于人的视觉和听觉等，人们不仅可以看到物流活动的图像，而且可以进行物流的操作演示，产生身临其境的感觉。虚拟现实（Virtual Reality，VR）是一种可创建和体验虚拟世界的计算机系统，企业利用该系统有以下好处：①可以建立物流中心的订货虚拟系统，以合理地确定订购品种和规模；②企业可以建立库存信息系统，虚拟反映库存品种和规模，以科学合理地确定库存的品种和规模，规划库存的利用效率；③可以建立虚拟配货装配系统，合理分配人力资源和设备资源，选择合理的运输工具；④可以建立虚拟进货系统，合理地确定运输线路和时间等。

此外，电子商务的虚拟性特点可使企业有效地对物流活动进行实时监控，保证配送环节的合理衔接，提高物流效率。

2. 高效性

高效性的特点可使企业根据现况建立一套完整有效的自动信息系统，将一些程序化的活动通过自动信息传递系统来实现，企业可根据用户的需求情况，通过自动信息传递系统调整库存数量和结构，调节订货数量和结构，进而调整物流作业活动。而对于一些非程序的活动，可通过自动信息传递系统进行提示或预报，进行物流调节，提高信息的传输和物流效率。

高效性的特点也可使企业建立一套有效的计算机辅助决策系统，将一些程序化的活动通过计算机辅助决策系统来完成，提高决策效率。

此外，电子商务也可迅速有效地完成信息的交流、单证的传输以及提高物流过程中的支付效率。

3. 低成本性

电子商务不仅使物流双方（物流企业和委托方）节约了成本，而且也降低了整个社会的物流成本。

1）电商物流[一]节约了物流双方的库存成本。物流双方可以有效地利用电子商务技术及交易等优势，减少了物流双方的库存规模。同时，对于整个社会来说，库存水平也得到了降低，使库存管理的成本和费用相对下降。

2）电商物流降低了物流双方的行销成本。提供物流的一方可实现促销成本及送货成本的降低，需要物流服务的一方可实现信息采集成本等的降低，节约自建物流系统的投资及相应的管理费用。

3）电商物流可使物流双方通过网上结算进行单证传输，实现了物流双方的结算成本及单证传输成本的降低。

4）电商物流降低了租金成本。①它可使企业合理地确定物流场地的面积和地点，提高物流场所的利用率，降低物流场所的使用成本。②它可使企业相应地减小办公场地

[一] 电商物流是电子商务物流的简称，即 ERP 系统，是一整套的电子物流解决方案。

第九章 电商物流

的面积,因为在电子技术和电子工具高度发达的今天,企业可以充分地利用网络管理的方法与技术对物流活动进行管理,所以需要的办公面积远远小于传统物流管理需要的办公面积。

4. 个性化

个性化特点是电商物流可以根据用户的不同需求提供一对一的物流服务,更好地满足不同用户的物流需求。个性化服务在物流中的应用、推广和发展将开创物流服务的新时代。它不仅使普通的大宗物流业务得到发展,而且能够适应用户需求多样化的发展趋势和潮流。

个性化服务的实现主要是通过共同筛选技术和神经网络匹配技术来进行的。共同筛选技术可以把用户需求物流习惯、喜好的物流方式等与其他用户需求物流习惯、喜好的物流方式等加以比较,以确立用户下一次对物流的具体要求。神经网络匹配技术通过模仿人的大脑程序,识别复杂数据中的隐含模式,使提供物流服务者能够迅速地与每一位用户通信和交流,从而满足用户提出的特殊物流要求。

第二节 电商物流系统

一、传统物流模式的局限

传统的物流模式可表示为"生产厂商——一级批发商—二级批发商—商店—顾客"。这样,每一次的物流都要求每一个节点要有或多或少的库存,也就必须得建设一定的仓库进行储存,这样就增加了物流管理的费用,不但浪费了库房面积、资金,而且还使得货物的流通周期无形中延长,造成流通速度减慢,既耽误了商机,也会造成不必要的资源浪费。在传统的商务活动中,商品需要经过多个中间环节才能送到消费者手中,这些中间环节必然要耗费大量的物质资源,增加了商品的成本,而电子商务可缩短供应链的长度,节省物质资源的损耗,从而给企业带来极大的隐含效益。

1. 渠道的时间周期长

传统的物流渠道从供应商那里采购开始要进行一系列协调、沟通活动,周期可长达数十天,这无法适应当前需求快速变化的社会发展。

2. 部门各自为政

传统的物流渠道过分强调采购、生产、销售等部门的独特功能,造成部门主义,物流、信息流扭曲、变形,不能全面评价各部门对企业总体利益的真实贡献。

3. 系统封闭运行

传统物流渠道中生产、销售看似整体,但未形成开放系统的企业运作模式,现已无法适应网络化竞争的经济发展需要。

此外,在传统的物流渠道下,对用户没有建立确定性需求的跟踪管理系统;渠道中各企业不愿与他人分享自己的商业信息,因而无法将库存降至最少,迂回运输也屡屡发生,物流总成本较高。

二、电商物流系统的构成

一般来说,电商物流系统主要由管理系统、作业系统和信息网络系统组成(见图9-1)。

物流学导论

图 9-1 电商物流系统的构成

1. 管理系统

管理系统是由配送系统的计划、控制、协调和指挥等功能模块所组成的系统，它是整个配送系统的支柱。管理系统包括配送系统的战略目标、功能目标、配送需求预测与创造、存货管理、作业过程管理及网络管理等。

1）战略目标。系统战略目标主要包括服务的对象、顾客的性质与地理位置以及所提供的与此相适应的配送服务。

2）功能目标。这主要是确定配送系统所达到的目标，配送能力的大小主要取决于企业投入人、财、物的数量及管理水平等。

3）配送需求预测与创造。管理系统的主要职能之一是对市场进行预测分析，以掌握和了解未来客户配送需求的规模及提供相应的服务。另外，企业要通过网络广泛地收集用户的需求及要求的服务，开展促销业务，以系统的高效率、低成本和高质量的服务创造配送需求。

4）存货管理。通过预测、创造需求以及网络的特点，管理系统要合理地确定存货的规模与结构。一方面，存货的规模与结构要与客户的要求保持一致；另一方面，存货的规模与结构要和作业能力保持一致。

5）作业过程管理。

6）网络管理。

2. 作业系统

作业系统是配进实物作业过程所构成的系统。在电子商务时代，配送实物作业应按管理系统下达的信息指令来进行。作业系统主要包括货物的接收、装卸、存货、分拣、装配、送货和交货等。

3. 信息网络系统

信息网络系统是由接受、处理信息以及订货等功能模块所组成的系统。目前在配送中应用较多的电子商务网络系统主要有：

1）POS 系统（销售时点系统）。POS 系统即企业收集、处理和管理配送时点上的各种配送信息和用户信息的系统。

2）VAN 系统（增值网）。VAN 系统即利用电信的通信线路将不同企业的不同类型的计算机连接在一起，构成共同的信息交流中心。

3）EOS（电子订货系统）。企业利用通信网络（增值网或互联网）和终端设备以在线连接方式处理从订货到接单各种信息的计算机系统。EOS 能及时准确处理订单以及从新产品资料说明直到会计结算等商品交易过程中的所有作业。

4）MIS（管理信息系统）。MIS 负责货物的进存及配送管理，并进行配送经营的辅助决策工作，如货物的自动补给系统等。

第九章 电商物流

5）EDI 系统（电子数据交换系统）。EDI 系统在不同的计算机应用系统之间依据标准文件格式交换商业单证信息。对于配送企业以及需要进行配送的企业来说，在互联网上进行配送单证信息的传输不仅可以节约大量的通信费用，而且也可以有效地提高工作效率。

第三节 电商物流新形态

一、车货匹配平台

车货匹配是指把货主运货的运力需求与空闲的货运汽车运力供给之间对应起来，从而实现合理的运力分配。公路运输与铁路、航空等运输方式不同，它的运力供给广泛而零散地分布在车主手中。近年来，我国公路运输不断出现资源浪费现象，车找不到货、货找不到车的情况在运输市场普遍存在。与此同时，电子商务刺激产生了大量的交易，进而产生了大量的待运商品。在以上需求的推动下，车货匹配平台应运而生。

车货匹配平台在电子商务的背景下，利用互联网、数据库、GPS、GIS 等技术，提高信息检索能力和匹配效率，减少因信息不对称问题造成的种种问题，提高车辆满载率，并满足货主及时运输的需要。其主要功能有：①提供各类车源及货源信息，如车型、货源类型、运输要求、线路规划、联系方式等；②可实现在线支付，可支持使用网银、支付宝等多种方式来结算，降低平台货方和司机的支付风险；③提供货物跟踪和在途管理，可以依托卫星导航系统随时跟踪车辆和车内货物信息；④开展交易评价，从而形成较好的信用机制，降低车货双方交易风险，提高整个社会的物流效率。

车货匹配信息平台的作用有：

1. 满足公路货运双方旺盛的物流需求，节省供需双方成本

车货匹配平台的最大特点是可以使货运信息更加透明化，减少车货双方因信息不对称而导致的成本浪费，实现车货的智能匹配，在短时间内促进车主和货主的联系，促使交易达成，满足我国公路货运市场旺盛的需求。

2. 节省供需双方时间及成本

车货匹配平台的出现能够降低车货双方委托中介配货的成本，实现去中介化，同时有利于避免车货配载市场不合理的乱收费现象。此外，基于互联网背景，通过在线发布货源和车源信息，供需双方通过在线平台进行沟通，在一定程度上节省了双方的工作量。平台提供物流供需智能匹配功能节约了供需双方人工寻找匹配对象的时间及成本，提高了经济效益，有效地为车货双方企业节省时间及人力成本。

3. 整合物流资源

车货匹配平台使得货源企业及车源企业集中精力于核心业务。灵活运用新技术，智能地实现供需匹配，降低成本。通过智能便捷的功能吸引更多的用户入驻平台，有利于平台产生增值服务，提高平台效益。

4. 推进节能减排，改善环境

车货匹配平台提高了车货供需匹配的效率及成功率，实现了交通运输资源的优化配置，能够大大降低货源车辆的空载率，减少二氧化碳的排放，节约油耗，响应政府部门节能减排的号召，进一步推进节能减排顺利进行，改善环境。

由于车货匹配平台大大缓解了汽车运输的供求矛盾，许多物流相关企业竞相开发应用产品，据统计，仅 2014 年一年，市面上就涌现出 200 家以上的车货匹配 App。车货匹配平台在发展初期阶段仍然存在许多不足之处，例如货源信息有真有假或者重复发送，货源和车源体量不大、匹配困难，货主对个人车主信任度不高，运输质量难以监控，如遇突发事故问题难以解决，平台盈利模式模糊等。

经历了几年同质化的市场竞争，车货匹配平台的发展渐入佳境。平台企业逐渐开始深入探索适合自身的营运模式，其目的在于把握市场竞争核心资源，在物流信息平台行业中取得不可替代的竞争优势。当前的营运模式从服务对象来划分主要包括两类：①服务于个人，平台通过引入货运中介来扩大用户规模；②服务于企业，通过为企业提供系统化的货运服务，以获取长期效益。目前，较活跃的车货匹配平台有运满满、货车帮、福佑卡车、传化路鲸等。

二、跨境电商物流

跨境电商是电子商务在地理上的扩展，即分属不同关境的交易主体，通过电子商务平台达成交易、进行支付结算，并通过跨境物流完成交易的商业活动。跨境电商已经成为我国增长速度最快的外贸出口渠道，特别是为中小企业打开国际市场提供了主要的方式。我国海关总署数据显示，2020 年通过海关跨境电子商务管理平台验放进出口清单 24.5 亿票，同比增长 63.3%。

1. 跨境电商物流中的难题

随着电子商务的发展，国外客户越来越注重购物体验，跨境物流成了跨境电商的最大痛点。跨境电商物流主要存在以下问题：

1）跨境运输时间长。跨境贸易自身的特点使得跨境电商物流的产业链更长、环节更多，其周期要远远长于国内电商，短则半月，长则数月。

2）货物难以全程追踪。相对于国内电商方便的物流跟踪，跨境电商物流在境外物流阶段，由于各国物流水平、通信水平等不一致，以及信息接口等问题，导致在国外特别是在小语种或不发达地区很难跟踪货物情况。

3）清关障碍。跨境电商物流发展的最大障碍就是通关问题。各国海关政策不同，对出入境的审查要求、审查程序不同，导致手续烦琐、申报时间长、费用支出高，从而影响整个跨境电商物流的效率和成本。

4）退换货物流较难实现，即使能实现，由于涉及报关报检等手续，其效率特别低下，成本也十分高昂。

2. 跨境电商物流的运营模式

我国跨境电商物流主要采用以下几种形式：

1）邮政物流模式。邮政物流是指各国邮政部门所属的物流系统，我国可用于跨境电商的邮政物流有 EMS、国际 E 邮宝（ePacket）、中国邮政大包、中国邮政小包等。其中，EMS 的跨境物流是中国邮政和其他国家或地区邮政合办的，因此在邮政和通关方面比较便利；国际 E 邮宝的业务范围中，专门有一项是为速卖通、ebay、敦煌、wish 等跨境电商平台外贸商家提供收转服务。

第九章 电商物流

2）国际快递模式。国际快递是指以国际商业剧巨头——DHL、TNT、UPS 等为代表的国际物流，它们利用强大的信息管理系统和遍布世界各地的本地化服务支持跨境电商物流。

3）国内快递模式。这是指将商品托交给国内快递企业，如"四通一达"（申通、圆通、中通、汇通、韵达）和顺丰等，它们利用与有合作关系的国外物流企业，完成跨境电商物流。

4）专线物流模式。在一些跨境电商货物量较大的路线上，一些物流企业开辟专线物流，通过航空包仓方式将跨境商品运输到国外，再通过合作公司进行目的国的物流。

5）海外仓模式。海外仓是指在本国以外的国家或地区建立跨境电商仓库，在目的国进行货物仓储、分拣、包装和物流。海外仓可以改变传统跨境电商物流方式，实现海外物流的本地化运输。随着跨境电商迅速发展，我国企业加快搭建包括海外仓在内的跨境物流体系，海外仓数量已超过 1800 个，成为支撑跨境电商发展、拓展国际市场的新型外贸基础设施。

案例分析

海外仓优化海外消费者购物体验

考虑到疫情防控期间需要多"囤菜"少出门，住在西班牙马德里市郊的家庭主妇莱蒂西娅计划购置一台双开门冰箱。经过对比，她发现当地商场里的冰箱价格不菲，送货上门还要额外支付一笔运费。而在一家中国跨境电商平台上，一款双开门冰箱仅售 399 欧元，且免费送货，莱蒂西娅觉得很合适。下单后的第二天，冰箱就送到了家门口，莱蒂西娅惊喜不已。

该电商海外仓西班牙站供应链负责人介绍，他们在西班牙拥有两个官方海外仓，另有超过 10 个第三方合作海外仓，货品实现西班牙、法国和波兰等地"3 日达"，泛欧地区"7 日达"。基于海外仓，商品退货、维修等售后服务也由本地承接，优化了本地消费者的购物体验。

来赞达是东南亚地区最大的在线购物网站之一，2020 年 3 月在印度尼西亚新增了海外仓服务。喜欢在线购物的印度尼西亚姑娘拉德娜说："网购商品质量和价格都不错，最重要的是送货快。"

在广州速贸天下科技有限公司日本海外仓网站上，一名顾客在购买无线耳机后评价物流服务时留言："发货及时，到货很快，包装很好。"该公司创始人表示，2020 年上半年，其日本海外仓销量增长了一倍以上，目前，防疫用品成为最畅销产品。

资料来源：http://www.gov.cn/xinwen/2021-01/13/content_5579553.htm，经整理加工。

思考：
（1）分析海外仓物流模式。
（2）思考什么样的商品更适合采用海外仓的模式进行跨境电商销售。

三、"最后一公里"物流与智能自提柜

相对于传统的物流，电商物流对实效性要求更高，并且当下很多电子商务企业将物流当作一大"营销卖点"，往往承诺消费者会在"三天内到货"或者更短时间内到货，从而达到吸引消费者购买的目的，导致消费者对物流体验非常敏感，其中影响最大的就是"最后一公里"物流。另外，有数据显示，我国物流成本占 GDP 的 18%，比发达国家高出一倍。我国物流成本过高的一个原因就是物流环节过多。其中，"最后一公里"占到整个物流成本的 30% 以上。

物流的"最后一公里"，并不是真正的一公里，是指从物流分拣中心到客户手中这一段距离，通过运输工具将货物送至客户手中的过程。这一短距离物流是整个物流的末端环节，也是唯一一个直接和客户面对面接触的环节，意义重大。

"最后一公里"物流由于线路分散、线路交通状况复杂，基本完全依靠快递人员和收件人人工对接物流，信息化水平低，物流过程难以监控，物流质量难以保证。在一些边远地区，物流"最后一公里"还存在难以触达的问题。针对该物流瓶颈，各大物流企业致力于寻找解决方案，智能自提柜就是其中应用较广泛的一种方法。

智能自提柜是一种集成了互联网、物联网、智能识别、动态密码和无线通信等技术的提供寄、收、存服务的现代化工具，也称智能快递柜、快递柜、自提柜等，由国家邮政局制定的行业标准 YZ/T 0133—2013《智能快件箱》将其称为"智能快件箱"。智能自提柜在物流中的应用场景就是应用于"最后一公里"，是解决业务量剧增和物流人力不足矛盾的方案之一。使用智能自提柜后，物流人员将投向某个区域的包裹放入快递柜，变分散投递为集中投递，实现"放货即走"，提高了投递效率。消费者可以选择在自己方便的时候前去取货，增加了灵活性。

在西方发达国家，智能自提柜已经有十多年的历史，从它们的经验来看，智能自提柜确实给商家和消费者提供了较大的便利。例如，电商巨头亚马逊的自提柜通常设置在便利店、药店等居民常用设施周围，消费者可三日内取货；德国的 DHL 包裹站已成为许多生活小区的基本配套设施，覆盖了 90% 的人口。

从 2012 年开始，以京东和速递易为代表的智能自提柜首次出现在国内市场，此后陆续有多个相关企业在社会上建设和投放智能自提柜。智能自提柜主要有以下几种运营模式：

1）快递公司投放模式。这是目前应用最多的模式。2015 年，顺丰、申通、中通、韵达、普洛斯物价物流企业联合成立丰巢科技，研发出了面向快递公司、电商物流使用的"丰巢"智能自提柜（见图 9-2）。除了寄存服务外，"丰巢"还提供智能自提柜的软硬件定制服务，以及基于智能自提柜的营销服务、数据服务等。

2）电子商务公司投放模式。这种模式的典型例子是京东和苏宁等。2012 年，京东商城在北京地铁站开启快递自助投递业务，由此推开，在全国各地布局快递柜。京东的快递柜只服务于京东自营用户。相较而言，苏宁的"1 号柜"与国内多家知名快消品企业建立了战略合作关系。

3）第三方运营公司投放模式。这些第三方运营公司是指本身不经营快递或电商零售业务，而是设计或生产智能自提柜的厂家，典型代表有速递易、收件宝等。它们投放的智能自提柜可供多方使用。

第九章　电商物流

图9-2 "丰巢"智能自提柜

思考与练习

1. 何为电子商务？
2. 简述电子商务下的物流体系。
3. 简述电子商务下的第三方物流的管理体系。
4. 目前社会上对智能自提柜有一些争议，集中在保管收费、放自提柜不通知等问题上，分析造成这些问题的原因，并提出解决方案。

第十章 循环物流

第一节 循环经济与物流

循环物流是我国学者根据循环型社会、循环经济等理念提出的研究领域。汝宜红教授领导的研究团队率先开展了循环物流系统方面的研究工作,自 1993 年起,先后论述了物流在实现循环型社会过程中具有不可替代的作用,探讨了循环物流和循环物流系统的概念、层次等理论问题。其他学者也进行了相关理论研究,例如:李振提出从可持续发展的高度重视物资管理,通过加强物资管理,促进实现资源循环;曹凤中提出推行循环经济要大力发展环境信息服务业和物流产业,并提出了面向循环经济的物流产业的发展对策;宋耀华从物流系统关联的角度分析了循环物流系统的结构,并针对国内实际情况提出了循环物流系统优化的策略;张敏提出了将物流系统作为连接生态系统与经济系统的"桥",发展循环物流的观点;谌国栋提出了为实现可持续发展,必须对我国物流产业进行引导和调整,发展循环物流;李兹强等分析了循环物流成本的组成,提出了循环物流成本的控制对策。

一、不同学科对"循环"的认识

"循环"是循环物流概念的核心组成部分,集中体现了概念的特点。因此,在探讨循环物流的概念之前,首先需要对"循环"的含义进行科学界定。

1. 循环的语言学含义

《辞源》中对"循环"的释义为:"往复旋绕也。"《现代汉语词典》(2002 年增补本)的释义为:"事物周而复始地运动或变化。"由此可见,在汉语中,"循环"可以作为名词或动词,表示事物的运动具有"周而复始"的特征或事物处于"周而复始"的运动。

英语中,与循环相近的词汇是"Cycle"和"Circular"。其中,"Cycle"用作名词或动词,表示"按照同一次序重复多次的一系列事件(名词)"(a number of related events that happen again and again in the same order),或"促使事物形成重复运动的状态(动词)"(go through a series of related events again and again or make something do this)。"Circular"用作名词或动词,表示"事物具有往复、环绕的运动状态(名词)"(having the form of a circle),或"事物处于往复、环绕的运动过程中(动词)"(moving in or forming a circle)。

因此,从语言学的角度看,"循环"可以表示两种含义:一种是描述事物具有"周而复始"的运动特征(名词);另一种是促使事物的运动呈现"周而复始"的形式。

2. 循环的哲学含义

循环是事物运动的一种普遍现象,哲学对于"循环"也有相应的解释,并形成了

第十章 循环物流

不同的学说。例如形而上学的循环论认为,"循环"现象表明事物的发展只有量的变化,而没有质的飞跃,像走马灯似地从一点出发,周而复始地回到原来的出发点。否认事物发展的前进性质,否认事物的发展是由低级到高级、由简单到复杂的螺旋式上升运动。而马克思主义哲学认为,循环是指普遍存在的往复流动、周而复始的现象,是自然界中随着物质的运动和能量的转换而形成的周期性运动过程。它既是自然界发展变化的结断性、曲折性和复归性的表现,又是自然系统发展的普遍形式之一。一般来说,自然界物质的循环是一个不可逆的历史过程。但在忽略它与环境之间的相互作用的情况下,可以近似地看作可逆过程。不可逆过程体现了物质系统循环运动的前进性特征,可逆过程反映了这种运动的复归性特征。循环运动就是过程的可逆性与不可逆性的统一。

马克思主义哲学的论断表明,"周而复始"只是事物"循环"运动的外在特征,是事物内部由简单到复杂的螺旋式上升运动的外在表现。因此,研究"循环",不仅要研究其"周而复始"的外在特征,还应深入探讨其内部运动的本质规律。

3. 循环的物理学含义

物理学,尤其是热力学认为,"循环"是"系统从某一状态出发,经历一系列过程后又回到初态的全过程"。通过循环过程,系统同外界进行能量交换,或从外界吸收能量,或者对外界做功。物理学对"循环"的理解表明,具有"循环"特征的系统应是开放系统,与外界的能量交换是实现"循环"的动力。

4. 循环的经济学含义

经济学中的"循环"主要是指资本循环(或资金循环),即产业资本依次经过三个阶段,相应采取三种职能形式,使其价值得以增殖并回到原来出发点的运动过程。马克思关于资本循环的总公式为:$G—W\cdots P\cdots W'—G'$。按照总公式,资本循环可分为三个阶段。第一阶段,货币资本转化为生产资本,它是第二阶段(即生产资本阶段)的先导和先行阶段。第二阶段,资本流通被中断,而资本循环仍在继续。资本从商品流通领域进入生产领域,通过劳动力和生产资料的结合,生产出包含剩余价值的新商品。第三阶段,资本家通过在市场上出售商品,获取生产资料价值和再生产的劳动力价值以及剩余价值,商品资本转化为货币资本。

5. 循环的生态学含义

生态学中的"循环"指的是物质循环,即生态系统中,植物、动物、微生物和非生物成分,借助能量的不停流动,一方面不断地从自然界摄取并合成新的物质,另一方面又随时分解为原来的简单物质,即"再生",重新被植物所吸收,进行着不停顿的物质循环。在人工生态系统中,物质循环表现为"物质资源循环",即资源的不同形态之间的循环转化过程,如图10-1所示。狭义的"资源"仅是指自然资源,广义的"资源"则不仅包括自然资源,还包括产品资源、废弃物和再生资源。

1)自然资源是在一定时间和技术条件下,能够产生经济价值、提高人类当前和未来福利的自然环境因素的总称。

2)产品资源是人类为了满足生产或生活活动的需要,通过一定的技术手段与设施,利用物质资源加工后形成的半成品或成品。

3)废弃物是人类生存和发展过程中产生的,对持有者没有继续保存和利用价值的物质。

物流学导论

4）再生资源是在一定经济、技术条件下，对废弃物通过无害加工而重新形成的，能够在一定程度上替代原生资源再次进入社会活动的资源。

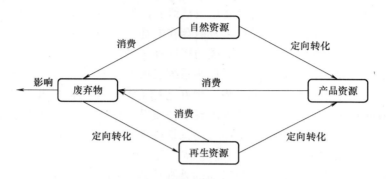

图 10-1　物质资源循环转化过程

资料来源：汝宜红. 资源管理学 [M]. 北京：中国铁道出版社，2001.

通过上述分析可知，循环是指事物呈现周而复始的运动状态，而且这种状态不是简单的重复，而是事物不断发展的体现。具体到循环物流概念上，则是通过物流活动呈现周而复始的运动状态，实现循环型社会的发展目标，一方面是资源的循环利用，即实现环境效益增值；另一方面是资本的循环流通，即实现经济效益增值。

二、循环物流概念辨析

1. 将循环物流定义为"绿色物流"

黄贤金认为，循环物流即"绿色物流"，是从节约资源、保护环境的角度对物流体系进行改进，形成资源循环、环境共生、生态友好型的物流系统。

这种定义的合理之处在于明确指出了循环物流系统的目的，如资源循环、环境共生、生态友好。然而，这种定义的侧重点只是物流系统自身对生态环境的影响，其具体目标是通过各种手段，促进物流系统自身的资源循环，消除物流系统自身的环境污染，降低物流系统自身的环境影响，如包装物的回收利用、货运汽车尾气排放减量等。这种定义没有体现出物流系统在循环型社会中支撑资源循环的重要作用，如果以这种定义指导循环物流系统的构建，其结果只能局限在物流系统的自身调节与完善，而不能反映支撑资源循环的"主动性"。

2. 将循环物流定义为"闭环供应链"

宋耀华认为，循环物流系统是指物及其物流衍生物发生的空间和时间的位置移动的循环系统，是由正向物流与逆向物流相互联系构成的物流系统；张敏认为，循环物流（Circular Logistics）是指产品及其废弃物物质实体双向闭环流动的物流形态；谌国栋认为，循环物流不仅是指废弃物的循环利用，而是作为联系生态系统与经济系统桥梁的物流系统，它既包括正向物流系统，也包括逆向物流系统；何远成认为，循环物流在重视正向物流的同时又强调逆向物流，并把二者有机地统一起来，形成资源反复利用的闭合通道；李兹强等认为，循环物流系统是指物品及其物流衍生物发生的空间和时间的位置移动的循环系统，是由正向物流与逆向物流相互联系并且连接供应链各个环节以及环境而构成的物流系统。

第十章 循环物流

这种定义的合理之处在于"对正向物流与逆向物流进行有机结合",使物流系统在形式上具有了"闭合循环"的特征,但仍存在以下缺陷:

1)闭环供应链的概念侧重点是基于"生产者责任制",强调以生产者为主导,构建形态上闭合循环的物流网络,其首要目标是生产者的回收率最大,而不是资源循环利用率最大。如果以这种定义指导循环物流系统的构建,则会导致用"闭环"代替"循环",以"回收"代替"资源化",从而不能真正地实现资源循环利用率最大,起到支撑资源循环的作用。

2)正向物流与逆向物流的概念具有模糊性,对于由多类型主体参与的物流系统,难以准确、清晰地说明何为"正向",何为"逆向",如果以这种定义指导循环物流系统的构建,会给系统界定带来困难。

3. 将循环物流定义为"循环经济的子系统"

朱煜认为,循环物流系统是循环经济系统的子系统,是为满足循环经济发展模式的物流服务需求,由物流服务需求方、物流服务提供方及其他相关机构形成的一个包含所需物流运作要素的网络。

魏际刚认为,循环经济对物流领域的未来发展产生深刻的影响,即物流活动和物流管理符合循环经济要求,向资源节约型、环境友好型的循环物流转变,改变原来经济发展与物流、消费生活与物流的单向作用关系,在抑制物流对环境造成危害的同时,形成能促进经济和消费生活健康发展的物流系统。

4. 本书对循环物流的定义

通过对既有循环物流定义的辨析,结合前述对"循环"的理解,可以提出一个更加科学、准确、实用的循环物流的定义:循环物流是满足循环经济发展模式的物流服务需求,将产品物流与废弃物物流进行有机整合的资源节约型、环境友好型的物流过程。

对于这个概念,可以进行以下理解:

1)循环物流的主体范围是由参与资源循环过程而连接起来的供应链。

2)资源节约与环境友好是循环物流的本质属性,促进资源循环最大化是循环物流的总体目标,以减少自然资源的消耗量和最终固体废物的处置量。

3)"将产品物流与废弃物物流进行有机整合",改造与重构物流系统,使其呈现周而复始的运动状态,是实现资源节约与环境友好的根本途径。

4)"整合"并非是产品物流与废弃物物流的简单相加,而是将原本互相割裂、独立运行的两个物流过程进行改造与重构,使其合为一体,促进资源循环最大化。

5)"整合"也不仅仅是"正向物流"与"逆向物流"的整合,而是依据资源循环的不同需要,存在多种类型的整合方式。

三、循环物流与相关概念的比较

1. 与绿色物流的比较

绿色物流是继"绿色制造""绿色设计"等概念之后提出的理念,将资源节约与环境保护纳入了物流概念的范畴,使之成为物流系统的内在目标与根本属性。目前国内外有代表性的绿色物流定义如下:

1)美国逆向物流执行委员会(RLEC)的定义:绿色物流又称生态型的物流(Ecological Logistics），是一种对物流过程产生的生态环境影响进行认识并使其最小化的过程。

2）我国国家标准《物流术语》的定义：在物流过程中抑制物流对环境造成危害的同时，实现对物流环境的净化，使物流资源得到最充分利用。

目前对绿色物流的研究主要集中于两个方面：①理论研究，不断完善绿色物流的概念框架和理论体系，阐述实施绿色物流对于资源节约、环境保护的意义，已经逐步发展成绿色供应链管理理论；②从各物流要素对环境造成的污染入手，提出以控制物流要素的污染来实现绿色物流，例如王涛采用 ISO 14000 系列标准推荐的方法，建立了物流系统的绿色评价框架，对北京物流体系中的运输功能要素进行了清单分析，定量表示了四种运输方式的能量消耗和污染物排放情况。

与循环物流的概念相比，绿色物流将资源节约与环境保护纳入了物流概念的范畴，这种思想具有重要的指导意义，但绿色物流的研究重点是物流系统自身的资源节约与环境保护，对如何整合产品物流与废弃物物流，促进资源循环最大化，则缺乏有针对性的借鉴意义。

2. 与逆向物流的比较

逆向物流（Reverse Logistics）的研究起始于 20 世纪 90 年代，近年来得到了迅速发展，在理论研究与实践研究两个方面均取得了显著研究成果。2002 年，美国物流管理协会给出了逆向物流的正式定义，即逆向物流是对原材料、加工库存品、产成品以及从消费地到起始地的相关信息的高效率、低成本的流动而进行规划、实施和控制的过程。国外学者对于逆向物流的研究更侧重于实践方面，即企业如何有效地进行逆向物流决策、协调参与主体的效益悖反关系以及具体执行问题。荷兰学者对近年来欧洲和美国有关逆向物流实践研究的 60 多篇论文进行了评述，得出以下结论：

1）产业类别上，60% 的论文研究制造业的逆向物流问题，20% 研究批发零售业，10% 研究建筑业，另有少量论文研究交通运输与通信业以及公共服务业等。

2）产品类型上，接近 50% 的论文研究金属制品（包括机械制品与装备），近 30% 的论文研究木材、塑料、纸张等加工产品，近 20% 的论文研究食品、饮料、香烟、服饰等生活用品，另有少量论文研究非金属矿物产品，这说明对于逆向物流的研究大多集中在高附加值的产品上。

3）研究目标上，美国学者多从经济效益的角度进行研究；欧洲学者则多从环境效益的角度进行研究。

4）研究内容上，主要集中在逆向物流网络结构、逆向物流参与主体关系、逆向物流库存管理、逆向物流规划与控制以及逆向物流中的信息技术等方面。

5）研究方法上，在探讨逆向物流构建体制方面，侧重运用博弈论模型；在逆向物流网络系统建立方面，比较注重线性规划、混合整数规划、网络规划等优化模型的应用；在模型的求解方面，比较注重启发式算法与仿真技术的应用。

由此可见，逆向物流研究突出了多主体共同参与、协调合作的特点，这与循环物流的思想是一致的，但是对于如何整合产品物流与废弃物物流，则略显不足。

3. 与闭环供应链的比较

闭环供应链是在生产者责任制理念的推动下，强调以生产者为主导，构建形态上闭

第十章 循环物流

合循环的物流网络。闭环供应链的研究在荷兰、芬兰、德国等欧洲发达国家取得了长足进展,并在汽车、电子产品、医药制品等行业进行了广泛应用。目前,国外闭环供应链的研究范围主要集中于闭环供应链管理系统的概念、运作模式、基本功能和关键技术的研究,更多的是从管理和技术的角度,即如何提高闭环供应链的管理效率和运作效率的角度研究闭环供应链管理。国内对于闭环供应链的研究晚于国外,多属于对国外研究成果的介绍性和跟踪性研究,如闭环供应链的概念、特征等方面。

闭环供应链的概念体现了产品物流与废弃物物流的整合,与循环物流具有一致性,这也是经常将二者混淆的主要原因。但是闭环供应链与循环物流也有明显的区别之处:首先,闭环供应链在理念上强调"生产者责任制",而循环物流强调多主体共同参与。其次,闭环供应链在实践上要求由生产者负责废弃物的回收利用,而循环物流强调根据资源循环的特点决定废弃物回收的责任者,以实现资源循环最大化。

通过上述分析,循环物流与各相关概念的比较见表10-1。

表10-1 循环物流与各相关概念的比较

项目	循环物流	逆向物流	闭环供应链	绿色物流
提出时间	20世纪90年代	20世纪90年代	20世纪90年代	20世纪90年代
概念内涵	满足循环经济发展模式的物流服务需求,资源节约型、环境友好型的物流过程	原材料、加工库存品、产成品以及相关信息从消费地到起始地的高效率、低成本的流动过程	将正向供应链与逆向供应链相连接,两条链上的物品从源到汇、再由汇到源的闭环流动过程	认识物流过程产生的生态环境影响并使其最小化的过程
共同点	均将降低污染物排放、废弃物回收与循环利用等资源与环境问题纳入物流的研究范畴,在研究目标上强调经济利益与环境影响的统一与协调			
侧重点	从改造承载资源流动的物流系统切入,以资源循环利用率最大为首要目标,通过整合产品物流与废弃物物流实现资源循环	主要强调废弃物回收与处理过程的规划、实施和控制等管理过程,仍然以经济效益为首要目标,而且甚少考虑与产品物流进行整合	强调以生产者为主导,构建形态上闭合循环的物流网络,其首要目标是生产者的回收率最大	强调抑制物流过程自身对环境造成危害,以环境污染最小为首要目标,而不是资源循环利用率最大

资料来源:汝宜红. 物流学 [M]. 北京:高等教育出版社,2009.

第二节 循环物流系统

用系统观念来研究物流活动,是现代物流科学的核心问题。将系统的基本理论和方法应用于循环物流领域,从物流系统的整体观念出发,研究循环物流系统各组成要素之间的关系,寻找系统的最佳方案,能够使循环物流过程的总体效果达到最佳。

一、循环物流系统的含义

借用物流系统的定义,可以对循环物流系统进行以下定义:循环物流系统是为实现

物流学导论

资源循环的最优化,由客体要素、主体要素、载体要素等相互区别并相互联系的要素所构成的具有特定功能的有机整体。针对本定义进行以下说明:

1)循环物流系统的目标是实现资源循环的最优化,循环物流本质是支撑资源循环的物流。

2)循环物流系统的客体要素是指资源生产环节、资源销售环节、资源消费环节、资源回收环节、资源还原环节等资源循环过程中所涉及的各类资源。

3)循环物流系统的主体要素是指所有直接或间接参与循环物流活动的组织或个人。

4)循环物流系统的载体要素是指承载客体要素并使之完成在主体要素之间运动的各种设施和设备。

二、循环物流系统的要素与结构

循环物流系统的要素包括客体要素、主体要素、载体要素,循环物流系统的结构包括客体结构、主体结构、载体结构。

1. 客体要素与结构

循环物流系统的客体要素是指资源循环过程中所涉及的各类资源,分为自然资源、产品资源、再生资源、废弃物四种类型。循环物流系统的客体要素之间具有相对稳定的联系方式,形成循环物流系统的客体结构(见图10-2)。

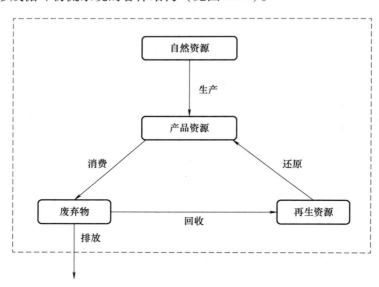

图10-2 循环物流系统的客体结构

由图10-2可以看出:产品资源是由自然资源经过资源生产环节的转化而成的,废弃物是由产品资源经过资源消费环节的转化而成的,其中,一部分经过资源回收环节变为再生资源,另一部分则排放到循环物流系统之外;再生资源经过资源还原环节,与自然资源一起成为产品资源的来源。

2. 主体要素与结构

循环物流系统的主体要素是指所有直接或间接参与循环物流活动的组织或个人,主

第十章 循环物流

要包括物流需求主体（货主、消费者），物流供给主体（物流事业者）以及管理主体（政府），具体可以分为生产商、销售商、消费者、回收商、物流服务提供商和管理者。循环物流系统各主体之间具有相对稳定的联系方式，形成循环物流系统的主体结构（见图 10-3）。

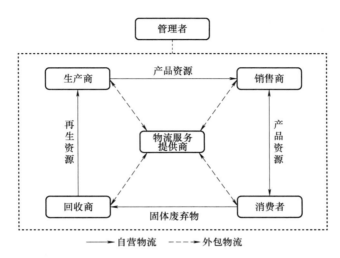

图 10-3　循环物流系统的主体结构

由图 10-3 可以看出，循环物流系统主体的物流运营分为自营物流和外包物流两种方式。在外包物流方式中，物流服务提供商通过连接生产商、销售商、消费者以及回收商之间的资源流动，成为循环物流系统的物流供给主体。在自营物流方式中，生产商通过销售商将产品资源传递给消费者，从而完成产品资源物流活动；消费者将固体废弃物传递给回收商，回收商将固体废弃物转化为再生资源之后传递给生产商，从而完成废弃物物流活动。管理者的作用在于规划、协调和监督其他循环物流系统主体的物流活动。

（1）生产商

在市场经济中，生产商的生产目的是交换，所提供的产品资源必须进入流通领域才能实现生产目的。因此，生产商既是循环物流系统商流的起点，也是物流的起点；生产商既承担着商流的功能，也承担着物流的功能。其中，一部分生产商不仅生产产品资源，也构筑自己的物流渠道，设有专职物流活动的机构。因此，生产商的物流运营分为自营物流和外包物流两种方式。

产品资源按存在形态分为原材料、零部件、半成品和成品等，作为产品资源的提供者，生产商可以相应分为材料生产商、零部件生产商、产品生产商。

（2）销售商

销售商按处于流通环节的不同，可以划分为分销商和零售商。具体来看，销售商按经营商品的不同和营业形态的不同，又形成了业种和业态的分类。按业种分类，从商品的最终用途来区分，销售商可以分为生产资料销售商和生活资料销售商；生产资料销售商又可以分为钢材、化工、建材、机械等销售商，生活资料销售商又可以分为食品、服装、日用杂货、家用电器等销售商。按业态分类，销售商可以分为分销阶段的综合分销商和专业分销商,零售阶段的百货公司、购物中心、连锁商店、综合超市等。

(3) 消费者

消费者包括最终消费者和中间消费者。最终消费者是指个人或家庭消费者及事业单位和政府。它们处于资源销售环节的终点,是生产和流通的最终目的所在。从流通功能来看,最终消费者是通过购买来获得自己需要的商品,它们形成交易的一方,是交易活动的当事人。中间消费者是指生产资料的消费者,一般把中间消费者称为用户,它们具有双重地位,一方面是原材料、零部件等流通的终点,另一方面又是成品流通的起点。

(4) 回收商

从组织形式的角度,回收商分为回收企业和个体回收者两类。其中,回收企业按照所有制形式的不同,可以分为国有回收企业和私营回收企业。现阶段,我国的回收企业大多数是由原计划经济时期的全国供销合作总社下属的再生资源回收网点改制而成的。回收企业一般采取公司化经营模式,在城市范围内设立固定的经营网点,在收购标识、收购车辆、计量工具、收购员服装、收购价格、收购品种等方面实施统一的标准和管理。个体回收者是指个体经营、通过买卖再生资源获取差价利润的个人。个体回收者分为两种:一种是以走街串巷零散收购为主的流动回收者;另一种是依附于某一城市社区的固定回收者。

(5) 物流服务提供商

生产商等主体把自己难以承担的物流业务,或者自己虽然可以承担,但是效率低、成本高的物流业务,采取合同形式外包给专业化的物流服务提供商,或称为第三方物流企业,这种形式是现代物流的发展方向。根据我国国家标准《物流企业分类与评估指标》(GB/T 19680—2013),物流服务提供商包括运输型、仓储型、综合服务型三种类型。

(6) 管理者

管理者为政府机构和行业协会等准政府机构,是城市循环物流系统及整个社会经济系统的行政管理主体,其主要作用是制定法律、规章制度、政策措施,以及进行城市循环物流系统及整个社会经济系统的规划和建设。管理者通过管理、鼓励、扶持、限制、引导等管理方式作用于社会经济系统的两大基本要素是企业和市场。

3. 载体要素与结构

循环物流系统的载体要素是指承载客体要素并使之完成在主体要素之间运动的各种设施和设备。一般情况下,物流载体分为两类:第一类物流载体是指物流基础设施,如车站、港口、机场等基础设施,它们大多是固定的;第二类物流载体是指物流设备,即以第一类物流载体为基础,直接承载并运送物品的设备,如车辆、船舶、装卸搬运设备等,它们大多是可以移动的。

此外,基于不同的角度,物流载体存在以下不同的分类方式:①从物流功能的角度,物流载体可以分为运输载体、储存载体、装卸载体、搬运载体、包装载体、流通加工载体等,其中,运输载体和储存载体是最主要的物流载体。②从物流网络的角度,物流载体可以分为物流节点和物流线路。在物流过程中,供流动的物品储存、停留以便进行相关后续物流作业的场所称为物流节点,如工厂、商店、仓库、配送中心、车站、码头等。在物流网络中连接物流节点的线称为物流线路。③从物流流向的角度,物流载体

第十章 循环物流

可以分为正向物流载体和逆向物流载体。正向物流载体承载产品资源，逆向物流载体承载废弃物和再生资源。

循环物流系统中，正向物流节点主要包括物流园区、物流中心和配送中心；逆向物流节点主要包括再生资源回收点和再生资源集散市场。循环物流系统的载体结构如图10-4所示。

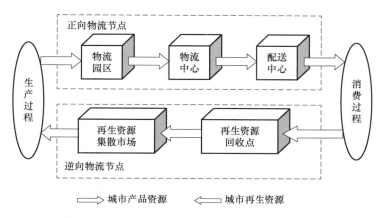

图10-4 循环物流系统的载体结构

再生资源回收点的主要功能在于汇集消费过程产生的城市再生资源，并将它们运送至城市再生资源集散市场。再生资源回收点广泛分布在城市居住区、商服区、机关企事业单位的周围。城市再生资源回收点根据流动性的不同，可以分为固定回收点、半固定回收点和流动回收点；根据所有制形式的不同，可以分为国有回收点和私营回收点。

再生资源集散市场的主要功能在于集中附近各个城市再生资源回收点所收购的城市再生资源，并将它们运送至具有资源还原功能的生产商。再生资源集散市场一般位于城市郊区。城市再生资源集散市场根据所有制形式的不同，可以分为国有集散市场和私营集散市场。

三、循环物流系统的特点

循环物流系统是社会再生产中物流系统的一种存在形式，其主要功能和作用是促进循环型社会的实现和保障循环型社会的运行。因此，循环物流系统在具备了一般物流系统的特性基础上，还具备自身的特性。

1. 循环物流系统是一种人工生态系统

生态系统是生态学的基本概念，是指生物群落与其周围非生物环境的综合体，是生命系统和环境系统在特定空间的组合。在生态系统中，各种生物彼此之间以及生物与非生物的环境因素之间互相作用，关系密切，而且不断地进行着物质循环和能量流动。

人类生态学中的物质代谢理论，类比自然生态系统中的"食物链"关系，描述社会再生产过程中的原料供应、生产制造以及消费和废弃物处理等方面的物质资源依存与代谢关系，形成人工生态系统。

人工生态系统中的物质代谢过程对于自然生态系统的依赖与影响，若能与自然生态系统的再生与净化能力一致，则人工生态系统中的物质资源就处于循环利用之中，此时的经济发展模式即为"循环经济",社会发展模式即为"循环型社会"。循环物流系统的定义决定了它就是支撑"循环型"社会经济发展模式的人工生态系统,一方面减少自然生态系统中的物质资源消耗,另一方面减少向自然生态系统排放废弃物。

2. 循环物流系统是产品物流与废弃物物流的物流系统的有机整合

产品物流与废弃物物流的有机整合,是系统的整合性在循环物流系统中的具体体现,也是循环物流系统与一般物流系统的根本区别。"有机整合"并非产品物流与废弃物物流的简单相加,而是强调通过改造物流系统,将原本互相割裂、独立运行的产品物流过程与废弃物物流过程合为一体,由同一物流系统共同承担,通过解决二者的割裂性问题,促进资源循环的实现,解决经济发展与资源管理、环境保护之间的矛盾问题。

3. 循环物流系统扩展了物流活动的范围

与一般的物流系统相比,循环物流系统延伸了物流活动的范围。

(1) 客体的角度

一般的物流系统通常侧重于研究原材料、在制品、产成品等以服务消费为目标的客体。而循环物流系统的客体有两种:一种是原材料、在制品、产成品等以服务消费为目标的客体;另一种是消费者不需要的物品,即物流过程中形成的衍生物。衍生物分为两类:一类是直接衍生物,主要是指物流活动直接造成的废旧物品和退货,包括旧物品、报废物品、破碎物品、损坏物品、汽车尾气污染物等;另一类是间接衍生物,主要是指在物流管理过程中间接形成的衍生物。例如库存管理,如果库存数量少,那么虽然节约了库存费用,但因此产生较多的运输次数,增加了对运输燃料的消耗和环境污染,从而对社会经济的持续发展产生消极影响。

(2) 载体的角度

传统的单向物流系统一般侧重于研究承载原材料、在制品、产成品等物品的载体,例如汽车、商品仓库等。而循环物流系统的载体除此之外,还包括运输废弃物的专用车辆、针对回收品功能进行测试的专用设备等。因此,循环物流系统的载体范围更广。

(3) 流向的角度

一般的物流系统通常仅研究商品物流,或单纯的废弃物物流。而循环物流系统有两种流向渠道:一种是客体通过生产—流通—消费的途径,满足消费者的需要,这是物流流向的主渠道,称为正向物流或动脉物流;另一种是合理处置物流衍生物所产生的物流流向渠道,如回收、分拣、净化、提纯、再加工、再利用等,其流动的方向与前者相反,故称为逆向物流或静脉物流。

(4) 功能的角度

循环物流系统的功能除了具备物流系统的功能之外,还具备以下功能:

1) 回收功能。循环物流系统的回收功能是指将顾客所持有的产品通过有偿或无偿的方式返回销售方。这里的销售方可能是产业链上任何一个节点,如来自顾客的产品可能返回到上游的供应商、制造商,也可能是下游的零售商。

2) 检测与分类功能。循环物流系统的检测与分类功能是指对回收品的功能进行测试分析,并根据产品结构特点以及产品和各零部件的性能进行分类处理。

3) 再加工功能。循环物流系统的再加工功能是指对回收产品或分拆后的零部件进行加工，恢复其价值。例如，对于使用过的包装材料，一般需要经过再次加工维护后才能重新利用，这种再加工功能一般可以由包装回收商来完成。

4）报废处理功能。循环物流系统的报废处理功能是指对那些没有经济价值或严重危害环境的回收品或零部件，通过机械处理、地下掩埋或焚烧等方式进行销毁。考虑到环境效益，循环物流系统的报废处理功能应以机械处理方式为主。

4. 循环物流系统是兼顾经济效益与环境效益的物流系统

循环物流系统在功能、目的上区别于一般物流系统的地方，就是循环物流系统除了具备一般物流系统创造"时间价值"与"空间价值"的经济效益功能以外，还具有兼顾经济效益与环境效益的功能。尤为重要的是，循环物流系统在实现循环型社会过程中具有举足轻重的作用。

在经济系统内部，循环物流系统连接着生产、流通、消费、再生四个基本过程，运用包装、储存、装卸、运输及信息处理等手段，消除不同过程之间的时间差异和空间差异，将物质资源由上一个过程送至下一个过程。循环物流系统的运作目标，与循环型社会的合理利用社会物质资源的构想正相吻合。循环物流系统通过利用自身的网络优势，可以全面监测各种物质资源的流量与流向；准确把握生产、流通、消费、再生过程中各种物质资源的消耗与使用特性，将其对物质资源使用及其管理的各项要求具体地传递给经济系统的相应环节。物流系统的合理化，不仅限于物流各项活动带来的经济效益，而且会带来社会发展的综合影响以及社会的整体经济效益，促进现有物质资源的循环使用，达到以最少的投入实现最大的社会财富的目的。同时，通过物流系统还可以发现社会经济中阻碍、制约循环经济实现的深层次问题，为制定循环经济发展政策提供决策支持。

在经济系统与生态系统之间，循环物流系统起到了"桥梁"和"纽带"的作用，发挥着有效抑制社会的天然物质资源的过量开采、低效使用、大量废弃着和维护生态系统正常运转的作用。因此，通过对循环物流系统的协调与优化，可以正确指导社会生产和生活消费过程中的物质资源使用和废弃，对不利于自然生态系统的行为，可以通过物流系统采取特殊手段，中断其原材料（或产品）的来源，禁止其产品（废弃物）的流出，以促进循环型社会的实现。

第三节　构建循环物流系统

一、系统客体的构建机理

产品生命周期理论认为，产品结构具有层次性。产品结构包括材料、零件、部件和产品四个层面。与之相对应，循环物流系统客体的构建模式可以分为产品循环模式、零部件循环模式和材料循环模式三种（见图10-5）。同时，资源循环的价值按照"产品—部件—零件—材料—能量—填埋"的顺序依次降低。因此，从价值的角度来看，系统客体的三种构建模式的优先顺序依次为产品循环模式、零部件循环模式和材料循环模式。

循环物流系统的客体要素以产品生命周期为主线，分布在资源循环过程的生产环

物流学导论

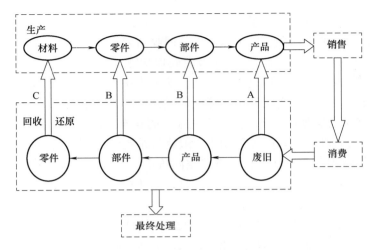

A：产品循环模式　B：零部件循环模式　C：材料循环模式
图 10-5　系统客体的构建模式

节、销售环节、消费环节、回收环节、还原环节这五个环节中。产品循环模式是指产品被不断地更新升级得以反复使用或进入二手市场。从环境保护和节约资源、能源角度看，产品循环模式的价值最高。零部件循环模式是在产品拆卸后，将可以重新利用的部分经过翻新和检测，进入再制造环节或进入零配件市场。对于拆卸后无法进入产品循环模式和零部件循环模式的产品组件可以作为材料回收，经过材料分离、产生再生材料供给材料生产商。

1. 产品循环模式

产品循环模式主要有两类处理方式；一类是再利用方式；另一类是再制造方式。

（1）再利用方式

再利用是指废旧产品只需要经过简单的处理就可以再次得到使用。再利用方式包括直接再利用和间接再利用，直接再利用不改变产品的用途，而间接再利用则改变产品的用途。再利用方式的一般流程可以表示为：产品使用—回收—简单处理—产品再使用。其中，简单处理包括清洗、消毒、检测等基本作业。

可以进行再利用方式的产品中最常见的是各类包装物或包装容器，包括玻璃瓶、塑料瓶、托盘和集装箱等，涉及啤酒或饮料业、食品业、运输业等行业。

（2）再制造方式

再制造是一个将不能再使用的废旧产品恢复到"新"状态的过程。再制造方式的一般流程可以表示为：废旧产品被清洗、拆卸和检测，有重新使用价值的零部件被再处理后进入库存。将库存中经过再处理的零部件重新装配成"新"产品，使其具有或接近于和原产品一样的使用性能和寿命。

可以进行再制造方式的产品一般具有以下特征：①产品具有耐用性；②产品只是丧失部分功能；③产品是标准化批量生产，零部件可以替换；④产品的原始价值和剩余价值高；⑤再制造成本低于其所包含的剩余价值；⑥产品技术稳定；⑦消费者能认可再制造产品对新产品的替代性。具有上述特征的产品包括汽车、电视机、计算机、复印机、轮胎等。在美国，再制造业已经成为经济中的支柱产业之一。

2. 零部件循环模式

零部件循环模式除了具有再利用和再制造两类处理方式之外，还具有第三类处理方式，即拆卸方式。

若干个零部件通过一些物理连接，比如螺栓连接，构成一个产品，产品拆卸就是打断这些物理连接，使得零部件能够在三维空间自由移动。从拆卸的程度上看，产品拆卸分为完全拆卸与非完全拆卸。完全拆卸就是将产品拆卸到其所有的零部件都能自由运动程度，非完全拆卸是指仅拆卸指定的零部件，而其余的零部件的连接方式基本不变。从拆卸过程是否可逆来看，拆卸可以分为破坏性拆卸与非破坏性拆卸。破坏性拆卸是指拆卸过程中零部件受到损坏，这样拆卸后的零部件不能重新装配成原来的产品。非破坏性拆卸是指拆卸过程中产品的零部件都没有受到损坏，这样拆卸后的零部件能够重新装配成一个产品。

零部件循环模式在产品拆卸之后，选择再利用方式或者再制造方式，从而完成零部件层面的资源循环。零部件循环模式与产品循环模式的产品特征和行业领域类似，在系统客体的构建模式中，它是仅次于产品循环模式的优先选择。

3. 材料循环模式

材料循环模式可以分为高级再循环和低级再循环两类。高级再循环是指废旧产品的材料质量较高，可以在相同等级的产品中得到使用。而低级再循环则是指废旧产品的材料质量较低，可以在低级的产品中得到使用。

进入材料循环模式的产品一般具有原始价值和剩余价值都比较低的特点。由于产品的剩余价值低，而由废旧产品中的材料转化成再生材料又需要先进设备和高额投资，因此，材料循环模式对于废旧产品的处理数量具有较高的要求，以便实现经济上的可行性。进入材料循环模式的产品主要包括建筑材料、纸品、塑料、玻璃和金属等，涉及建筑业、造纸业、化工业等行业。

4. 不同构建模式的比较

产品循环模式、零部件循环模式和材料循环模式三种系统客体的构建模式，在生产环节、销售环节和消费环节上相似，区别主要在于回收环节和还原环节。三种系统客体的构建模式在处理方式、产品特征以及行业结构方面的比较见表10-2。

表10-2 系统客体的构建模式比较

项 目	产品循环模式	零部件循环模式	材料循环模式
处理方式	再利用方式 再制造方式	拆卸方式 再利用方式 再制造方式	拆卸方式 分类加工方式
产品特征	耐用型产品 产品剩余价值高	耐用型产品 产品剩余价值高	产品原始价值低 产品剩余价值低
行业结构	啤酒或饮料业、食品业、运输业、汽车业、电子仪器业、机械制造业等	汽车业、电子仪器业、机械制造业等	建筑业、造纸业、化工业等

二、系统主体的构建机理

1. 基于参与式治理的构建策略

循环物流系统的构建目标是以实现城市资源循环的最优化为总体目标,兼顾经济效益、环境效益和社会效益的综合目标体系。构建城市循环物流系统需要解决环境保护和经济发展之间的矛盾,但是由于生态环境与自然资源具有公共物品属性,同时存在市场失效和政府失效的问题。市场失效是指仅运用市场的手段无法达到经济学中的帕累托最优,市场在限制垄断、提供公共物品、约束个人的极端自私行为、克服生产的无政府状态、统计成本等方面存在着内在的局限,单纯的市场手段不可能实现社会资源的最佳配置。同样,仅仅依靠政府的计划和命令等手段,也无法达到资源配置的最优化。正是鉴于市场失效和政府失效,以政府、企业和社会作为共同治理主体的参与式治理就显得尤为必要。因此,循环物流系统的主体构建策略可以将参与式治理作为理论依据。

系统主体的治理机制是指通过一系列正式的或非正式的、内部的或外部的制度安排来协调主体要素之间的利益关系,实现各主体要素的利益均衡,确保系统整体的决策科学和运作有效,以期获得最优的经济效益、环境效益和社会效益。根据主体要素的关联分析,系统主体具有市场交易关系和城市管理关系两类关系。此外,参与式治理也以政府、企业和社会作为共同的治理主体。因此,基于参与式治理的构建策略,将建立集市场治理机制和政府治理机制于一体的治理机制。

(1) 系统主体的市场治理机制

市场治理机制主要协调生产商、销售商、消费者、回收商和物流服务提供商等主体要素之间的相互关系。市场治理机制运行的原动力是市场交易参与者的经济利益,因此,市场治理机制以经济手段为主。

市场治理机制主要包括价格机制、供求机制和竞争机制。价格机制通过市场价格信息来反映供求关系,并通过这种市场价格信息来调节系统主体的生产、流通和消费,从而实现资源配置的优化。另外,价格机制还可以促进竞争和激励,调节系统主体的经济利益。供求机制通过供给与需求之间在不平衡状态时形成的各种城市资源的市场价格,以及市场供给量和需求量等市场信号来调节各种资源的生产和需求,最终实现供求之间的基本平衡。竞争机制通过价格竞争或非价格竞争调节市场运行,能够增强生产商、销售商、回收商和物流服务提供商等主体要素的发展动力,有利于促进城市资源循环的优化。

(2) 系统主体的政府治理机制

政府治理机制主要协调以政府为主的城市管理者和其他主体要素之间的相互关系。政府治理机制在遵循市场治理机制运行基本规律的前提下,对生产商、销售商、消费者、回收商和物流服务提供商等市场交易主体采取特定的管理行为。

政府治理机制以法律手段和行政手段为主,以经济手段和其他手段为辅,包括静态机制和动态机制。其中,静态机制是指政府制定的法律或法规规则,动态机制是指政府进行调控的行为。

2. 系统主体的构建模式设计

(1) 总体设计

循环物流系统主体的构建模式分为商流模式和物流模式两类。其中,商流模式分为

第十章 循环物流

生产商回收模式、销售商回收模式和回收商回收模式,物流模式分为物流自营模式和物流外包模式,如图 10-6 所示。

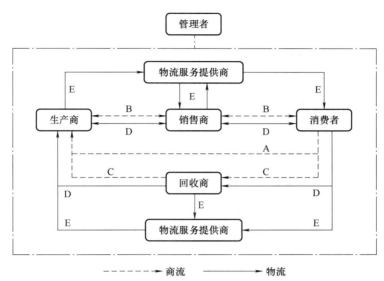

A:生产商回收模式　B:销售商回收模式　C:回收商回收模式　D:物流自营模式　E:物流外包模式

图 10-6　系统主体的构建模式

由图 10-6 可以看出:A、B、C 三种商流模式的区别主要在城市资源循环过程的回收环节。其中,A 模式是由包括材料生产商、零部件生产商、产品生产商在内的生产商作为回收环节的主体,B 模式是由包括分销商和零售商在内的销售商作为回收环节的主体,C 模式是由包括回收企业和个体回收者在内的回收商作为回收环节的主体。

D、E 两种物流模式的区别主要在于物流服务提供商是否参与生产商、销售商、消费者和回收商之间的物流活动。其中,D 模式是由生产商、销售商和回收商作为物流运营的主体,E 模式则是由物流服务提供商作为物流运营的主体。

(2) 不同商流模式的特点

1) 生产商回收模式。在生产商回收模式中,生产商既可以单独建立回收部门进行回收业务,也可以与其他同类生产商建立联合回收组织,由该组织负责这些生产商的回收业务。

生产商回收模式具有以下优势:①由于生产商回收自身产品,因此熟悉回收产品的设计流程,可以进行准确拆卸,从而能够节省拆卸时间和提高经济效益。②生产商通过回收过程可以准确掌握回收产品的质量和数量信息,将回收产品作为生产原料的一种补货方式,从而能够节约自然资源和降低制造成本。③生产商通过回收过程可以直接接触消费者,有利于了解自身产品的缺陷,从而能够不断提高自身产品的质量和增强竞争优势。

生产商回收模式具有以下劣势:①由于生产商资产技术的专用型,而回收的产品有限,建立和运营回收渠道的费用较高,难以形成规模经济。②如果在产品回

物流学导论

之前其生产商已经倒闭或者该产品停产,可能会出现难以完成资源循环过程的风险。

生产商回收模式适宜于资源的生产环节和还原环节可以由同类生产商整合完成的情况。当需要回收的废旧产品数量较大,并且回收利用价值和科技含量较高,或者对环境的潜在危害较严重时,生产商需要具备一定的经济实力和生产规模,适合采取生产商回收模式。

2)销售商回收模式。在销售商回收模式中,销售商通过与生产商达成协议获得一定的经济补偿,建立回收部门帮助生产商进行回收业务。在这种模式中,生产商只需要负责资源的生产环节和还原环节,回收环节则委托销售商完成。

销售商回收模式具有以下优势:①销售商已经负责资源销售环节,掌握着比较详细的消费者信息,与消费者保持着相对紧密的联系,这些因素都有利于销售商开展回收业务。②生产商通过委托销售商完成资源回收环节,可以避免对回收网络的大量投资和分散管理,集中力量进行资源生产环节和还原环节。

销售商回收模式具有以下劣势:①一个销售商往往需要同时为多个生产商进行产品的回收,作为回收的代理方,如果没有一定的激励,销售商缺乏回收产品的动力,而且由于信息不对称,可能会引发逆向选择和道德风险问题。②生产商无法完全掌握回收产品的相关信息,不能直接从消费者处得到产品的反馈。

销售商回收模式适宜于资源的销售环节和回收环节可以由同一销售商完成,并且正向物流网络与逆向物流网络可以整合的情况。

3)回收商回收模式。在回收商回收模式中,首先,生产商将城市产品资源的所有权转移给销售商;其次,销售商将城市产品资源的所有权转移给消费者;再次,消费者在完成城市产品资源的使用过程后,将产生的城市再生资源的所有权转移给回收商,即由回收商完成回收环节;最后,回收商将城市再生资源的所有权转移给生产商。

回收商回收模式具有以下优势:①回收商的专业化运作可以提供更高的服务质量,同时避免各个生产商分别建立回收渠道的重复性建设,实现回收渠道的共享。②回收商由于其专业性可能实现规模经济,从而有利于降低生产商的回收成本。

回收商回收模式具有以下劣势:①回收商同时回收多种产品,但并不一定具备所有产品回收处理的专业技术和设施设备,同时,回收产品的数量和质量可能存在很大差异,不利于回收成本的降低和回收收益的提高。②生产商将回收业务分给回收商,需要支付一定的购买费用,因此生产商与回收商之间存在如何合理分配经济利益的问题。

回收商回收模式适宜于资源的生产环节和还原环节不能由同类生产商整合完成,并且正向物流网络与逆向物流网络不宜整合的情况。此外,生产商如果经济实力较弱、生产规模较小,适合采取回收商回收模式。

4)不同商流模式的比较。生产商回收模式、销售商回收模式和回收商回收模式三种商流模式的区别主要在于城市资源循环过程的回收环节。不同商流模式的比较见表10-3。

第十章 循环物流

表 10-3 不同商流模式的比较

项目	生产商回收模式	销售商回收模式	回收商回收模式
生产商特点	生产商经济实力强、生产规模大，并可以整合资源的生产环节和还原环节	生产商不宜自建回收渠道，可以将回收业务委托给销售商完成	生产商经济实力较弱、生产规模较小，可以将回收业务委托给回收商完成
销售商特点	负责资源的销售环节	负责资源的销售环节和回收环节	负责资源的销售环节
回收商特点	不参与该模式	不参与该模式	负责资源的回收环节
产品特点	废旧产品数量大，回收利用价值和科技含量高，并具有对环境的潜在危害	产品的销售环节分散，并且正向物流网络与逆向物流网络可以整合	产品的回收利用价值和科技含量较低，并且正向物流网络与逆向物流网络不宜整合

三、系统载体的构建机理

1. 基于物流共同化的构建策略

物流共同化是指企业、供应链等组织打破组织形式的障碍，对社会中一切可能集中整合的物流资源进行合作利用，它可以提高实施者的物流效率，进而促进所在区域物流系统运作效率的提高。物流活动重视在保证企业合理物流成本的基础上，降低物流活动对城市交通和环境的影响，关注物流的社会效益，而物流共同化被认为是能有效达到这一目标的重要方式。根据循环物流系统载体要素的特点，基于物流共同化的构建策略可以分为以下三种类型：

（1）正向物流载体共同化

正向物流载体以物流园区、物流中心和配送中心等正向物流节点为主，包含运输载体、储存载体等基于物流功能角度划分的物流载体。根据载体要素的关联分析，从系统客体的角度，正向物流载体共同化可以在具有相似物流特性的不同产品资源的基础上设计和实施；从系统主体的角度，正向物流载体共同化包括生产商或销售商主导的横向物流共同化，生产商和销售商之间的纵向物流共同化，以及物流服务提供商主导的第三方物流共同化等方式。

（2）逆向物流载体共同化

逆向物流载体以城市再生资源回收点和城市再生资源集散市场等逆向物流节点为主。从系统客体的角度，逆向物流载体共同化可以在具有相似物流特性的不同再生资源的基础上设计和实施。从系统主体的角度，逆向物流载体共同化包括分别由生产商、销售商和回收商作为回收主体的横向物流共同化，以及物流服务提供商主导的第三方物流共同化等方式。

（3）双向物流载体共同化

从系统客体的角度，双向物流载体共同化是整合具有相似物流特性的产品资源和再生资源，对正向物流节点和逆向物流节点进行合作利用。从系统主体的角度，双向物流

物流学导论

载体共同化是对生产商、销售商、回收商和物流服务提供商的载体要素进行统一的规划、管理和运作。

2. 系统载体的构建模式设计

循环物流系统载体的构建模式分为双向物流载体分离模式和双向物流载体整合模式两种。其中，双向物流载体分离模式对应构建策略中的正向物流载体共同化、逆向物流载体共同化；双向物流载体整合模式对应构建策略中的双向物流载体共同化。

（1）双向物流载体分离模式

在双向物流载体分离模式中，生产商制造的产品资源，通过物流园区、物流中心和配送中心等正向物流节点最终到达消费者；消费者产生的再生资源，通过再生资源回收点和再生资源集散市场等逆向物流节点最终到达生产商。双向物流载体分离模式如图10-7所示。

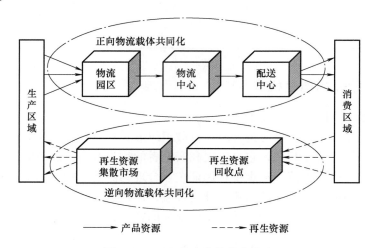

图10-7 双向物流载体分离模式

（2）双向物流载体整合模式

在双向物流载体整合模式中，生产商制造的产品资源，既可以通过物流园区、物流中心和配送中心等正向物流节点最终到达消费者，也可以通过再生资源集散市场和城市再生资源回收点等逆向物流节点最终到达消费者；与之相对应，消费者产生的再生资源可以分别通过正向物流节点和逆向物流节点到达生产商。双向物流载体整合模式如图10-8所示。

（3）不同构建模式的比较

系统载体的构建模式分为双向物流载体分离模式和双向物流载体整合模式两种，不同构建模式的区别主要在于城市正向物流节点和城市逆向物流节点能否实现运输载体、储存载体等各种物流载体在系统运作层面上的有效整合，具体表现为以下几个层面：

1）从客体层面分析，正向物流节点以承载城市产品资源为主，逆向物流节点以承载城市再生资源为主。在双向物流载体整合模式中，产品资源和城市再生资源具有相似的运输、储存等物流特性，可以共同利用某一类物流载体。而在双向物流载体分离模式中，产品资源和再生资源具有不同的物流特性，无法共同利用某一类物流载体。

2）从操作层面分析，由于正向物流都是按一定的路线安排逐个客户点送货，装车

第十章 循环物流

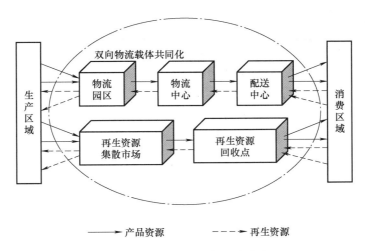

图 10-8 双向物流载体整合模式

时也是按卸货顺序进行堆放,而如果在送货的同时回收退货,由于退货多,比较零散,且比新货更难于装卸,这种运作会增加搬运的次数与难度,既增加了货物装卸搬运过程中损坏的可能性,也增加了时间成本。因此,若货物搬运装卸货损率较高,或者退货装卸搬运难度较大,则宜采用双向物流载体分离模式;反之,则可以采用双向物流载体整合模式。

3)从管理层面分析,物流园区、物流中心、配送中心等正向物流节点与再生资源回收点、再生资源集散市场等逆向物流节点如果距离较远,那么实施双向物流载体共同化所带来的成本节约是有限的,而将正向物流和逆向物流两类载体共同运行的难度也会增大。因此,采用双向物流载体整合模式必须具备一定的基础条件,例如良好的信息及管理系统,良好的运输路径和时间安排,以及配套的设施和设备。

总体来看,双向物流载体分离模式对应构建策略中的正向物流载体共同化、逆向物流载体共同化,而不必考虑双向物流载体共同化,实施起来相对容易,可以作为系统载体的前期构建模式。双向物流载体整合模式需要实现城市正向物流节点和逆向物流节点在系统运作层面上的有效整合,可以在双向物流载体分离模式的基础上实施,作为系统载体的后期构建模式。

案例分析

北京市建筑循环物流系统构建研究

一、引言

随着我国城镇化进程的加快和人民生活水平的提高,建筑业也在快速发展。据统计,北京市每年产生建筑固体废物接近超过 1 亿 t,是同期城市生活垃圾的数倍。建筑废弃物数量如此巨大,资源化利用能力却严重不足,与日本和欧盟等国家和地区平均 90% 的资源化利用率相去甚远。消除建筑垃圾的环境污染,促进建筑垃圾的资源循环与综合利用,已经成为当前北京市政府主管部门的重要工作。

物流学导论

近年来，北京市主管部门不断加强建筑垃圾管理工作力度，取得了长足进步，如坚持"强化措施、完善制度、巩固成果、提高水平"的工作方针，建立了建筑垃圾消纳许可证制度，对施工现场、清运单位、消纳场所进行统一监管，初步实现了建筑垃圾的产生、运输、消纳（回填）和综合处置的全过程、全方位管理。然而，建筑垃圾管理仍存在以下一些问题：

1. 资源循环率低，环境效益不高

北京市建筑垃圾处理总体上仍然处于混合排放与简易填埋阶段，仅由建筑施工企业与回收处理企业进行少量资源回收，大量可再生资源没有得到有效回收利用。这一方面导致了以填埋为主的建筑垃圾消纳场所容量日趋饱和，消纳场无处建设；另一方面，对于砖瓦厂、水泥厂等可以利用建筑垃圾作为生产原料的企业，其需求却得不到满足，导致这些企业在日益严格的环境管理制度下，生产成本不断增加，甚至面临转产、停产、迁移等局面。

2. 资源价值没有得到完全体现，经济效益差

目前，无论管理部门还是企业，仍然将建筑垃圾作为"无用的废弃物"看待，而没有意识到建筑垃圾也是"资源"，其中也蕴含着巨大的经济价值。建筑施工企业与其他企业开展建筑垃圾循环利用业务时，一般只考虑运输费用与处理费用等，而没有计算建筑垃圾作为资源的那部分价值，这样白白损失了创造经济效益的机会，增加了建筑施工企业的成本负担，不能补偿资源循环的必要成本以及保证企业合理盈利，降低了企业参与资源循环的主动性和积极性。

既有研究表明，北京市建筑垃圾管理环境效益低、经济效益差的根本原因在于，建筑产品生产过程中实际承载资源流动的物流系统被割裂为两个相互独立的过程——建筑材料物流与建筑垃圾物流，这两个物流过程的管理和运作处于割裂状态（见图10-9），分别隶属于不同的政府主管部门。这使得物流过程的目标不一致，难以有效协调，建筑材料物流主要由经济利益拉动，甚少考虑建筑垃圾的循环利用问题；建筑垃圾物流主要由环境压力驱动，甚少考虑建筑垃圾资源化的经济效益。这就使得物流系统缺乏从资源循环的角度进行整体优化与协调，不利于建筑垃圾的资源循环与综合利用。为此，要提升北京市建筑垃圾资源化水平，提高环境效益与经济效益，必须进行理论创新，构建能够整合建筑材料物流与建筑垃圾物流的、有效促进资源循环的物流系统，即建筑循环物流系统。

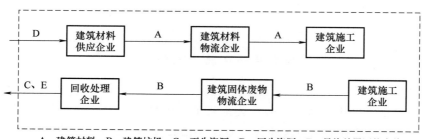

图10-9 割裂状态下的建筑材料物流与建筑垃圾物流过程

第十章 循环物流

二、建筑循环物流系统的含义

欲在北京市构建建筑循环物流系统，首先需要对建筑循环物流系统的含义进行科学界定。建筑循环物流系统是为促进资源循环，由建筑供应链上的物流要素所组成的，将建筑材料物流与建筑垃圾物流进行有机整合的资源节约型、环境友好型物流系统。

对这个定义进行以下说明：

1）建筑循环物流系统是在建筑供应链的基础上定义的。所谓建筑供应链，是指以建筑产品为核心，通过商流、物流、信息流、资金流等，将建筑产品生产过程涉及的有关主体连成一个整体网链结构。在建筑供应链上，建筑材料供应企业、建筑施工企业、建筑垃圾回收处理企业、物流企业等参与主体之间，存在着复杂的商流、物流、资金流以及信息流过程，如图10-10所示。

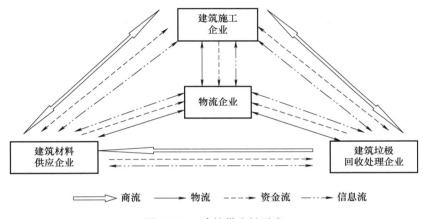

图10-10　建筑供应链示意

在建筑供应链上，物流企业通过储存、运输、包装、流通加工等手段，将建筑材料送达施工地点，将建筑垃圾送达回收与处理地点。物流企业是资源循环的实际承载者。物流企业还能够利用自身的网络优势与信息优势，准确把握建筑材料与建筑垃圾的消耗与发生特性，合理确定建筑材料与建筑垃圾的流量流向，科学规划物流运作的路线与设施等。在建筑循环物流系统中，物流企业是发挥主导作用的、至关重要的参与主体。

2）建筑循环物流系统的构建思路是建筑材料物流与建筑垃圾物流的有机整合。"整合"并非是建筑材料物流与建筑垃圾物流的简单相加，而是根据资源循环的需要，将原本互相割裂的两个物流过程进行重构，使其合为一体（见图10-11），具体表现在

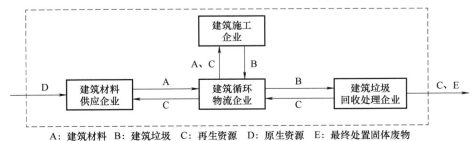

图10-11　整合状态下的建筑循环物流过程

以下几个方面：

① 组织整合：建筑材料物流企业与建筑固体废物物流企业合并为建筑循环物流企业。

② 设施整合：仓储、运输等设施由建筑材料物流与建筑固体废物物流过程共同使用。

③ 管理整合：建筑循环物流企业对两种物流过程进行统筹管理。

④ 作业整合：建筑循环物流企业对两种物流过程进行协调作业。

三、北京市建筑循环物流系统的构建类型

北京市欲整合原本割裂的建筑材料物流与建筑垃圾物流，构建如图 10-11 所示的建筑循环物流系统，必须依据北京市建筑供应链特性，选择相应的构建类型，使之满足北京市经济发展的实际需要。本案例主要从建筑产品类型、建筑垃圾类型与资源循环类型等方面进行分析，进而确定北京市建筑循环物流系统的构建类型。

1. 建筑产品类型

建筑循环物流系统以建筑产品为核心，不同类型的建筑产品生产过程不同、资源循环形式不同，相应的物流需求也不同。选择北京市建筑循环物流系统的构建类型，需要首先从建筑产品类型的角度进行分析。依据《北京统计年鉴》等统计资料，对北京市各种类型建筑产品的产值进行分析可知，房屋是北京市占比最大的建筑产品（见图 10-12），因此，北京市应以房屋为核心，构建建筑循环物流系统。

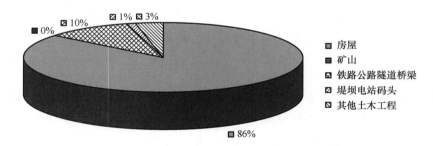

图 10-12 北京市建筑产品产值构成

2. 建筑垃圾类型

房屋的生产过程大体上可以分为建筑产品拆除施工、土方施工、结构施工、装饰装修施工四个阶段，不同阶段产生的建筑垃圾类型不同。北京市房屋生产过程中产生的建筑垃圾类型见表 10-4。

表 10-4 北京市房屋生产过程中产生的建筑垃圾类型

类型	拆除垃圾	工程土方	结构废料	装修垃圾
主要成分	碎砖、灰土、砂石、混凝土块、木材等	表层土、砂土、黏土等	混凝土块、废金属、废木材等	金属、木材、塑料、瓷砖、灰土、电缆、油漆、包装材料等
来源	拆除施工	土方施工	结构施工	装饰装修施工

第十章 循环物流

(续)

类　　型	拆除垃圾	工程土方	结构废料	装修垃圾
比例	10%	75%	10%	5%
构成	复杂	简单	较简单	复杂
可利用成分	较多	大量	较多	较少
有害成分	较多	基本没有	少	较多

从表10-4可以看出，房屋土方施工阶段所产生的工程土方，占北京市建筑垃圾的比重最大，且含有大量可循环利用的成分。因此，北京市构建建筑循环物流系统应重点解决工程土方的资源循环问题。

3. 资源循环类型

一般而言，房屋生产过程所产生的工程土方，经过分类、筛选等处理，提取出砂土、黏土等成分，主要有两种资源循环方式：①作为原料用于砖、瓦、水泥等建筑材料的生产；②作为填料用于地基、路基等基础工程的施工，如图10-13所示。

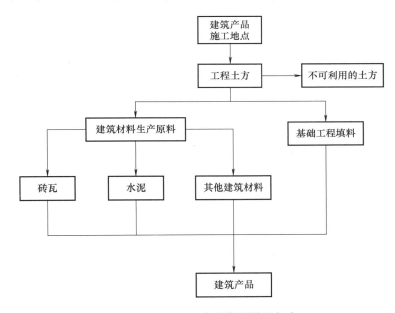

图10-13　工程土方的资源循环方式

经过调研发现，工程土方作为基础工程填料的资源循环方式已经在北京市开展起来，能够实现25%左右的工程土方循环利用，而利用工程土方生产砖等建筑材料的资源循环方式则远远没有实现。砖作为重要的墙体材料，在房屋生产过程中具有广泛应用。北京市为保护土地资源，自2003年起已经禁止生产和使用实心黏土砖，许多砖厂为此停产、转产，甚至关闭，继续经营的也需要向京外地区采购原材料，造成建筑用砖供不应求、砖厂与建筑施工企业成本上升的问题。因此，北京市构建建筑循环物流系统，应大力促进用工程土方来生产建筑用砖，这样不仅可以提高资源循环利用率，还可以起到降低砖厂及施工企业运营成本的作用。

综上所述，北京市整合建筑材料物流与建筑垃圾物流，构建建筑循环物流系统，应选择如图 10-14 所示的构建类型。

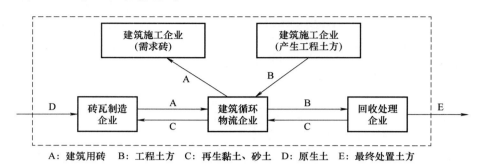

图 10-14　北京市建筑循环物流系统构建类型

四、北京市建筑循环物流系统的构建效益

北京市构建如图 10-14 所示的建筑循环物流系统，可以从以下两个方面创造环境效益与经济效益。

1. 创造环境效益

建筑循环物流系统将建筑材料物流与建筑固体废物物流进行整合，可以根据资源循环最大化的需要，将建筑用砖、工程土方与再生黏土等送至相应的需求地点，从而提升建筑垃圾资源化水平，相应减少不可再生的原生土资源的消耗量与最终固体废物的处理量，从而创造环境效益。

2. 创造经济效益

建筑循环物流系统可以整合建筑材料物流与建筑垃圾物流，促进资源循环。挖掘出了这部分价值，就使得建筑垃圾的资源化过程不仅仅是相关企业承担环境责任、履行社会义务的过程，也是一个创造经济效益，实现价值增值的过程。

3. 实证分析

以北京市 15 个房屋建设项目为背景，对若干砖厂、建筑施工企业、建筑垃圾回收处理企业与物流企业等进行现场调研，进行建筑循环物流系统构建效益的实证实验，综合比较建筑循环物流系统构建前后的环境效益与经济效益，仿真分析结果见表 10-5。从表 10-5 可以看出，北京市构建建筑循环物流系统，可以促进利用工程土方生产建筑用砖，从而显著提高资源循环利用率；同时还能充分保障和提高各参与主体的经济效益，充分证明了建筑循环物流系统具有创造环境效益与经济效益的功能。

表 10-5　建筑循环物流系统构建前后效益分析

	分析指标	系统构建前	系统构建后
环境效益	循环利用率	28.7%	55.1%
	固体废物最终处置量/万 t	10.76	6.85
经济效益	建筑材料供应企业（砖厂）收益（万元）	106.2	124.8
	建筑施工企业成本（万元）	171.8	164.2
	回收处理企业收益（万元）	16.1	17.9
	物流企业收益（万元）	20.3	21.5

第十章 循环物流

由此可见,北京市构建建筑循环物流系统,不但可以明显提高工程土方等建筑垃圾的资源循环利用率,还可以充分保障和大幅提高各参与主体的经济效益。这也表明了构建建筑循环物流系统后,经济效益、环境效益与社会效益能够实现统一,有助于北京市建设"资源节约型城市",实现和谐发展。

案例来源:郑凯,汝宜红,杨永杰. 北京市建筑循环物流系统构建研究[C]//EBM2010 国际会议论文集,成都,2010.

> 思考:
> (1)你从以上案例中可以得出什么结论?对实际工作有何指导意义?
> (2)城市建筑循环物流系统的构建过程中一般会遇到什么问题?

思考与练习

1. 循环物流、逆向物流、绿色物流等概念各有哪些特点?
2. 循环物流系统的主要特征是什么?
3. 如何构建循环物流系统?

参考文献

[1] 乔普拉, 迈因德尔. 供应链管理战略、计划和运作: 5版 [M]. 刘曙光, 吴秀云, 等译. 北京: 清华大学出版社, 2014.
[2] 丁俊发. 中国物流 [M]. 北京: 中国物资出版社, 2007.
[3] 丁俊发. 改革开放40年中国物流业发展与展望 [J]. 中国流通经济, 2018, 32 (4): 3-17.
[4] 何明珂. 物流系统论 [M]. 北京: 高等教育出版社, 2004.
[5] 何明珂, 王文举. 现代供应链发展的国际镜鉴与中国策略 [J]. 改革, 2018 (1): 22-35.
[6] 何明珂. 供应链管理的兴起: 新动能、新特征与新学科 [J]. 北京工商大学学报 (社会科学版), 2020, 35 (3): 1-12.
[7] 黄才骏, 李振. 重新推敲有关物资管理的几个术语 [J]. 铁道物资科学管理, 1998 (1): 61.
[8] 李振. 物流学 [M]. 北京: 中国铁道出版社, 1997.
[9] 刘长军, 陈光宇. 《资本论》在中国的翻译传播及其历史地位 [J]. 福建行政学院学报, 2019 (3): 36-50.
[10] 马士华, 林勇, 陈志祥. 供应链管理 [M]. 北京: 机械工业出版社, 2000.
[11] 施先亮. 智慧物流与现代供应链 [M]. 北京: 机械工业出版社, 2020.
[12] 乔德利, 侯汉平, 李令遐. 物流理论演化的历史考证与最新发展 [J]. 北京交通大学学报 (社会科学版), 2010, 9 (1): 24-30.
[13] 汝宜红. 物流学 [M]. 3版. 北京: 高等教育出版社, 2016.
[14] 王之泰. 新编现代物流学 [M]. 北京: 首都经济贸易大学出版社, 2005.
[15] 王之泰. 货畅其流的古今共识 [J]. 中国储运, 2019 (12): 37.
[16] 吴清一. 物流基础 [M]. 北京: 清华大学出版社, 2000.
[17] 徐寿波. 关于物流的科学分类问题 [J]. 北方交通大学学报 (社会科学版), 2002, 1 (2): 21-24.
[18] 徐寿波. 大物流论 [J]. 中国流通经济, 2005 (5): 4-7.
[19] 徐寿波. 关于物流的科学分类问题 (续) [J]. 北京交通大学学报 (社会科学版), 2005, 4 (4): 11-15.
[20] 朱明尧. 孙中山先生的"货畅其流"说 [J]. 商业研究, 1987 (9): 37.
[21] 汝宜红. 在实现循环型社会的过程中物资流通业的特殊作用 [J]. 中国铁道物资科学管理, 1993 (5): 8-11.
[22] 汝宜红. 资源管理学 [M]. 北京: 中国铁道出版社, 2001.
[23] ZHU Y. Research On Cycle Logistics System Of The Construction Industry In Beijing [C]. Chongqing: Proceedings of the 5th International Conference on Material Handling, 2005.
[24] 朱煜. 论循环物流系统的内涵 [J]. 北京交通大学学报 (社会科学版), 2005 (4): 13-19.
[25] 李振. 从可持续发展的战略高度认识和加强物资管理 [J]. 铁道物资科学管理, 1998 (1): 9.
[26] 曹凤中. 推行循环经济要全力发展环境保护信息服务业和物流产业 [J]. 陕西环境, 2003, 10 (4): 8-10.
[27] 宋耀华. 循环物流系统的结构和优化策略 [N]. 光明日报, 2003-08-26 (理论版).
[28] 张敏. 现代物流与可持续发展 [M]. 北京: 中国物资出版社, 2008.
[29] 谌国栋. 走可持续发展之路 发展循环物流 [J]. 上海港科技, 2004 (5): 10-12.
[30] 李兹强, 王俊峰. 循环物流成本初探 [J]. 特区经济, 2006 (2): 326.
[31] 黄贤金. 循环经济: 产业模式与政策体系 [M]. 天津: 南开大学出版社, 2004.

参考文献

[32] 章寿荣，蒋小兴. 循环型物流的国际趋势与发展对策 [J]. 世界经济与政治论坛，2004 (2)：11-14.

[33] 张敏. 现代物流：经济系统与生态系统的"桥"[J]. 物流论坛，2004 (11)：19-21.

[34] 何远成. 节约型社会与循环物流 [J]. 中国资源综合利用，2005 (12)：21-23.

[35] 朱煜. 循环物流系统的概念分析 [J]. 北京交通大学学报（社会科学版），2006 (4)：129-132.

[36] 魏际刚. 物流系统分析：发展的视角 [M]. 北京：人民交通出版社，2005.

[37] 汝宜红. 物流学 [M]. 2版. 北京：中国铁道出版社，2006.

[38] 王之泰. 新编现代物流学 [M]. 北京：首都经济贸易大学出版社，2005.

[39] 何明珂. 物流系统论 [M]. 北京：高等教育出版社，2005.

[40] 王国华. 现代物流管理 [M]. 北京：中国铁道出版社，2006.

[41] 曹凑贵. 生态学概论 [M]. 北京：高等教育出版社，2002.

[42] 王之泰. 从"黑大陆"到"灰大陆"：我看中国物流30年 [J]. 中国流通经济，2008，22 (11)：11-13.

[43] 王之泰. 物流的八次价值发现 [J]. 中国储运，2016 (9)：41.

[44] DEZI G, DONDI G, SANGIORGI C. Urban freight transport in Bologna：planning commercial vehicle loading/unloading zones [J]. Procedia- social and behavioral sciences，2010，2 (3)：5990-6001.

[45] EASA S M, DEZI G. Mathematical optimization of commercial vehicle parking stalls in urban areas [C]. Proceedings of CSCE General Conference，2011.

[46] MARC W, AATHONY Z. Farming and cooperation in public games：an experiment with an interior solution [J]. Economics letters，1999 (65)：323-328.

[47] EICHBERGER J. Game Theory for Economist [M]. San Diego：Academic Press，1993.

[48] MALONE T, CROWSTON K. The interdisciplinary study of coordination [J]. ACM computing survey，1987 (26)：87-119.

[49] CHULHO B, TAEYOON K, Y S, et al. A study on reliability centered maintenance planning of a standard electric motor unit subsystem using computational techniques [J]. Journal of mechanical science and technology，2009，23 (4)：1157-1168.

[50] 王辉. 基于二维码技术的铁路物资全过程管理研究与探讨 [J]. 铁路采购与物流，2015，10 (11)：65-66.

[51] 汝宜红. 物流学 [M]. 北京：高等教育出版社，2009.

[52] 李学工. 论物流产业对国民经济的贡献 [J]. 北京工商大学学报（社会科学版），2003 (6)：1-4.

[53] 丁俊发. 物流产业加快发展的重要标志 [J]. 中国物流与采购联合会，2005 (15)：14-15.

[54] 林自葵，汝宜红，郑凯. 北京地区物流发展的基础、特色和优劣势分析 [J]. 北京交通大学学报（社会科学版），2004 (3)：18-21.

[55] 朱晓奕，郭文娟. 物流业发展状况的调查与分析 [J]. 经济理论研究，2006 (6)：118-120.

[56] 谢智霄. 北京物流业外部环境 [J]. 市场周刊，2006 (7)：38-39.

[57] 何维达，梁智昊，张川. 入世十年来我国物流产业安全评价与对策研究 [J]. 华东经济管理，2013 (5)：73-76.

[58] 朱建民，魏大鹏. 我国产业安全评价指标体系的再构建与实证研究 [J]. 科研管理，2013 (7)：146-153.

[59] 熊辉. 全球并购背景下我国物流产业安全以及竞争力提升研究 [J]. 中国外资，2013 (7)：41.

[60] 卢毅，陈强，李华中. 国外产业安全经验、教训对我国物流产业的启示 [J]. 长沙理工大学学

报（社会科学版），2013（6）：82-86.
[61] 王成林. 我国物流产业发展特征研究［J］. 中国流通经济，2013，27（11）：22-25.
[62] 何黎明. 构建现代物流体系　建设"物流强国"：2020年我国物流业发展回顾与2021年展望［J］. 中国物流报，2021，26（2）：50-55.
[63] KOLSTAD I, VILLANGER E. Determinants of foreign direct investment in services［J］. European journal of political economy，2008，24（2）：518-533.
[64] 梅赞宾. 中国国际货运代理业发展研究报告［M］. 北京：中国物资出版社，2010.
[65] 李琪，盖建华. 我国现代服务业发展的动态演进分析［J］. 未来与发展，2007（1）：37-41.
[66] TEECE D J, PISANO G, SHUEN A. Dynamic capabilities and strategic management［J］. Strategic management journal，1997，18（7）：509-533.
[67] 徐杰，鞠颂东. 物流网络的内涵分析［J］. 北京交通大学学报（社会科学版），2005，4（2）：26-30.
[68] VARGO S L, LUSCH R F. Evolving to a new dominant logic for marketing［J］. Journal of marketing，2004，68（1）：1-17.
[69] VARGO S L, LUSCH R F. From repeat patronage to value co-creation in service ecosystems：a transcending conceptualization of relationship［J］. Journal of business market management，2010，4（4）：169-179.
[70] 梅赞宾，汝宜红. 一带一路背景下中国物流企业的国际化路径［J］. 中国流通经济，2016，30（9）：29-37.
[71] 梅赞宾. 我国工程物流的经营和发展［J］. 国际工程与劳务，2015（4）：84-86.
[72] 梅赞宾. 物流企业须加快实施"走出去"［J］. 中国物流与采购，2014（12）：60-61.
[73] 金杉山. 电商物流"最后一公里"配送研究［J］. 现代营销（学苑版），2019（1）：158.
[74] 周志丹，徐方. 跨境电商概论［M］. 北京：机械工业出版社，2019.
[75] 汪利虹，冷凯君. 冷链物流管理［M］. 北京：机械工业出版社，2019.
[76] 全国物流标准化技术委员会. 物流术语：GB/T 18354—2021［S］. 北京：中国标准出版社，2021.